王　卡　　汪桂平　主编

中国本土宗教研究

STUDIES OF
CHINESE
INDIGENOUS RELIGIONS

【第二辑】

社会科学文献出版社
SOCIAL SCIENCES ACADEMIC PRESS (CHINA)

目　录

田野调查

研究动态

名家论坛

早期道教的神学观念

王 卡

内容摘要：中国宗教，尤其是道教的特色信仰，近代以来常被人们误解为缺乏纯粹性和超越性。有些学者认为中国没有宗教，也有人说道教和民间宗教都是封建迷信。其实中国虽然很少有一神论宗教，但绝非没有信神的观念和宗教组织。道教的"多神"信仰并非一无是处，至少有两个好处。其一是它具有神人合一的"人间性"，神能降世垂化，人也能通过修炼和积功德而成神。这就开辟了一条依靠自力实现生命回归本源的超越之路，而不必一味依赖上帝的恩赐获得救赎。其二是它更具有包容性，而少有一神教的排他性。无论来自何方的神灵，道教都可以把它们接进自己的宫观神殿，分享信众的供奉。佛教最初传来时，就因有道教的接引而实现了中国化。

关键词：早期道教 神学

作者简介：王卡，中国社会科学院世界宗教研究所研究员。

　　道教最初是在汉代黄老道家学说基础上形成的一些民间宗教组织，还有一些以传授神仙方术为主旨的民间小教派。东晋南北朝时期，这些分散的民间教团逐渐形成教义教制规范化的宗教实体，并得到官方承认其合法性，确立了与儒、释二教鼎足而立的地位。在道经中所谓的"道教"，意思是指"道"的教化或说教。或者可以说，道教是信奉"道"的教诫，希望通过修炼形神和积功累德而"成仙得道"的宗教。道教不仅有独特的神灵信仰、经典教义和仪式活动，而且还有教团组织、宗派传承、科戒制度和宫观道院。这种既有神道信念又有社团组织的宗教实体，显然不同于之前作为学术思想流派的"道家"。

　　但是道家与道教虽不能完全等同，其间却有着密切的渊源关系。早期道家关于道生万物、气化宇宙、天人合一的宇宙论，关于阴阳对立统一、相互转化的辩证思想，关于自然无为、清虚素朴的治国与治身法则，以及其斋心静观、体道合真的直觉认识论，都对道教有着极为重要的影响。概而言之，道家的思想理念、神仙家的养生方术、古代民间的鬼神崇拜及法术，是为道教吸收而构造其宗教义理、修炼方术和活动仪式的三个主要来源。此外，儒家的神道设教说及忠孝伦理，佛教的轮回报应观念及明心见性之说，墨家的均平思想和团契精神，以及阴阳家的占验数术等，也都为道教所吸收融摄。因此自古以来，学者们都说道教的信仰和方术"杂而多端"。

一 老子之道的神化历程

道家演变为道教，有复杂的思想和历史背景。就思想根源而言，道家学说本身存在着双重特性。老子所说的"道"，既是自然的法则和虚无理念，又是能生育长养万物之母，有与始祖神相似的功能。汉代黄老道家强调道是"万物之母"或无形的"造化者"，用元气的阴阳分合来说明道生万物的功能和程序。这样虽然有助于人们对道的理解，但也可能导致混同自然造化与天神上帝的区别。早期道教的神学就继承和改造了汉代道家的宇宙论，将无形的自然法则改作实有的至尊神格，教诫信徒奉道守戒，修仙得道，从而形成了道教的信仰观念。

早期道教信念的形成是从神化老子开始的。老子作为道家思想的创始者，被道教徒尊奉为"大道"化身降世的教祖。东汉以来的道教信徒，为神化老子而编造了一套关于"老君变化降世"的系列故事。他们将《老子》书中所说的生成天地万物的"道"，改造为有人格的至上神，称作"大道"或"太上大道君"。并且以之与史书中记述的老子生平事迹，如老子为周柱下史、过函谷关为尹喜说《道德经》、孔子问礼于老聃等故事相牵连，使"大道"和"老君"合为一体。再取史籍道典中的某些传说，如三皇五帝事迹、黄石公授书张良、汉文帝见河上公、于吉受《太平经》、张陵造作符书、老子入西域教化胡人等，无论其是否可信，都附加于老子名下。从而编造出上起元始，下及秦汉以后，太上大道君开天辟地，化形降世，师辅帝王，传经授戒，教化生民的系列故事。这些故事的编造受汉代黄老学宇宙生成论和神仙方士分身变形术的影响，并借鉴了佛教经书中的佛陀本生故事。这是道教版的创世记。其用意是说：天地万物的化生，人类社会的王朝更替，道教经书教义及方术的传承，都可用一个纵贯古今、超越时空的神秘本源，即太上道君的化身降世垂教来解释。

老子的神化有一个逐渐发展的过程。由于中国传统文化有"层累古史"的特点，因此在愈后出现的道书中，积淀的老君化身降世故事愈多，故事情节也更加详细和神奇。东汉黄老学者已开始编造老子神话。据《后汉书·楚王英传》记载，汉明帝时楚王刘英喜好黄老，"学为浮屠，斋戒祭祀"。把老子当作与佛祖同样的神人来祭祀。汉顺帝时，李尤撰《函谷关铭》称老子是"真人"。汉桓帝时，益州太守王阜撰《老子圣母碑》云："老子者，道也。乃生于无形之先，起于太初之前，行于太素之元，浮游六虚，出入幽冥，观混合之未别，窥清浊之分。"①就是说老子生于天地开辟之前，与"道"是同为一体的。大约同时问世的《老子变化经》中，讲述了老子化形降世的故事。经文宣称：老子常存于天地之前，且在后世变化其神，托胎于李母腹中，孕育七十二年而降生楚国。老子生有异相，"颜有三五大理，日角月悬，鼻有双柱，耳有三门，足蹈二羊，手把天关"。又宣称：老子随世浮沉，退则养精蓄气，进则为帝王师。自三皇五帝至于夏商周楚秦汉，老君历代皆变易名号降生人世，为帝王之师。这样就把老子本人完全神化，变成了生化天地万物，并且常能降世传教的教祖。

东汉延熹八年（165），桓帝两次派使者去陈国苦县祭祀老子。大臣边韶撰《老子铭》记述其事。文中神化老子，宣称："老子离合于混沌之际，与三光为始终，观天作谶，升降斗星，随日九变，与时消息。……道成仙化，蝉蜕度世。自羲（伏羲）、农（神农）以来，世为圣者作师。"②次年，桓帝又用祭天礼仪亲自祭祀老子于濯龙宫中。当时有齐人襄楷上表进献《太平经》，称"老子入夷狄为浮屠"。关于老子变化的故事，至此已初具雏形。《太平经》是反映汉代巫师术士思想的一部"神书"，托称神人降授于琅琊。其内容主要讲奉天地，顺五行，澄清大乱，使天下太平的神学政治思想；亦有兴国广嗣，养生成仙之术，而多巫觋杂语。太平道首领张角曾利用此书传播道教。

另据《后汉书》《三国志》等史书及道教典籍记载：汉顺帝时，沛人张陵客居蜀郡，学道鹤鸣山中，自称太上道君降临，授予他"天师"称号及"正一盟威之道"（符咒书）。张陵受之，能治病，百姓翕然奉之为师。张陵死后，其子张衡继传其教，称嗣天师；衡死，其子张鲁又继之，称係天师。三张祖孙创立的这个民间教团，后世称作天师道或正一道。但官方史书中则因其受道者须出米五斗，故贬称为"五斗米道"或"鬼道"。天师道的神学继承了黄老道家的元气生成论。前述东汉问世的《河

---

① （清）严可均辑：《全后汉文》卷12。
② （宋）洪适：《隶释》卷三。

上公章句》，依据老子"三生万物"说提出，道始所生者一，一生阴与阳，阴阳生和、清、浊三气，分为天、地、人，共生万物。天师道经书把这个宇宙生成论改造成为神学的创世说。宣称太上道君在先天混沌中降授玄、元、始三气，创生天地人及万物，后来又化身为老君降世垂教。

天师道规定道民必须诵习的《老子五千文》，是将《道德经》删改成五千字整数的文本。相传张陵或张鲁为教化道民，撰写了《老子想尔注》。其书中改造老子的思想，将"道"神化为能发号施令的神灵。认为道即是一，"一散形为气，聚形为太上老君"。经文假托太上老君说教，劝导道民奉道守戒，施惠散财，竞行忠孝，修善积德。又教人修习长生术，积精服气，保养精神。按道的教诫行事，可以致国太平，人得仙寿。宣称道设生以赏善，设死以威恶，"奉道诫，积善成功，积精成神，神成仙寿"。又说："百行当修，万善当著"；"人当积善功，其精神与天通"。这些都是黄老学中没有的宗教信条。

魏晋时期的天师道，仍然承袭这种神学化的宇宙观。相传曹魏末年，张鲁后裔发布的《大道家令戒》中宣称：

> 大道者，包囊宇宙，系养群生，制御万机者也。无形无象，混混沌沌，自然生百千万种，非人所能名。自天地以下，皆道所生杀也。道授以微气，其色有三，玄、元、始气是也。玄青为天，始黄为地，元白为道也。三气之中（按即元气）制上下，为万物父母，故为至尊至神。自天地以下，无不受此气而生者也。诸长久之物，皆能守道，含气有精神，乃能呼吸阴阳。道生天，天生地，地生人，皆由三气而生。三三如九，故人有九孔九气，九气通则五藏安，五藏安则六府定，六府定则神明，神明则道亲。是故人行善守道，慎无失生道，生道无失德，三三者不离，故能与天地变易。
>
> 《易》称：有天地然后有万物，有万物然后有男女，有男女然后有夫妇，有夫妇然后有父子。父子者，欲系百世，使种姓不绝耳。下古世薄，人多愚浅……至于黄帝以来，民多机巧，服牛乘马，货赂为官，稍稍欲薄，尽于五帝。夏商周三代，转见世利。秦始五霸，更相克害，有贼死者万亿，不可称数。道乃世世为帝王师，而王者不能尊奉。[①]

---

① 《正一法文天师教戒科经》，《道藏》，上海书店、天津古籍出版社、文物出版社，1988，第18册。

这是天师道关于宇宙万物生成及人类社会历史发展的典型说教。它以汉代元气生成论思想为本，将《老子》书中所谓的"道"人格化，作为施授玄、元、始三气，生成天地人三才及万物的"至尊至神"。经文不仅神化老子所说的道，而且改变了汉初黄老学的进化论历史观，将人类社会的文明进程描述为道德伦理退化的历史。因此需要大道化身来降世垂教，世世为帝王之师。经文还谈到人保养五脏六腑，行善守道，故能与天地变易，达到长存不朽之境。

这种脱胎于汉代黄老家的宗教神学，是六朝天师道经典中反复论述的主题。例如南北朝时期的《三天内解经》《太上老君开天经》《天尊老君名号历劫经》《老君太上虚无自然本起经》《老君变化无极经》《老子西升化胡经》等等，在述说道教起源时，都有一套太初宇宙混沌，太上大道施授三气生化天地人及万物的说法，而且编造的老子降世传教故事更为神奇。许多道教经书都托称为老君降授，并借此而创立新的道派。例如北魏道士寇谦之创立新天师道，即假托老君降授《云中音诵新科之诫》，让他除去三张伪法，改革天师道。北朝后期兴起于关中的楼观道派，对老君授关令尹喜《道德经》，二人同去西域化胡成佛的故事极力渲染。当时问世的《老子化胡经序》赞曰：

> 浑元未始，老君唯先，长于太初，冥昧之前。无师无祖，诞生自然，合真散朴，乃微乃玄。仰而举之，耀乎霄乾；俯而循之，深乎渊源。敷二仪以布化，烛三光以列天。……（老君）深愍后世，托下于陈，为周柱史，经九百年。金身玉质，口方齿银，额有三午，龙颜犀文，耳高于顶，日角月玄，鼻有双柱，天中平填，足蹈二五，手把十文。无极之际，言归昆仑，化彼胡域，次授罽宾，后及天竺，于是遂迁。文垂后世，永乎弗泯！[①]

唐朝尊崇李耳为皇室祖先，道教徒因此编撰了更多老君降世显灵，保佑李唐王朝的神话。唐高宗时，长安附近楼观台道教宗师尹文操编撰的《玄元皇帝圣记》十卷，汇集前代流传的老君神话故事。高宗终日观览，不离御案。宋代道士贾善翔撰《犹龙传》，谢守灏撰《混元圣记》，又对尹氏《玄元圣记》有所补充。谢氏著作是现存道书中叙述老子化身降世神话故事最全的。金元之际的全真派道士还将老子神话故事

---

① 此文录自敦煌文献 S. 1857 残抄本，并以《道藏》所收《混元圣记》校补。据说系魏明帝作。

改编为插图本《老君八十一化图》，因其中有化胡故事而引起佛道之间长达三十年的激烈辩论。自南北朝以来，"老子化胡"说一直是佛道二教争议的一个主要问题。

南北朝隋唐之际，《玄门大义》《道教义枢》等道教典籍中，还讨论过与老君降世说相关的神学义理，即所谓的"本迹义"及"真应义"问题。这个问题起于佛道二教的辩论，僧人要求道教学者解释先天存在且无生无灭的太上大道，与降世垂教而有生有灭的老子（李耳）究竟是何关系？换句话说，太上大道的真身（或曰道身或法身）与其降生人世的应身（或曰生身或肉身）是什么关系？探讨这个"本"与"迹"的关系，旨在合理地诠释"老君降世说"。如前所述，东汉以来的道教徒将老子所说的宇宙本源（道），改造为有人格和意志的至尊神（太上道君），并编造太上化身降世垂教的神话故事。老子是太上道君最重要的化身。如何理解这位"道成肉身"的神人，为何无形无名的先天之道，却能在此世现身显灵教化世人？这是道教徒需要回答的问题。其意义类似基督教神学中辩论圣父（耶和华）与圣子（耶稣基督）关系的三位一体说。道教学者巧妙地吸取佛教的三身说（佛有法身、应身、报身）及辩证逻辑来回答这个问题。大旨是说先天道身为本体，后世托胎降生的老子肉身为迹相，本与迹是不一不异的辩证关系。敦煌遗书中有一篇记录佛道辩论的残卷，其中《本迹义》有云：

> 又就老子辩者，老子不老子，是本；不老子老子，是迹。又云不生不灭是本，有生有灭是迹。不生灭生灭，从本而垂迹；生灭无生灭，摄迹而归本。不生示生，托李母而生；不灭示灭，秦川示灭。秦川示灭，此灭非灭，一云此灭无所谢；托李母而生，此生无所起生。〔故曰老子〕非生非灭，非法〔非非法〕，能示生灭耳。①

此处说老子既是不生不灭的本体尊神，又是托胎李母而生的肉身圣人。本尊的道身自在常存，不生不灭，却能托李母而生肉身，离秦川而灭形迹。但老子的肉身虽有生有灭，其神性则非生非灭；此生无所起，此灭无所谢，只是对世人示生示灭而已。这样就用玄之又玄的辩证逻辑，回答了几乎无法回答，却又不得不答的"道成肉身"问题。这个说法与基督教神学家解释耶稣基督托圣母玛利亚而"道成肉身"的三位

---

① 敦煌文献 BD4687 号残卷。

一体说（神有圣父、圣子、圣灵三位格，三位一体），可谓有异曲同工之妙。但基督教的"道成肉身"仅有一次，而中国宗教则有更丰富的真神降世说。不仅道教宣扬老君降世，中国民间宗教及外来的佛教、明教，亦有李弘真君、弥勒佛、明王、罗祖等神人降世说。甚至基督教来华后衍生的拜上帝会，也宣称洪秀全是"天弟"降世。这些降世说往往被民间宗教首领利用，成为他们号召信众起来反抗统治者的精神武器。难怪中国历代王朝统治者都对此类"邪教"保持着高度警惕，一旦发现就必定予以坚决镇压。

二　元始天尊信仰的形成

自汉末至魏晋南北朝，道教中形成许多教团。其中影响最大的两个派系，当属三张创立的天师道和江南二葛的神仙道教。因此当时有所谓"祖述三张，弘衍二葛"之说。二葛即东吴道士葛玄及其从孙晋人葛洪，他们属于世代信奉道教的江南士族。前述天师道主要神化老子之道而形成其神学信仰，稍后兴起的"葛氏道"则创造了元始天王（后演变为元始天尊）作为最高神。其实葛氏家族对老子的神话故事并不陌生。相传葛玄所撰《老子道德经序诀》，宣称老子"生乎太无之先，起乎无因，经历天地终始，不可称载。开辟以前，复下为国师，代代不休"。又称老子"托神李母，剖左腋而生，生即〔须发〕皓然，号曰老子"。葛洪的《神仙传》亦称老子生有异相，自伏羲以来代代降世为帝王之师。但葛洪似乎对老子神话并不深信，于是又改造中国古史中的盘古开天传说，另创了元始天王开天辟地和降世传教的神话。葛洪《枕中书》说：

> 昔二仪未分，溟涬鸿濛，未有成形。天地日月未具，状如鸡子，混沌玄黄，已有盘古真人，天地之精，自号元始天王，游乎其中。溟涬经四劫，天形如巨盖，上无所系，下无所根。复经四劫，二仪始分，相去三万六千里。元始天王在天中心之上，常仰吸天气，俯饮地泉。复经二劫，忽生太元玉女，人形具足，天姿绝妙，常游厚地之间，仰吸天元，号曰太元圣母。元始君下游见之，乃与通气结精，招还上宫。当此之时，二气氤氲，覆载气息，阴阳调和。〔元始君与圣母〕并不复呼吸，宣气和会，相成自然饱满。大道之兴，莫过于此。元始君经一劫，乃一施太元圣母，生天皇十三头，治三万六千岁。书为扶桑大帝东王公，

号曰元阳父。又生九光玄女，号曰太真西王母，是西汉夫人。天皇受号十三头，后生地皇十一头，地皇生人皇九头，各治三万六千岁。①

　　葛洪编造的这篇神话故事，综合秦汉以来民间流传的盘古开天神话和古史记载的三皇五帝，塑造出一个与天师道所奉"太上大道君"名号不同的道教创世神灵，即元始天王。这篇神话故事对后来道教神学的演变有着重要影响。东晋南朝时期，中国南方道教兴盛，其神学教义发生很大变化。大致上太上大道君和元始天王的名号在道经中仍然出现，但是其作为至上神的地位却被"元始天尊"所取代。所谓元始天尊，是融合了元始天王、太上大道君和佛教世尊的名号及神格而形成的道教尊神。"天尊"一词，始见于魏晋时期译出的一些佛经，原意指如来佛祖。例如曹魏时康僧铠所译《佛说无量寿经》，有"今日天尊行如来德"之语。西晋法立、法矩共译的《佛说诸德福田经》，亦有"唯愿天尊敷扬惠训，令此愚朦福报无量"云云。②这些佛经对道教可能有所影响。在东晋南朝新出的上清、灵宝等道经中，元始天尊成为传经说教的主神，元始天王和太上大道君则降低为传经说教的诸神之一。在南朝道教信奉的神灵不断变化的过程之中，逐渐形成了以元始天尊为首的道教神灵谱系。

　　到南朝齐梁时期，道教信奉的神灵谱系已大致形成。上清派道士陶弘景所撰《真灵位业图》，是南朝最完整的道教神谱。该书中罗列数百位神仙名号，从上至下依次排列为七阶，每阶有中位主神及左位、右位、散位、女仙位诸神。其第一阶层是以"上合虚皇道君元始天尊"为首的玉清境诸神；第二阶是以"上清高圣太上玉晨玄皇大道君"为首的上清境诸神；第三阶是以"太极金阙帝君李弘"为首的太极金阙诸神；第四阶是以"太清太上老君"为首的太清境诸神；第五阶是以"九宫尚书张奉"为首的诸天曹仙官；第六阶是以"定禄真君茅固"为首的诸地仙女真；第七阶是以"酆都北阴大帝"为首的地狱鬼官。这样就构成一个上起玉清天境，下至酆都地狱，等级有序统属分明的庞大神仙谱系。

　　南北朝末到隋唐时代，南方道经向北方传播，对元始天尊的信仰逐渐扩大到全国。北齐时编成的《魏书·释老志》在叙述道教源起时，还以神化的老子为道教本

---

① 《元始上真众仙记》，《道藏》，第3册。
② 《大正藏》第12册。

源。唐初编成的《隋书·经籍志》，就改用元始天尊开劫度人的说法，来叙述道教经书的渊源和传授次序。其大略云：

> 道经者，云有元始天尊，生于太元之先，禀自然之气，冲虚凝远，莫知其极。所说天地沦坏，劫数终尽，略与佛经同。以为天尊之体常存不灭，每至天地初开，或在玉京之上，或在穷桑之野，授以秘道，谓之开劫度人。然其开劫非一度矣。故有延康、赤明、龙汉、开皇，是其年号，其间相去经四十一亿万载。所度〔之神〕皆天仙上品，有太上老君、太上丈人、天真皇人、五方天帝及诸仙官，转共承受，世人莫之豫也。所说之经亦禀元一之气，自然而有，非所造为，亦与天尊常在不灭。……推其大旨，盖亦归于仁爱清静，积而修习，渐至长生，自然神化，或白日登仙，与道合体。[①]

由此可见，隋唐道教的元始天尊信仰，综合了道家元气生成论、阴阳家的灾异说和佛教的劫变说。以元始天尊开劫度人，传教说经的神话来解释道教经书教义体系的建立过程。这种宗教神学虽与天师道宣扬的老君降世传教说略有不同，但实质上都属于神创论的世界观。后来道教又有所谓"一炁化三清"的说法，就是说高居三清天境的元始天尊、灵宝天尊、道德天尊，都是由"道炁"依次演化出来的。"三清"是道教所奉的主神，但不是唯一的至上之神。

三　道教神学的中国特色

道教与源于闪族原始信仰的犹太教、基督宗教及伊斯兰教等"一神论"宗教相比，在神学教义上有很大不同；与持二元论信念的古波斯宗教也有不同；与不语怪力乱神的儒教，乃至持无神论的宗教（如佛教空宗）也不尽相同。那么道教是否可以定义为持泛神论的原始宗教或萨满教呢？似乎也不是。人类历史上的宗教神学是有多种类型的。道教或许与古希腊宗教、印度宗教类似，都属于"多神论"或"主神论"类型的宗教。这类宗教在神学上的特点，就是相信在诸神之上或之前，还有一个自古就有并永久常存的宇宙创造者或自然生成的本源。它不仅是创生主体实在（人）与

---

① 《隋书》，卷35，中华书局，1973，第1091页。

客体实在（天地万物）的本源，也是诸神和一切法理的源泉。在印度宗教中，它被称作"梵"（Brahman），或称作"梵天"。在中国的道教和许多民间宗教中，它就是老子所说的自然之"道"，或曰"道炁"。道教是将道家的自然观与神灵信仰综合而形成了一套神学教义。因此道教尊奉和礼拜的主神太上道君，或三清，或玉皇，以及名号无量众多的天神地祇，与一神论宗教所信的神（上帝或真主）不是同一的概念。道教之神不是初始的创世者，而是道炁演化出来的次生者。它们没有"上帝"的唯一性和至上性，因此也没有排他性。道炁不仅演化出无量多的天尊地祇，而且肉身凡人乃至某些动植物，也能通过修炼得道而成为长生不死的神仙真人。

十七世纪来华的西方基督教传教士，曾对中国传统宗教和哲学（主要是宋儒理学）是否与基督教神学通融的问题发生过争论。具体表现在两个问题上：其一是所谓"语词之争"，即中国经典文献中是否有与基督教的上帝相对应的概念；其二是所谓"礼仪之争"，即中国人所普遍实行的各种祭祀礼仪是否与基督教神学相冲突。当时以利玛窦为代表的耶稣会士，认为至少古典儒学有着明显的宗教特色。而龙华民、利安当等另一派传教士，则认为以宋代新儒学为代表的中国传统思想是彻底的无神论，只有全部抛弃才能真正接受基督教的信仰。两派的争论还引起了欧洲学术界研究中国文化的兴趣，一些著名哲学家参与到有关中国文化性质的争论之中。莱布尼兹就是对中国特色信仰研究最深入持久的著名学者。在其去世前夕所著的《论中国人的自然神学》，批评了龙华民、利安当的观点，认为中国人的信仰与西方的基督教信仰存在通融性。在今天看来，虽然莱布尼兹因资料来源有限，对中国传统文化的研究和阐释颇有些误解和不足，但他将中国人的宗教信仰和哲学思想定义为"自然神学"，而非纯粹的宗教神学或无神论思想，确是真知灼见。其实最能体现中国民众信仰特色的宗教，不是莱布尼兹重点研究的宋代理学，而是崇奉自然之道的道教。但当时来华的传教士和汉学家都未给莱氏提供道教的资料。

中国宗教，尤其是道教的特色信仰，近代以来常被人们误解为缺乏纯粹性和超越性。有些学者认为中国没有宗教，只有伦理和美育；也有人说道教和民间宗教都是封建迷信，甚至说它们是"野蛮宗教"。这种否认和贬低中国宗教的论调至今仍有流传。其实中国虽然很少有一神论宗教，但绝非没有信神的观念和宗教组织。道教的"多神"信仰并非一无是处，至少有两个好处。其一是它具有神人合一的"人间性"，神能降世垂化，人也能通过修炼和积功德而成神。这就开辟了一条依靠自力实现生命回归本源的超越之路，而不必一味依赖上帝的恩赐获得救赎。其二是它更具有包容性，而少有一神教的排他性。无论来自何方的神灵，道教都可以把它们接进自己的宫观神殿，分享信众的供奉。佛教最初传来时，就因有道教的接引而实现了中国化。外来的古波斯宗教也是如此。当然佛教的教义教制也被道教吸取融合，对道教的发展有重要影响。尽管历史上曾有过佛道争论，但中国从来没有因教义争论而发生过惨烈的宗教战争。当近代中国人走出国门时，也比较容易融入当地的文化。这应该归功于中国宗教信仰和传统文化的包容性。时至今日，不同文明和宗教间交流沟通的重要性已成为人们的共识。中国传统宗教的人间性和包容性，也应该得到更多的赞誉了。

王卡先生敦煌本 《老子》 文献研究的学术成就

刘固盛

内容摘要： 王卡先生是当代道教学术研究的大家，不仅在道教文献学领域造诣精深，成就卓著，对道教思想与义理的阐发也见识高超，令人信服。敦煌道经是王卡先生用力极勤的领域，所著《敦煌道教文献研究》已成为敦煌学研究和道教研究的经典著作。敦煌《老子》文献是敦煌道经一个十分重要的组成部分，王卡先生不仅对其进行了全面的著录和整理，而且考释疑难，提出新见，取得了重要的学术成就。

关键词： 王卡　敦煌道经　老子

作者简介： 刘固盛，华中师范大学道家道教研究中心教授。

王卡先生是当代道教学术研究的大家，不仅在道教文献学领域造诣精深，成就卓著，对道教思想与义理的阐发也见识高超，令人信服。敦煌道经是王卡先生用力极勤的领域，所著《敦煌道教文献研究》① 已成为敦煌学研究和道教研究的经典著作。敦煌《老子》文献是敦煌道经一个十分重要的组成部分，王卡先生不仅对其进行了全面的著录和整理，而且考释疑难，提出新见，取得了重要的学术成就。对此，笔者拟进行一些归纳和总结，并以此文表达对王卡先生崇高的敬意和深切的怀念。

一　著录和整理

在《敦煌道教文献研究》一书中，王卡先生对敦煌《老子》文献进行了全面的著录，其中包括《老子道德经》五千文本（甲、乙两种）、《老子道德经》白文本、《太上玄元道德经》等经文本，《老子道德经河上公章句》《老子道德经想尔注》《老

---

① 王卡：《敦煌道教文献研究》，中国社会科学出版社，2004。

子道德经节解》《老子道德经论》《老子道德经顾欢注》《玄言新记明老部》《老子道德经开题序诀义疏》《老子道德经李荣注》《老子道德经义疏》《唐玄宗老子道德经注》《唐玄宗老子道德经疏》《宋文明道德义渊》等注疏本以及《老子道德经序诀》等其他重要文本。

上述著录的《老子》经文及注疏本，大都具有极为珍贵的文献价值和学术价值。如《老子道德经》五千文本，又分为有字数注记抄本（甲本）和无字数注记抄本（乙本），《正统道藏》未收，是早期道教的重要传本。王卡先生指出：

> 相传东汉末五斗米道係天师张鲁在巴蜀汉中地区教化信徒，使传习《老子五千文》。其所用《老子道德经》文本，是据《河上公章句》本删定为五千字（实存4999字），故称"五千文"，或称"係师定本"。张鲁后降曹操，朝廷封为镇南将军，故此本又称"张镇南古本"。相传东吴道士葛玄（葛仙公）所撰《老子道德经序诀》，加于《五千文》本之前，故此本又称"葛本"。魏晋南北朝以来，《五千文》是道教徒传习《道德经》的主要文本。隋唐道士入道门后，皆须从师受度《五千文》及《十戒经》。故敦煌遗书中多有葛玄《序诀》与《五千文》《十戒经》的合抄本。①

这段论述所包含的内容十分丰富，涉及《五千文》本与河上本及《老子序诀》的关系、《五千文》本与五斗米道的渊源及其在魏晋隋唐道教传承发展过程中的重要地位等诸多问题。特别是《五千文》本与河上本的关系尤其值得重视。在道教发展的早期，《河上注》便是道士必读之经典。《老君传授经戒仪注诀》云："读河上真人一章，则彻太上玉京，诸天仙人，叉手称善。"确实，《河上注》与道教教义是十分相符的，随着道教的发展，《河上注》的影响不断扩大。王卡先生进而指出："南北朝以至隋唐之际，以《老子道德经》（五千文本）、《河上公章句》、《老子想尔注》为主，加上一些有关的符图、仪式书和神仙传记，组成了道教经典体系中的一个重要部分，即太玄部道经。"② 可见，老子《五千文》本不仅是道教徒诵读的文本，而且在道教太玄部道经中也居于极重要的位置。

---

① 王卡：《敦煌道教文献研究》，第159~160页。
② 王卡：《道教经史论丛》，巴蜀书社，2007，第24页。

在注疏本中，《老子道德经节解》残片不见于日本学者大渊忍尔《敦煌道经目录编》，为王卡先生首次发现。《老子道德经论》，由王卡先生将编号 BD14649 和 BD14738 的两件残卷缀合而成，《老子道德经义疏》亦由他将编号 S.6044 和 BD14677 的两件残卷缀合而成，这是他关于敦煌《老子》文献整理的重要贡献，充分显示出先生精深的文献学功力和敏锐的学术眼光。《宋文明道德义渊》，由 BD6097 和 S.1438 两件残卷组成，此经大渊忍尔虽有注意，但没有识出经名，故假定为《道德义》，王卡先生采纳卢国龙教授的观点，论定其为宋文明所撰《道德义渊》。《老子道德经李荣注》为唐高宗时期道士李荣所撰，是研究唐代道教重玄学的重要资料，《正统道藏》收录该注，但仅存前两卷即道经 1～36 章，蒙文通据敦煌写本恰好补上缺失的德经注文，堪称文献辑轶之佳话。王卡先生通过细心整理发现，P.2594、2864、S.2060、P.3237、2577、3277 六件敦煌卷子缀合后即为李荣《老子注》之德经注文，起 39 章"神得一以灵"句，至 81 章末，后又接抄第 37 章经文及注文，可知李荣所用《老子》的分章为道经 36 章，德经为 45 章。而据 S.4681V 与 P.2639 两件缀合的《老子河上公章句》，同样是道经 36 章，德经 45 章。可见，唐代的《老子》注本，除了道经 37 章、德经 44 章这种通行的分章方式外，还有道经 36 章、德经 45 章（将道经第 37 章移到德经第 81 章后）这种特殊的分章形式，对此，王卡先生进行了解释：

> 据南宋谢守灏《混元圣记》卷三称："《老子》有八十一章，共云象太阳之极数。道经在上以法天，天数奇，故有三十七章；德经在下以法地，地数偶，故有四十四章。而葛洪等不能改此本章，遂减道经'常无为'一章，继德经之末。乃曰天以四时成，故上经四九三十六章；地以五行成，故下经五九四十五章，通上下经以应九九之数。"今考敦煌 S.4681V＋P.2639 抄本，当即葛洪本。[①]

《老子》葛洪本在唐代的传播，对了解道教老学在魏晋隋唐的发展是很有意义的。而关于敦煌本李荣《老子注》的价值，王卡先生指出："敦煌本李荣注《德经》几近完足，甚可珍贵。唯卷首尚缺 38 章及 39 章部分文字，可据《道藏》所收强思齐《道

---

① 王卡：《敦煌道教文献研究》，第 169 页。

德真经玄德纂疏》引文补足。"① 通过王卡先生的校理和补充，《道藏》本残缺的李荣《老子注》已成完璧。②

除了对敦煌本《老子》文献进行详细的著录，王卡先生还对《老子道德经序诀》以及四种注疏本即《老子道德经论》《老子道德经顾欢注》《老子道德经义疏》《宋文明道德义渊》进行了标点整理，收入《老子集成》③ 第一卷，为《老子集成》的编纂提供了珍贵文献。

二　考释与研究

王卡先生不仅对敦煌本《老子》文献进行了著录和整理，而且对其中的一些疑难问题进行考释，对以往研究中存在的错讹进行纠正，其研究之深，见识之精，令人敬佩。

关于敦煌本《太上玄元道德经》，《正统道藏》未收，现藏美国普林斯顿大学盖斯特图书馆，后有题记：建衡二年庚寅五月五日敦煌郡索紞写已。此卷日本学者神田喜一郎已质疑其可信性，但亦有学者坚持其为真本。王卡先生指出：

> 敦煌道经抄写年代最早在六朝末（六世纪中叶），此卷题东吴建衡二年（270）。当时东吴郡在西晋治下，不可能用孙吴年号。据唐玄嶷《甄正论》云，天师道传入江东在280年晋武帝平吴之后。此前江东流行的于君道、帛家道、李家道均不奉老君。三国时道教经书存世者极少。早期天师道经书亦不称老君或道君为"太上玄元"，而称"泰清玄元"。此卷显然是近世无知之人伪造。④

通过王卡先生的考辨，《太上玄元道德经》为伪作可成定谳。

关于《老子道德经论》，此卷不见大渊目录，正统《道藏》也未收，原无题名，《老子道德经论》为王卡先生所加。此卷由 BD14649 卷子和 BD14738 卷子缀合而成。

---

① 王卡：《敦煌道教文献研究》，第175页。
② 李荣：《老子注》由周国林点校，王卡复校，收入《中华道藏》（华夏出版社，2004）第一册，后又收入《老子集成》（宗教文化出版社，2011）第一卷。
③ 熊铁基、陈红星主编《老子集成》，宗教文化出版社，2011。
④ 王卡：《敦煌道教文献研究》，第168页。

其中 BD14649 卷原由罗振玉收藏，现藏国家图书馆。该卷起第 38 章注文"以会通也"，止第 41 章注文"道之小成也能"。罗振玉疑此卷即梁武帝《老子讲义》，并注意到卷末有新割裂之迹，由此推断被割下的部分应该尚存于世，只是不知存于何处，故他发出"安得异日更为延津之合"的感叹。① 大渊忍尔目录收录了 BD14649 卷，依罗振玉观点，拟名《梁武帝老子讲义》。BD14738 卷起第 41 章注"具修之则身安"，止第 45 章注"心若死灰"。该卷亦藏于国家图书馆，罗振玉和大渊忍尔均未见，但为王卡先生所注意。先生发现此卷即罗振玉所收 BD14649 卷被割去之后半截，两卷缀合，天衣无缝，遂成完卷。经王卡先生的慧识，罗振玉"延津之合"的愿望终于达成，诚为幸事。先生进而指出，罗振玉判断此卷为梁武帝《老子讲疏》，证据不足，大渊沿袭罗氏之论，亦不可信。他说：

> 按梁武帝撰《老子讲疏》，见于《隋志》及《新唐书》著录，其书亡佚已久。唐末杜光庭《道德真经广圣义序》称："梁武帝萧衍道德经四卷，证以因果为义。"今考此残卷中注文旨要，合于儒家经学而未见佛家教义，与杜氏所述梁武讲义不符。疑此卷应为曹魏玄学宗师何晏《老子道德论》之残篇。参见笔者待刊论文《敦煌本何晏注老子道德论考释》。②

这是王卡先生一个十分重要的见解，他的论文《敦煌本何晏注老子道德论考释》收入 2003 年在北京举行的《敦煌写本研究、遗书修复及数字化国际研讨会——纪念王重民先生诞辰一百周年暨中国敦煌吐鲁番学会成立二十周年》的会议论文集（打印稿）中。虽然《老子道德经论》是否为何晏所作还需进一步确证，③ 但该书非梁武帝《老子讲疏》则无疑义。

与《老子道德经论》类似的精彩缀合还有一例，即《老子道德经义疏》。该卷由 S.6044 卷子和 BD14677 卷子缀合组成，不见于《正统道藏》，为海内外孤本，书名由王卡先生所加。S.6044 残卷藏于大英图书馆，大渊忍尔著录，拟名《道德经开题书》。BD14677 卷子藏于国家图书馆，大渊忍尔未见，亦未著录。王卡先生发现两件

---

① 王卡：《敦煌道教文献研究》，第 172 页。
② 王卡：《敦煌道教文献研究》，第 172 页。
③ 由王卡先生整理的《老子道德经论》收入《老子集成》第一卷时，更名为《老子道德经传》，作者未署何晏，而是题为无名氏，体现出严谨的治学态度。

纸质笔迹相同，文字内容连续，原是同一抄本，S.6044 卷为开题序例，称道经 36 章，德经 45 章，系按《老子》葛洪本分章。BD14677 卷为 1~7 章的经文和注疏。王卡先生将两卷完美缀合，题名为《老子道德经义疏》，并加按语说：

> 此残卷中分章开题之体例，与成玄英、唐玄宗、赵志坚等人注疏略同。疏文阐释大道体用无碍，凡圣性相平等，皆可息心归本，成就自在。其义理宗旨亦近似李荣、赵志坚等唐代道士。但抄本中不避"渊"、"民"字讳，或系梁陈周隋间重玄学道士所作，或系武后时抄本。①

该卷未经缀合之前，只是藏于中、英两国国家图书馆中的文物，经过王卡先生的精心研判，将两卷缀合后，考定其为重玄学的著作，指出其不仅具有极高的文献价值，而且为重玄学的研究提供了宝贵的新材料，具有重要的思想价值。

《老子道德经顾欢注》，大渊忍尔目录有著录，王卡先生做了进一步的考释。关于顾欢的老学著作，《隋书·经籍志》著录有《老子义纲》及《老子义疏》各一卷，当是两书。《新唐书·艺文志》载有"顾欢《道德经义疏》四卷，《义疏治纲》一卷"，杜光庭《道德真经广圣义序》亦云顾欢作《老子注》四卷，则顾氏《老子义疏》当作四卷。顾欢的老学著作已散佚，《正统道藏》中有《道德真经注疏》八卷，题："吴郡征士顾欢述。"据王卡先生考证，此书非顾欢原作，其注用河上公章句，疏引顾欢之说四十余条，而取成玄英者独多，疏中还引唐玄宗注，又引宋陈象古《道德真经解》之内容，则此书乃宋人掇辑而成。② 此书虽非顾欢所著，但其疏中标引"顾曰"的段落，应是顾欢原著的内容，另《道藏》所收李霖《道德真经取善集》也引录了顾欢注文三十余条。王卡先生又指出，敦煌 S.4430 号唐抄本，上有《老子》经文及注文 132 行，首行起自《老子》第 70 章"吾言甚易知"句，末行止于第 80 章"人之器而不用"之句之注文。其注文 9 条可与《道藏》本中原题顾欢所著的《道德真经注疏》及李霖《道德真经取善集》所引述的顾欢注佚文相对应。6 条基本相同，2 条半同半异，1 条不同，大致可以认为此敦煌残本是顾欢所撰，极有可能是《新唐志》所著录的顾欢《老子义疏治纲》之残抄本。③

---

① 王卡：《敦煌道教文献研究》，第 175 页。
② 参任继愈主编《道藏提要》，中国社会科学出版社，1991，第 508 页。
③ 王卡：《敦煌道教文献研究》，第 173 页。

《宋文明道德义渊》，由 BD6097 残卷和 S.1438 号残卷组成。据王卡先生的著录，BD6097 存经文 4 纸 112 行，保留了原书前两章，即《玄德无名》第一、《上德无为》第二的部分文字。S.1438 存经文 134 行，保存原书《自然道性》第四、《积德福田》第五、《功德因果》第六等章的部分内容。① 关于《道德义渊》的作者宋文明，严灵峰以为是唐人，乃误。据唐代尹文操《老氏圣纪》："宋文同字文明，吴郡人也。梁简文时，文明以道家诸经莫不敷释，撰《灵宝经义疏》，题曰谓之《通门》。又作大义，名曰《义渊》。"② 杜光庭《道德真经广圣义序》有"法师宋文明作《义泉》五卷"，《义泉》即《道德义渊》，唐人避讳改"渊"为"泉"。唐道士张君相《三十家老子注》、宋晁公武《郡斋读书志》等都有此书的著录，而唐法琳《辩正论》亦称引宋文明《老子义》。唐王悬河《三洞珠囊》卷七亦引述了宋法师《道德义渊》的部分内容。《道德义渊》现已佚，但在大渊忍尔所编《敦煌道经图录篇》中录有 BD6097 和 S.1438 号残卷，临时题名为《道教义》。王卡先生根据王悬河《三洞珠囊》卷七引宋法师《道德义渊》上下卷佚文，拟定此卷为宋文明《道德义渊》，并云：

> 按大渊目假定以上两件经名为《道教义》。卢国龙《中国重玄学》第二章，考证应为宋文明所撰《道德义渊》卷上。其行文体例及所述重玄义理，均与宋文明撰《灵宝经义疏》极为近似。此书对《玄门大论》、《道教义枢》、成玄英《老子义疏》等隋唐道经论疏有重要影响，是研究隋唐重玄学说的珍贵资料。③

王卡先生不仅论定 BD6097 和 S.1438 两卷即为宋文明《道德义渊》的内容，而且提示出其在重玄学思想发展过程中的重要地位。后又亲自标点整理，收入《老子集成》，为学者的进一步研究提供了极大的方便。

关于《老子道德经节解》的考释，是王卡先生敦煌《老子》研究的又一个重要成果。《老子节解》，《隋志·经籍志》、《旧唐书·经籍志》、《新唐书·艺文志》、陆德明《经典释文》、《道藏》中《三洞奉道科诫营始》《云笈七签》均有提及，应该是一部早期的道教老学著作。关于此书的成书时间，王卡先生认为"约出于汉末魏

---

① 王卡：《敦煌道教文献研究》，第 177 页。
② 《太平御览》卷六六六，《道部》。
③ 王卡：《敦煌道教文献研究》，第 177 页。

晋间"①，具体时间可能是"晋代约公元3～4世纪"②，这是很有见地的。据他的考证，在葛洪《抱朴子内篇·遐览》所录道经中，即有《节解经》一书，疑即《老子节解》。《老子节解》早已散佚，《正统道藏》中原题顾欢《道德真经注疏》引述了《节解》佚文百余条。而王卡先生发现敦煌文书中存有《老子节解》残片，其编号为S.6228V，共存经及注文19行，从《老子》第33章末句"死而不亡者寿"之注文起，至第35章经文"视之不足"止，经注文连书，字体大小不分，注文古拙简练，每条以"胃（谓）"字开始。首行注文见合顾欢《道德真经注疏》所引《节解》佚文，由此可确证此件为《老子节解》之残片。③这是王卡先生的一个重要发现，而他的论文《敦煌本〈老子节解〉残页考释》④则提出了不少富有启发性的观点。

关于《老子节解》的作者，已难确考，陆德明《经典释文·叙录》在《老子节解》条下注云："不详作者，或云老子所作，一云河上公作。"可见作者在唐代已失传。王卡先生指出，据杜光庭《道德真经广圣义序》著录有《节解》上下，并云："老君与尹喜解。"可知《老子节解》是托称老君授与关令尹喜的经书。据唐王悬河所编《三洞珠囊》引述《老子节解序》云："老子以无极灵道元年七月甲子，授关令尹喜《五千文节解图》，受以长生也。"可知《老子节解》是汉末魏晋之际道士托名老君或尹喜所作。⑤吴承仕《经典释文序录疏证》曾言："成玄英《疏》、张君相《集解》所引《节解》，不下百六七十事，殆即此书。大抵以守一、行气、还精、补脑为说，诚米贼之遗法；其语近诞，而其来则甚古。"吴承仕指出《老子节解》乃"米贼之遗法"，这是有得之见，由此也说明王卡先生对该书作者的推断是有说服力的。

《老子节解》今已不存，但有部分佚文保留下来，《道藏》所收题为顾欢述《道德真经注疏》、强思齐《道德真经玄德纂疏》、陈景元《道德真经藏室纂微篇》、李霖《道德真经取善集》诸书都有所引，严灵峰据上述诸书编成《辑葛玄老子节解》，⑥收入《无求备斋老子集成初编》中。蒙文通所编《晋唐〈老子〉古注四十家辑

---

① 王卡：《敦煌道教文献研究》，第171页。
② 王卡：《道教经史论丛》，巴蜀书社，2007，第320页。
③ 王卡：《敦煌道教文献研究》，第171页。
④ 该文发表于《敦煌吐鲁番研究》第六卷，2002年，收入《道教经史论丛》，巴蜀书社，2007。
⑤ 王卡：《道教经史论丛》，第296页。
⑥ 严灵峰认为《老子节解》的作者为葛玄，乃误。刘固盛《论〈老子节解〉的养生思想》（《湖南大学学报》2015年第1期）一文对此有考证。

存》，① 首列《老子节解》。日本藤原高男《辑佚老子古注篇》亦辑有《老子节解》，日本楠山春树所著《老子传说研究》，又从《太上混元真录》和释法琳《辩正论》中找出《老子节解》佚文数条。王卡先生《敦煌本〈老子节解〉残页考释》也有《老子节解辑佚》，对《节解》遗文有所补正。他发现了《云笈七签》卷五十六《元气论》和卷九十九《灵响词五首·序》各引有一条《老子节解》遗文。《灵响词五首·序》所引"尹真人《节解经》"云：

> 内观者睹神光，不可谓之不明；返听者闻神声，不可谓之无音；握固者精神备体，不可谓之无形。凡在道中之民，当须视不见之形，听不闻之声，搏不得之名，三者皆得，谓之道民矣。

显然，这是对《老子》第14章"视之不见名曰夷，听之不闻名曰希，搏之不得名曰微"的解释。② 此条材料可证葛洪《抱朴子内篇》所录《节解经》，应该就是《老子节解》。《云笈七签》所引《老子节解》另一条材料见于该书卷五十六《元气论》，引文较长，略引一段如下：

> 《老子节解》云：唾者溢为醴泉，聚流为华池府，③ 散为津液，降为甘露，漱而咽之，溉藏润身，通宣百脉，化养万神，支节毛发，坚固长春，此所谓内金浆也。可以养神明，补元气矣。若乃清玉为醴，炼金为浆，化其本体，柔而不刚，色莹冰雪，气夺馨香，饮之一杯，寿与天长，此所谓外金浆也。……从容导引，按摩消息，令人起坐轻健，意思畅逸。又常伺候大小二事，无使强关抑忍，又勿使失度，或涩或寒或滑，多皆伤气害生，为祸甚速。此所谓知进退存亡，圣人之道也。

上述两条遗文的发现，加之敦煌残片 S.6228V 的考定，使得《老子节解》的辑佚工作向前推进了一步。

此外，通过对敦煌残片《老子节解》的考释，王卡先生指出其重要的文献价值

---

① 该篇收入《蒙文通文集》第六卷《道书辑校十种》，巴蜀书社，2001。
② 王卡：《道教经史论丛》，第301页。
③ 此句有脱文，应为"聚为玉浆，流为华池府"。（见王卡《道教经史论丛》，第297页。）

在于"揭示了《老子节解》原本的面貌"①。具体表现在：第一，残片中《道德经》的经文近似河上本，而非《五千文》本，此与《想尔注》的敦煌抄本不同。第二，每句注文都以"胃（谓）"字开始。第三，残片第33章末的注文有"关令稽首"四字，34章末有"臣稽首"三字。这与陶弘景所说"係师注《老子内解》，皆称臣生稽首"大致相符。但此处的"臣生"不是指係师张鲁，而是关令尹喜。可见《老子节解》确如杜光庭所著录的那样，是假托尹喜以"内修之旨"注解经文。第四，敦煌残片上"庚元属无形府"之类令人奇怪的注文，实际上是《老子节解》内修养生术的体现。②

三　重要的学术贡献

关于敦煌本《老子》文献的研究，王卡先生之前的罗振玉、王重民、唐文博、蒙文通、姜亮夫、饶宗颐等中国学者和大渊忍尔等日本学者都取得了重要成就，之后又有朱大星《敦煌本老子研究》③等著作问世，但王卡先生的研究是不可忽视和替代的。其学术贡献主要体现在以下几个方面。

其一，为老学文献的保留提供了新内容。就《老子》文献的著录来说，近现代以来有多位学者做过搜罗与辑录，如周云青《老子道德经书目考》、王重民《老子考》、严灵峰《周秦汉魏诸子知见书目》之"中国老子书目录"、丁巍《老学典籍考》等，但这些《老子》书目对敦煌本《老子》文献或有所忽视，或有所误判，或有所遗漏。王卡先生《敦煌道教文献研究》著录《老子》经文本及注疏本17种，对每一种文献除了在形态上进行较详细的描述介绍外，在内容的释读上都做到了辨章学术，考镜源流。如考定敦煌残片 S. 6228 V 为《老子节解》的部分内容，非常精到。而对《老子道德经论》《老子道德经义疏》的缀合，则是神思巧运，堪称绝响。关于《太上玄元道德经》的辨伪，证据确凿。对大渊忍尔《敦煌道经目录编》出现的多处讹误进行了纠正，理由充分。就《老子》文献的整理来说，大型道家文化丛书《老子集成》第一卷收录了王卡先生标点整理的五种敦煌老学文献，由此提高了《老子集成》的文献价值和学术价值。此外，王卡先生用敦煌本《河上注》做参校，对通

---

①　王卡：《道教经史论丛》，第317页。

②　王卡：《道教经史论丛》，第317～318页。

③　朱大星：《敦煌本老子研究》，中华书局，2007。

行本《河上注》进行了点校，由中华书局出版。① 该点校本早已成为古籍整理的范本和《老子》研究的必备参考书，惠及学林久矣。

其二，推进了重玄学的研究。重玄学是道教哲学的重要理论形态，由蒙文通发其大端，卢国龙、强昱等学者系统阐述，② 尔后受到道教学术界的普遍重视。一般认为，重玄学肇始于东晋时期的孙登，兴盛于唐代，而学术界关于重玄学的研究也主要集中于唐代。由于资料的缺乏，南北朝时期重玄学的发展情况，尚有待于深入探讨。而王卡先生发现并整理的《老子道德经顾欢注》《宋文明道德义渊》《老子道德经义疏》三种敦煌老学文献，为研究重玄学在该时期的发展演变提供了极为珍贵的史料。如蒙文通视顾欢为阐扬重玄学之第一人，③ 但顾欢的《老子注》已散佚，使得关于顾欢思想的研究难以深入。《老子道德经顾欢注》的发现和整理，使我们能够更加清楚地了解顾欢重玄学的特点及其在南北朝道教义理变化发展过程中的继往开来之功。④ 同样，宋文明《道德义渊》的整理，也很重要。特别是《老子道德经义疏》的发现和整理，意义重大。如果确如王卡先生所论，该注有可能是"梁陈周隋间重玄学道士所作"，那么，从顾欢《老子注》到宋文明《义渊》与该《义疏》，再到成玄英的《老子义疏》，重玄学从南北朝到隋唐的发展脉络便变得清晰起来。

其三，对早期道教思想及其传承研究的深化。关于汉魏六朝道教发展源流及其思想特点，王卡先生有很多重要的论述，就当时的道教老学来说，他指出："汉魏六朝时期，道教首领及学者为了教化信徒和发展教义，对《老子》经文不断加以改造，或做出新的解释。由他们所改造的《道德经》文本及其注解，是研究早期道教历史和教义的重要资料。"⑤ 因此，王卡先生强调把敦煌《老子》注疏和魏晋隋唐道教历史发展和义理变化联系起来加以研究，所撰《敦煌本〈老子节解〉残页考释》一文是体现这一研究思路的代表作。该文不仅考释了《老子节解》残页的内容，进而指出了该注的主旨和特点，并把它与早期道教另一部解老著作《老子内解》进行比较，

---

① 王卡点校《老子道德经河上公章句》，中华书局，1993。
② 参蒙文通《校理老子成玄英疏叙录》（《古学甄微》，巴蜀书社，1987）、卢国龙《中国重玄学》（人民中国出版社，1993）、强昱《从魏晋玄学到初唐重玄学》（上海文化出版社，2002）等论著。
③ 蒙文通指出："隋唐道宗之盛，源于二孟，……孟氏之传，出于顾氏，而道士之传，此为最早，诚以景怡所造之宏也。……重玄之论，即畅于此，远源流长，自足为贵。"（《校理老子成玄英疏叙录》，《古学甄微》，巴蜀书社，1987）
④ 刘固盛《论顾欢的老学思想》（《华中师范大学学报》2007年第6期）一文对此有具体论述。
⑤ 王卡：《道教经史论丛》，第291页。

推测"它们有可能原是同书而异名，至少也应是内容大致相同的著作"①。而从道教史的角度来看，《老子节解》在哲学理念上秉承了黄老道家"天人合一"的宇宙观和人生观，所讲内修法术则与上清派的《黄庭经》《大洞真经》等经书大致相同，由此可见，"《老子节解》所讲的内修养生术，是汉末魏晋以来在神仙道教（尤其是江东地区葛氏道、上清派等主流道派）中盛行的法术。"② 这一判断对深入了解《老子节解》的影响以及道教上清派的教义和修炼特色都是有启发的。至于论及《老子节解》与《河上注》《想尔注》的具体关系，以及三注在早期道教史上的思想关联，也发前人之所未发。

　　总之，王卡先生的敦煌《老子》研究，无论是文献的考释与整理，还是思想的阐发与激扬，都取得了重要的成就，为当代道教研究领域留下了一份宝贵的学术财富。

---

　　① 王卡：《道教经史论丛》，第298页。
　　② 王卡：《道教经史论丛》，第318页。

王卡搜集整理敦煌道教文献轶事

尹岚宁

内容摘要： 本文记载了王卡搜集整理敦煌道教文献的几件轶事。

关键词： 王卡 敦煌文献

作者简介： 尹岚宁，王卡夫人，中国国家图书馆研究员。

王卡生前多次提示我："以后要为我写回忆录哦。"我想借此文，说几件王卡在搜集整理敦煌道经的过程中，令我印象深刻并感同身受的事情，也算是回忆录中的小片段吧。

一 鉴定国图藏敦煌道教文献残片，不计报酬

王卡作为专门研究道教文献的学者，研究课题中包括敦煌道教文献。在他发表的研究论文中，多次提到"曾受方广锠先生之托，帮助鉴定国图藏敦煌道教文献残片"。我记得王卡当时说过，方先生在国图担任善本部副主任期间，在任继愈馆长的大力支持下，直接促成了修复整理国图敦煌遗书工作的开展。

王卡去国图帮助鉴定敦煌道教文献残片，我印象中大约是2003年至2004年。具体是哪一年我记不太清了，但王卡那时的兴奋劲儿我至今记忆犹新。王卡鉴定敦煌道经残片时，国图给他的条件就是让他能接触敦煌原件，没有一分钱报酬。那时我笑说，社会上的鉴宝专家们都赚得盆满钵溢的，你们社科院的专家学者就只讲奉献啊！他给我的回答是，"只要能让我亲眼看见敦煌卷子的原件，我就求之不得了。要不然，我哪能进到国图深藏的善本库啊！"他说，方广锠先生当初就是为了能查阅国图珍藏的善本资料，不惜辞掉社科院的工作，调至国图善本部任副主任，把国图的宝贝都寻到了，真的是聪明之举。

事实上，王卡在鉴定敦煌道经残片期间，并没能看到国图藏的完整敦煌道教经卷，因为比较完整的敦煌经卷都已入藏，他看到的仅是一些破碎的残片。他说那些残片污秽不堪，虫蛀、鸟屎，什么污渍都有，甚至粘连在一起，是国图工作人员无法辨识的小残片才让他辨认鉴定。王卡利用自己多年积累的学术知识和经验，协助国图鉴定了道经残片，有的只有几个字的残片他都找到出处并给以还原。他回家非常得意："啊哈，什么叫专家，本人就是货真价实的专家！"不仅如此，他在鉴定残片时还从中发现了新的研究论题，写出了新的论文。他说，"我就像个拓荒者，开荒时突然挖到一宝贝，那种感觉奇妙无穷。我享受的就是这个过程，我真的感受到了马斯洛所说的那种忘我的高峰体验，这就足够了"。

前几日，我联系到了方广锠先生，想求证当年王卡为国图整理敦煌残片的具体情况，方先生立刻给予了回复。据他回忆，王卡大约是1998年至2004年间，国图整理敦煌遗书的基础著录工作做完后，处理疑难问题时到国图去鉴定道经残片的。因此间方先生已调离国图好几年了，王卡具体哪年去的他也记不清了。老方在给我的回信中说："王卡是一流的学者。当年的确没有给报酬，中午在职工餐厅吃顿饭，如此而已，算是友情演出。实际上，我们这些所有参加北图这项工作的人，都没有拿过报酬。说起来挺好玩。不过我们的那个工作班子，的确不讲名、不讲利，只讲工作。我很感谢他们。"

陈寅恪先生曾经说过："敦煌学者，今日世界学术之新潮流也。"我认为，王卡也是这学术新潮流中翻起的一朵浪花吧。

我还记得，方广锠先生调离国图之后，国图的领导曾经也征求过王卡的意见，问他是否愿意调去国图善本部工作。王卡为此问过方先生，老方说他任善本部副主任时，可接触珍贵的文献资料，虽然收获不小，但行政事务太繁杂，不适合做学问。王卡一听，立马断了动意。他是一个连一天吃三顿饭都嫌浪费时间的人（他一直认为一天最多吃两顿饭足矣），最害怕杂事干扰他，于是果断婉拒了。

二 国图搜集敦煌道经图片，意外遭遇

1998年，王卡申领国家社科基金的一个项目《敦煌道教文献研究——综述·目录·索引》。当时曾得到国家图书馆善本部的帮助，得以顺利完成。2006年，王卡又申报了一个后续项目《敦煌道教文献——图录·释文》，即目前道教研究室及王卡的学生们正在继续努力要完成的《敦煌道教文献合集》。王卡的意图是，在前项研究成

果的基础上，利用目前已公开出版的中、英、法、俄等国所藏敦煌文献图册，搜集其中的道教文献图片；重新剪裁、拼缀后，按唐代道教经书原有的分类体系编辑成一个敦煌道教文献专题图册，并附加释文。这个工作20世纪70年代日本学者大渊曾经做过，但很不完备。主要原因是当时公布的敦煌图片资料有限，摄影制图技术也不行。20世纪90年代至今，国内已公开出版许多敦煌文献的大型影印图册（包括目前正在整理出版的《国家图书馆藏敦煌遗书》）。国图善本部的敦煌组，是目前收藏敦煌图册最多的单位之一。由于王卡这个项目的资金不多，不敢奢望搜集敦煌遗书原件的影片，只能利用图册影版来扫描复制。据他估算，其中的道教影版约占全部敦煌文献的2%，因此课题费勉强够用。在我的印象中，这个项目申请时，他申报的10万元，最终获批15万元，这已令他喜出望外。

开始搜集敦煌道教文献图片时，王卡认为，他曾与国图善本部一直以来有较好的合作关系，搜集敦煌道经资料应该不成什么问题。

2007年，他让我利用上班的空余时间，使用敦煌组收藏的图书（不是用原件，而是公开出版的敦煌文献图册）在馆内扫描。我根据王卡的《敦煌道教文献研究》的目录，从敦煌文献阅览室查找并借出在馆内扫描复制，我记得当时查找的是《俄藏敦煌文献图录》。图书版本基本还原了敦煌卷子的色彩原貌，并且清晰完整。可是刚做了两三天，善本部工作人员告知，称敦煌图册不许借出阅览室，只能由善本部制作，理由是怕扫描毁坏了图册。实际上那些敦煌图册每本都以佛教内容为多，道经只占很少比例，一册图书中也就只有一两篇，根本不会造成图书被毁的情况。我回家与王卡说，善本部为了保护图书，提出由他们代做扫描，图书不让借出了。当时王卡还挺高兴，说那也成啊，他们也许会更专业，做得更好。于是王卡答应了由善本部来接着代查和扫描复制，并按要求预交了4000元扫描费，签了工作协议，我也把《敦煌道教文献研究》的目录复印给了善本部。

但是，过了两个月之后，结果却令人瞠目结舌，事与愿违。取回的光盘中只得到部分黑白照片，并且这些照片存在以下问题。

1. 照片来历不明，不是用已公开出版的敦煌图册扫描，而是从国图的旧照片中筛选的。经王卡推测，其中法藏文献的照片，可能是王重民在20世纪30年代拍摄的，质量很差，模糊不清，无法按现代技术标准制图。

2. 没有按照提供的目录制作完整的影印版资料。由于制作者不熟悉敦煌文献，因此选择的照片出现错误，有些图片不是我们索要的。据王卡估计，国图并没有收藏全套敦煌文献的旧照片，因此仍将有部分图片需要从已经公开出版的图册资料转引（如俄藏、散藏文献图册）。这与上述旧照片的颜色字迹不配套，造成拼版困难。

3. 已给的照片中有些将原件裁成多幅短片，每幅只相当于图册影版一页的三分之一或四分之一。这样不仅给将来重新拼版制图造成麻烦，而且每幅影片按10元计算收费，大大增加了成本。

王卡见状，捶胸顿足，愤怒至极，在家仰天悲呼："中国知识分子太可怜啦，做点学问真特么难，叫人欲哭无泪啊！"

王卡忍无可忍，一怒之下，也不顾正值国庆节放假之时，给国图副馆长陈力写了一封邮件。信中说：

> 我和您夫人一样，是社科院的一名清贫学者。搜集资料只为完成国家科研项目，没有商业用途，做这种死学问也没有大名利可图。因此我希望您能给予帮助，让国图有关部门给予方便，允许我们做以下工作：
>
> 1. 用国图收藏的已公开出版的图册，从中选择需要的图片扫描，或至少用相机拍摄清晰的整幅图片。
>
> 2. 委托国图熟悉敦煌文献的人员制图。如善本部人员没时间，也可让尹岚宁或我的学生来帮忙，以免耽误工期。
>
> 3. 我们可以按馆里规定缴纳部分资料工本费，但希望尽量减少些费用，多了我们负担不起。
>
> 4. 如果以上三条都无法做到，请退还已缴的费用，我另外再找合作单位。
>
> 国图是我国重要的学术机构，与学术界历来有良好的合作关系。我相信以上小要求应该能够满足。节日期间，给您添麻烦了。
>
> 谨祝节日愉快。
>
> 王卡 2007年10月2日

王卡特别强调需要的是已公开出版的敦煌文献图册复印件，而不是更早时期的零碎残片。后经陈力副馆长的协调，得以基本完成，向国图付了几万元的资料费。虽基本搜集到了，但仍不尽如人意，有的图片扫得不全，有的也不是王卡所需要的。无奈，后来又让学生刘志多次去国图补遗。

这是王卡在搜集敦煌道教文献时的一段痛心事。

事后，我从善本部的工作人员处得知，当时由于市场经济的影响，国图各部门都有创收指标，他们也是为完成创收而迫不得已。但这种以次充好，以残代全，多收费用的做法实在令人气愤！加之国图历来有以国家总书库为名，而对馆藏尤其是善本文献资料有着"重藏轻用"的倾向，由此一来，无端地给研究者造成时间上、经济上的损失，甚至精神上的伤害。

三　赴日搜集敦煌道经，满意而归

2011年，王卡受到日本名古屋大学神塚淑子教授的邀请，拟定2012年访日进行学术交流。王卡欣然接受了邀请，立刻给神塚教授复信：

最近数年，我正在编撰敦煌道教文献的图片及释文集，希望能够做出比大渊忍尔教授《敦煌道经图录篇》更完整的数据库。工作中遇到的最大困难，是日本收藏的一些敦煌写本图片很难见到，希望能得到日本学界同行的帮助。明年三月赴日是一个极好的考察机会。我最希望考察的敦煌文献如下：

1. 日本东京国会图书馆藏WB32（3）灵宝金录斋忏方仪抄本；WB32（30）不知名道教类书抄本。

2. 京都博物馆藏252号太上业报因缘经卷八抄本；253号太上。洞玄灵宝妙经众篇序章抄本。

3. 奈良县天理大学图书馆藏《太玄真一本际经》卷第十抄本。

4. 原东京文求堂书店藏《抱朴子内篇》，该卷原件为田中庆太郎藏，原件已毁，但有一个大正十二年影写本，在中国国内找不到。

5. 日本武田财团杏羽书屋藏羽田亨《敦煌祕笈》，该书正在出版中（最新消息已出到第六册），但中国仅有极少学者得到。在七百多件图版中有十多件道经，是尚未公布敦煌遗书中最后的大藏品。

6. 大阪县四天王寺所藏吐鲁番出土写本，已有藤枝晃教授《高昌残影》刊布。但此书在中国也难找到。

除上所述，东京台东区书道博物馆藏品，已出版图集，我有光盘版，已搜索过。京都龙谷大学图书馆藏品，已全部在网络上公布，也搜索过了。这两处可看可不看。最想看的还是国会图书馆、京都博物馆、天理图书馆三处。从您安排的日程看，三月二十三日在名古屋室内的观光，能否改去奈良天理大学考察，敬请您斟酌。

再次感谢您的邀请和安排，祝您新年快乐，家人康健。

王卡，2011年12月31夜，敬启

2012年3月，我与王卡同行赴日。神塚教授事先已按照王卡需查的敦煌道经一事，与日本东京国会图书馆和京都龙谷大学都预约好了时间。

去日本国会图书馆那天，我们先办理了读者卡，随后神塚教授带我们去了古籍阅览室。图书馆员亲和的告知，已去库里取敦煌卷子，让我们先看缩微胶片和电子版。过了不多久，一位馆员捧出两个精美的木盒，戴上白手套，缓缓展示出整卷的敦煌道经卷子，王卡当时眼睛一亮，惊讶："保存得这么完好！"

王卡仔细观看了一阵，确认正是自己要找的经卷，问询能否提供复印件，图书馆员答复，可以复制。就在我们等候复印的时候，当天与我们一起去的还有一位接待我们的田中老师，她跟王卡反复强调说，国会图书馆不可以复制整个卷子，一次最多只能复制一半。王卡问，"那我们明天再来复制另一半，可以吗？"田中老师笑答，当然可以。出乎意料的是，那天我们的运气真不错，没有遇到一点麻烦，居然获得了整个卷子的全部复印件。并且当时由于图书馆收费的电脑出了点问题，工作人员不停地向我们致歉，生怕复制数量与价格出现差错，让我们反复仔细核对。最终，王卡为自己的收获满意而归，我也体验了日本图书馆优质的服务水平。

在回酒店的途中，我对王卡感叹，中国的敦煌卷子流落在国外，就像咱们到别人家看到自己家的宝贝，心里总归不是滋味。王卡却说："这就是历史，只能责怪当时的中国政府不争气。而且，现如今敦煌遗书已成为世界瑰宝，是人类文明共同的财富了。看见这些卷子在国外保存得这么好，我能看到真品，也是一件幸事啊！"

四　发表敦煌研究论文，不忍割爱

王卡在国家图书馆鉴定敦煌道经残片时，由于有新的发现引发了他的深入研究。2006年，他写了一篇题为《敦煌本〈升玄内教经〉残卷校读记》的研究论文，总共有2.2万多字。文中提及他受方广锠先生委托，考察其中3件未公布的道经抄本时，意外发现一件《升玄经》的残抄本。因是国图藏本，他做了缀合考证。论文完成后，王卡欲将此文交付国图的学术期刊《文献》上发表。我当时在国图上班，与《文献》的主编王菡关系较好，就把文章发给了她。

王菡读了王卡的文章，打电话给我，表示内容没有问题，就是文章较长，提出本刊规定文章字数最多不超过 8000 字，要求王卡将字数压缩后可以刊登。我当时将电话递给王卡，让他们俩直接沟通。没想到王卡接过电话，劈头就冲着对方吼叫："你懂不懂什么是研究？我的文章全是干货，不多一字不少一字，没法压缩！你要我压缩到 8000 字，那还是我的文章吗？就因为这篇文章里有关国图馆藏的内容，我才首先想到给你们《文献》刊登。既然这样，那好吧，没商量，此处不留爷，自有留爷处！"说完怒气冲冲地把电话给挂断了。

我见此状，再次跟王菡沟通，想协调一下，可否分期连载。王菡答最多连载两期，还是需要压缩文字。她也很生气地对我说："你家先生怎么这么怪啊，压缩文字对作者来说是常事，他怎么就发这么大的火呢？"我说我可以理解你作为主编的责任和原则，但王卡的文章确实没有水分，他不肯压缩也有他的道理。正如他常说的，"写文章就如十月怀胎，一朝分娩，有多难，只有自己知道"。

后来，王卡将文章发表在《敦煌吐鲁番研究》上了。

几十年来，王卡始终把自己的学术研究视作传承中国传统文化的一种使命。精神独立，思想自由，精益求精，一丝不苟，是他一生做学问始终不渝坚持的原则。

王卡曾在不同的场合多次说过，这三十年来，国家的稳定和发展，为知识分子创造了做学问的良好大环境，盛世修史，我们赶上了这个好时代，算是很幸运的了。所以他认为不应辜负这大好时光，应尽自己最大努力，为增强"文化自信"做出自己的贡献。

王卡离开我们一年了。他未能在生前完成《敦煌道教文献图录》这部心血之作，固然遗憾。如今从另一角度看，这也许是给道教室的研究人员和学生们留下了更大的成长空间。

在此，我由衷地感谢马西沙先生、卓新平所长对王卡这个项目的积极推荐和鼎力支持，终获得了社科院的出版项目经费。我也非常感谢研究室的同事们以及王卡的学生们，为继续完成王卡先生的遗作所做出的许多努力。我想，他在冥冥天国也一定会感知并向大家表以衷心的谢意。

期盼《敦煌道教文献合集》能保证质量，早日出版，为道教界与学术界的研究和利用提供更多的方便。

这也是王卡最大的心愿。

敦煌遗书多主题文献的释读、拟名与称引

——以 P. 3021 + P. 3876 等为中心

侯 冲

内容摘要： 在梳理敦煌遗书 P. 3021 + P. 3876 内容的基础上，指出该遗书为多主题道教文献。敦煌遗书中多主题道教文献还有 BD. 7620、BD. 1219、P. 3562V 等。对多主题文献进行录文、校勘和整理，有助于对其进行拟名、编目。如何对这些文献进行拟名和称引，是需要进一步关心和探讨的问题。

关键词： 道教文献　多主题文献　道教讲经文

作者简介： 侯冲，上海师范大学哲学系教授。

一　敦煌遗书多主题文献 P. 3021 + P. 3876

多主题文献是指一个文本中包括有多个主题的文献。敦煌遗书年代跨度大，收罗广泛，内容丰富，形态复杂，包括有不少首尾残缺的多主题文献。如何释读敦煌遗书中的多主题文献，值得相关领域的研究者关注。

P. 3021 + P. 3876 是敦煌遗书中此前已经有过拟名、著录和研究的文献。寇凤凯等人综合此前相关著录、拟名和研究说：

> P. 3021 号文书实际是 P. 3876 号文书的一部分，在缩微胶卷中已经并入 P. 3876 号文书。该卷文书，首残尾全，无卷题，存 542 行，17000 余字，在敦煌道教文献中属于比较长的文书。王重民先生在《伯希和劫经录》中把 P. 3021 号文书命名为"佛书"，把 P. 3876 号文书命名为"残道经"，说其中"有颂赞，有故事；所记故事，如关于费长房等，多系中国故事，知为此土人所作（内引王

梵志诗）。背有维摩经注解"。《敦煌遗书总目索引新编》把 P.3021 号与 P.3876 号文书命名为"佛道要义杂抄"。项楚先生认为，"详案其内容，乃是一位道教法师讲经之稿本，拟题《佛书》，实属误解。"王卡先生经过仔细考察，把它命名为《道教中元金箓斋讲经文（拟）》。前人的这些著录为我们了解这份文献奠定了基础。[①]

王卡先生将 P.3021 + P.3876 拟名《道教中元金箓斋讲经文》[②]，此后李小荣、寇凤凯等也认同了这一拟名。李小荣又称："P.3021 + P.3876《道教中元金箓斋讲经文》是一份道士讲经时的提纲，其中使用了大量譬喻文学作品，部分取材于本土文化、日常生活或社会政治生活。"[③] 寇凤凯则进一步称："这份讲经文出现的时期最有可能为唐睿宗延和元年（712）七月至开元四年六月。"[④] 就王卡先生"道教中元金箓斋讲经文"这一拟名来说，至今为止，未见其他人提出不同意见。

但是，如果我们仔细梳理 P.3021 + P.3876 的具体内容，就会发现这是一件多主题文献，仅拟名讲经文有以偏概全之嫌。为什么这么说呢？

其一，P.3021 + P.3876 文字本身已经分段，统一拟名与内容未尽相符。初步梳理 P.3021 + P.3876 的内容，可知其至少可以分为 126 个内容相对独立的段落。不少段落间显然看不出有直接的联系。它们并不是一个主题单一的文献。其中有的是引经文，如引《本际经》、引《西升经》；有的是表述斋意的斋文，如《中元时景》是斋文中的时这一部分，祝皇帝等愿属于咒愿斋主的文字，咒愿布施文就是咒愿文；有的是论义文，如《上人》《法师》《先生》《公》《大德》，都是对参与论义者的赞叹；有的是缘喻，如 P.3021 + P.3876 后半部分相当多内容；有的是道教史传，如引《列仙传》、记长房与壶公事等；有的是佛教文献，如引《法华经·法师品》、引《王梵志诗》；还有传统儒典，如所引《尚书》。由于看不到它们相互之间有某种明确的关系，得不出它们是一个单一主体的文本的结论，故不宜将其笼统地

---

① 寇凤凯、廖文武、焦丽峰：《敦煌道教讲经文研究》，四川大学出版社，2014，第 17 页。寇凤凯曾发表论文《〈道教中元金箓斋讲经文（拟）〉长生成仙研究》载于《重庆科技学院学报》（社会科学版）2009 年第 5 期，并完成硕士学位论文《敦煌道教讲经文研究》（兰州大学，2010 年 4 月，第 11～12 页）对此做过介绍，这里采录他最后出版的文字。
② 王卡：《敦煌道教文献研究——综述·目录·索引》，中国社会科学出版社，2004，第 233～234 页。
③ 李小荣：《敦煌道教文学研究》，巴蜀书社，2009，第 342 页。
④ 寇凤凯、廖文武、焦丽峰：《敦煌道教讲经文研究》，第 20 页。

称为讲经文。

其二，文意释读有选择其一不顾其他之嫌。P. 3021 + P. 3876 中，"中元时景"标题下有这样的文字：

> 属此金凤应节，玉露惊时。去鸿修担，乍分光于仙履；归鸿渡渚，还丽影于真骖。气序清凉，景候溁廓。正是中元行□之日，延祥辟福之辰。式启□缘，爰开茂祉。用此功德，资益无疆。

但是，在其后尚有如下文字：

> 既属三阳庆序，万物迎新，正可拔往劫之罪根，积今身之善业。加以远近贵贱，是亲非亲，洗浣身心，来听妙法。贫道白屋凡流，黄冠末品，赖天尊远荫，得入道门。所恨血肉之身，道法难解；愚痴之性，妙义未时。暗塞终朝，多所不了。论心抚已，自叹愆违。理应藏身洞穴，削迹幽岩。但为未断因缘，蹉跎俗内，滥升高座，战悚交怀。略述庸虚，庶乞欢喜。

上引文中出现的"三阳庆序，万物迎新"等文字，表明从时间表述来说，P. 3021 + P. 3876 不单有"中元时景"，还出现了"三阳"正月。拟名"中元"，无法解决其与正文中出现的"三阳"之间的关系问题。

其三，引证文献不做全面解读。此前对 P. 3021 + P. 3876 的讨论，往往是根据该文献的行数，摘抄与自己心意相对应的文字展开，并未完全理清全部文字之间的关系。如王卡先生在将 P. 3021 + P. 3876 拟名为"道教中元金箓斋会讲经文"时，曾经用了"三阳庆序，万物迎新"等文字，却未讨论"三阳"与"中元"二者的所指及相互间的关系。寇凤凯曾经将斋意文中祝愿皇帝、皇后、诸王、公主（他在录文时将"公主"误释作"公在"）等的套话，用来作为判断该文献历史年代的证据，显然是不知道这些文字的语境。与此相类的文字，实际上不只在道教文献中出现，在佛教文献中同样出现，而且出现得更多。在很大程度上，它们只是套话，并非实指。用它们来讨论 P. 3021 + P. 3876 出现的时间，显然是非历史的。

其四，"讲经文"一名语意不清。对于什么是道教讲经文，《敦煌道教讲经文研究》界定说：道教讲经文"是以皈依道教、广泛布施、修功建德等为内容的综合性文书，记录了在斋会上举行的道教讲经活动及其他活动，如受戒、布施、发愿等"①。并认为：

> 道教讲经文有以下特点：第一，道教讲经文大都与斋会有关，是举行斋会时所做的讲经文本；第二，其活动内容都涉及受戒；第三，大都是在讲经开始前发愿，来表达斋意；第四，其内容是皈依道教、广泛布施、修建功德等为内容的综合性文书，记录了在斋会上举行的道教讲经活动和其他活动，如受戒、布施、发愿等。②

这显然是一个比较宽泛的解释。结合该书的具体讨论来看，作者对该文献的释读颇多想象，大都无从证实，故其对道教讲经文的界定语意不清。事实上，用仪式文献或仪式文本来指称这些文献，也许更接近它们的内容。

总之，P. 3021 + P. 3876 不是单一主题文献而是多主题文献，不宜按单一主题文献著录和讨论。"道教中元金箓斋讲经文"不是该文献的最佳拟名。

二　敦煌遗书中其他多主题道教文献

敦煌遗书中尚有其他多主题道教文献，如 BD. 7620、BD. 1219、P. 3562 V。这些文献在王卡先生《敦煌道教文献研究》一书中，被作为单一主题文献著录。BD. 7620和 BD. 1219 甚至还被统一拟名为"道教布施发愿讲经文"著录。但周西波此前已经指出，"关于两件写卷的笔迹，乍看虽颇为相近，但仔细比对二卷字体，后者明显字体比较工整，几无草书，而前者则草写比比皆是，以'即''道''愿''遣'等字为例相互对照，在书写笔法上即见明显差异。另外在每行的字数方面，BD. 7620 以22 字上下为主，而 BD. 1219 则以 25 字以上至 30 余字居多，故而二者虽同属斋会讲经之记载，但是应非同一写卷。BD. 7620 明确提到是布施斋会的讲经，BD. 1219 则未见斋会性质的说明，只笼统地说'建斋行道讲经'等等，但是其保存的内容远比

---

① 寇凤凯、廖文武、焦丽峰：《敦煌道教讲经文研究》，《前言》第 1 页。
② 寇凤凯、廖文武、焦丽峰：《敦煌道教讲经文研究》，第 6 页。

BD. 7620 丰富，价值更胜 BD. 7620。"① 较清晰地将 BD. 7620 与 BD. 1219 作了区别。足证二者不是同一类文献。当然，他也未注意到，BD. 1219 也是多主题文献，而这显然是他"未能完全确认其为何种斋会仪式"② 的主要原因。

（一）BD. 1219

根据 BD. 1219 文字内容，可知其大致包括以下几个部分：

1. 忏悔发愿；

2. 授十戒；

3. 愿施主至心听法。包括以下叙事：

（1）阿娘（雍州经阳县幸乐夫人）杀生入地狱，孝顺子修造功德超荐；

（2）李方子社奴为后母迫害未死，事因阿娘慈孝；

（3）阿遬杀生忏悔得生天；

（4）长者忏悔杀生。

4. 施主虔诚修斋建讲，法师劝施主归依三宝，专心听法。

（1）说听法三种人：身心俱至；身心俱不至；身至心不至。劝施主身心俱至。

（2）劝施主专心恭敬归依太上无极大道、经、师三宝。

（3）明三舍。

（4）明布施。

（5）劝不乱语谤法。

（6）说求道者须知大乘法，发无上道心，发四大愿。

（7）说求道者须受真人三种大戒。

（8）劝众勤修道法：大慈悲行；智惠行。

（9）说真人六度行。

（10）说八苦、二身、三业、十恶、十善。

（11）说破坏谤法的恶报。

尤其需要指出的是，根据如下四段启头文字，也可以看出该号遗书并非单一主题：

---

① 周西波：《敦煌写卷 BD. 1219 之道教俗讲内容试探》，程恭让主编《天问（丙戌卷）》，江苏人民出版社，2006，第 331 页。

② 周西波：《敦煌写卷 BD. 1219 之道教俗讲内容试探》，程恭让主编《天问（丙戌卷）》，第 345 页。

1. 授戒

敬白时众等，贫道向者为施主男女读经忏悔，行道发愿，积大功德，悉得圆满。惟未受戒。既其烧香燃灯，转经行道，何假受戒？只为施主无明始道，智慧初开，须藉戒之防卫。

2. 转经

敬白道场大众，贫道谬居法侣，滥处玄门。质漏情疏，虚移景宿。学不稽古，触事无知。遇蒙大圣慈恩，得预经法耀没。寻文数墨，至理难明。盖由法重人轻，义深难侧（测）。向来愧耻，无自容罗（？）。蒙施主不责下流，延及□□，凭心委命，行道转经。

3. 劝施主专心志诚

敬白道场云云。贫道仰与施主，并籍宿缘，俱承余庆，伽（加）以喰（餐）承道化，同闻法音。若不往劫结缘，岂得今生劫会？又复施主等，各各专精励志，注念虔诚。大小当心力俱磬，修斋建讲，请像延师，忏七祖之深愆，谢三途之恶业。莫大之善，不可思宜（议）。贫道谬厕（侧）玄门，猥忝黄服。滥承训功，佩灵文玉简金篇、龙章凤篆、真经妙法、禁戒科仪，并获披寻，未能依奉。枉蒙推拔，升此高筵，宣畅玄风，讵知源际？所以恐贫道德薄，未能弘益。愿不获免，讵可默然？今合道场施主，既能归依三宝，心无浮散，共乞（齐）声称善，以证志诚。即请三称无量天尊。

4. 劝四众信受经法

敬白道场四众等，此非市店，何须乱语？乱语之人，必定获罪。经云：此法实玄妙，静听灭罪。今所说者，即其义也。若能精心静听，句句消灾；慢海在怀，行行垂罪。《度人经》云：轻泄漏慢，殃及九祖。贫道今日所说，亦愿如是。《升玄经》云：三代天尊，十方众圣，常保护经法，利益一切。开度群生，施主等宿植善根，今生报重，逢师遇道，听法闻经，当须用心信受，不可轻慢。诽谤之人，定入恶报。

因此，"道教布施发愿讲经文"的拟名显然与 BD. 1219 内容不完全相符。而且，最新研究表明，"俗讲是唐五代时期一种经官方同意或得皇帝敕令在三长月举行的劝俗人输财的佛、道教法会"①，根据其中"道场四众"一词，表明道场现场的主体是

---

① 侯冲：《中国佛教仪式研究——以斋供仪式为中心》，上海古籍出版社，2018，第220页。

比丘、比丘尼、优婆塞和优婆夷等僧俗四众，并非只是针对俗人而说，故这部分文字与只是针对俗人的俗讲，显然没有完全的对应关系，不能简单将其定性为俗讲材料。如果据之讨论道教俗讲，则在资料定性上似可商榷。

（二）BD. 7620

BD. 7620 与 BD. 1219 既然不是同一文献，则其名称就需要新拟。该文献字数不多，但一方面文本原来已经有分段，另一方面内容也分几个部分，故需要录文分段整理。兹录笔者根据内容分类后整理的文字如下：

［一、咒愿文］

1. 布施已后，家门眷属，寿等金山，所有亲缘，命同昆岳。儿郎济济，仙侣无殊；子侄洗洗，贤圣不别。宗亲和睦，内外常安。过勉三灾，超度九厄。温耶（瘟邪）百鬼，无敢侵伤；福庆千神，咸来拥护，并使形同桂月，命似琼林。恒照①恒明，唯长唯久。九玄七祖，出离三途；七代亡魂，超喻（踰）八难。乘法轮之辇，诣长乐之乡；泛不死之舟，上无为之岸。

2. 善缘福报，应念便来；罪累恶因，即斯而灭。长辞八难 ［之］ 苦，永离三途之酸。喜识灵液之池，括神洞阳之馆。

3. 三清妙境，与圣侣为朋；王（玉）阙金②台，共真人为友。无来无去，恒证道场；不灭不生，会无为之正道。

4. 病除体内，疾离身中。天降甘露之浆，风吹丹妙之药。空中入口，玄补三宫。经纬四支（肢），疗持百病。命如山岳，寿等乾川。

5. 大圣垂慈，施其妙药。灭除患害之本，断却烦恼之原。五藏（臟）清和，四肢安吉。永与痛隔，长别苦缘。万病皆消，千痾保殄。神光内照，比净目而高悬。智力芙蔬，常离俗境。万福庄严，善神匡附。七缠十恶，藉此消融；八苦八难，因斯永灭。五衰五厄，不复相侵；善利善安，愿恒相续。

6. 十恶烦笼，一时消遣；三徒（涂）枷锁，从此永除。五毒顿消，六尘长殄。光明备体，身洁清香。

---

① "照"，底本作"净照"，据文意删。
② "金"，底本作"京金"，据文意删。

7. 广赞大乘，怨亲不障，爱增（憎）平等，齐悟妙门。持功德之水，洗有陋之心。回惠朗之灯，照无明之域。五逆之罪，自此皆消；十恶之愆，因兹并遣。

8. 天命逾远，三灾之所不伤；法财自丰，五家之所不贷。宝器明珠，应神光而照室；奇鸾异凤，荣圣驾而盈庭。

9. 与甘罗比德，共项托而齐名。智若日月高明，命等乾坤永固。寿同天地，福禄无穷。

10. 智惠恒扶，法云常覆。神光附体，玉盖随身。天尊拥护，仙圣扶迎。常居福地，善侣同行。贵如周孔，位极公卿。英雄盖代，文武交横。人间叹仰，朝夜（庭）称名。布施虽微云云。

11. 伏惟虚空众圣，元始天尊，道场仙官，十方化主，口吐光明，彻照内外，原赦厶乙等，九祖先亡者，昔在凡夫，不慈不孝；魂归地府，受苦三涂。地狱幽牢，刀林剑苑，恒常受苦，何可言论？藉此讲经，咸蒙解脱；超陵三界，逍遥上清；福被家门，恩流眷属；男欢女乐，宅吉神安；财宝丰饶，五谷成孰（熟）；年年见道，岁岁闻经。布施虽微云云。

12. 因此开经，功多报重，圣人鉴照，大众证明，更为称善。

［二、不正信正行不得道］

13. 若有凡夫，贪淫嫉妒，不信正信，以行在身，而学他求道者，如乘铁船而渡于苦海，驾毛车而越于火坑，故难阿（可）得也。

［三、］五五说喻

14. 敬白道场众等，何故讲经之处，即作音声伎乐？只为招集男女等，遣向此间听法。譬如何物？

由如慈母，唯生一子，心中怜爱，欲似掌中明月宝珠。其儿忽然头上卒（猝）患恶疮，非常臭秽。尔时阿娘烦恼，欲似猛火烧心，昼夜忧愁，不食不寝，于是觅得良药来，即欲与儿著此药。儿怕疮痛，便即走去。慈母心中烦怨，肝肠寸断，更无方计。遂将果子，远立唤儿。口云阿娘如不与儿洗，儿即到来。左手过与右手牵捉，于是清泔净洗，即为封药。儿虽啼哭，恶疮得差。

说此喻者，欲明何事？由（犹）如贤者优婆姨等，身中例有三毒恶疮，烦恼重病，无明障翳，身心秽臭，不可言尽。

贫道今日广设音乐，招集施主得至道场，闻说天尊大乘经法，用智惠药，采无为风，调法音汤，洗身心臭秽，破无明障翳，治烦恼重病，使五欲清净，六惠开明，与施主等结万劫因缘，当［愿］来生为善知识，只如元始天尊、无上法王，昔在香林园中说微妙法，当此之时，正为众生漂泛苦海，沉溺爱河，堕［下残］。

很显然，此号遗书的内容至少包括三部分：一、咒愿文；二、不正信正行不得道；三、五五说喻。此前的拟题，不论是"道教布施发愿讲经文"还是"道教布施发愿文"，都与其内容有较明显出入。

（三）P. 3562V

对此号遗书此前有多种拟名。如"道家杂斋文""道家杂斋文范""设斋祈福文范"等。其中有一段之前被广泛引用过的文字是：

> 凡斋法：
> 至斋家坐定，洗手，转经了，令主人执香炉，礼三拜。长跪坐，命唱。
> 行香时至，即唱"人各供（恭）敬，至心稽［首］太上无极大道"。一切诵，即唱：宿命声行香，宿命有信然，若丧为之无，皆用眼前见。至心稽首正真三宝。
> 斋主长跪，叹道功德，即唱：
> 愿斋主百福庄严，万善云集。至心稽首正真三宝。
> 愿亡者生天，见存安乐。至心稽首正真三宝。
> 愿斋主智惠（慧）［庄］严，福登无极。至心稽首正真三宝。
> 愿天下太平，兵甲休息。至心稽首正真三宝。
> 愿一切众生，免离诸苦。至心稽首，敬礼众圣。
> 斋主唱普诵，即作为诸声。
> 主人云：食施。
> 咒愿师云：一切福田中，施食最为先；见存受快乐，过去得升天；当来居净土，衣食恒自然；是故今供养，普献于诸天。
> 行食遍，唱如法食：上献天尊，中献先师，下及法界众生，普同供养。
> 食后云：施者受者，俱获清净；一切众生，普同平等。

即收食，行水了，主人云：唱普诵。

师云：为诸来生，作善因缘；如蒙开悟，仰受圣恩。

［主人云：］施舍。

咒愿师云：一切福田中，舍施最为先。设供以（已）讫，恐福未圆，更将净财，布施三宝。布施已（以）后，亡者生净土，见存得安乐，福及诸众生，普得成真道。

人各恭敬，至心稽首正真三宝。

愿斋主所愿称心，常保福庆，至心稽首正真三宝。

设斋功德，资备（被）群生，离苦下□离得道众圣。

这段叙述"斋法"的文字，与上下文都不类，显然不能算是表述斋意的斋文。因此，对 P.3562V 的拟名，也有重新思考的必要。

三 敦煌遗书多主题文献的拟名与称引

方广锠先生指出："大多数敦煌遗书，一件遗书只抄写一个主题文献。遇到这种情况，编目相对简单。但也有相当数量的敦煌遗书，一件遗书抄写多个主题文献，甚至抄写几十个主题文献。遇到这种情况，编目便相对复杂。之所以复杂，在于需要分析、处理同一件遗书上不同主题文献的相互关系。"① 如何才能用适当的方式，将不同主题文献之间的关系交代清楚，是需要不断探讨的问题。因为如果只是简单地将不同主题文献分别著录，无疑将割裂它们原有的内在联系，损害其所蕴藏的大量研究信息。

上文对各种文献有多种主题的讨论，无疑已经为敦煌遗书中多主题文献的释读和拟名提供了尝试。结合上文的梳理，下面是几条关于敦煌遗书中多主题文献拟名、称引的个人初步意见，供大家讨论。

（一）对多主题文献进行录文、校勘和整理，是对其拟名、编目的基础。具体进程是：1. 对多主题文献的内容进行录文整理。2. 对多主题文献包括的各个主题进行梳理，弄清它们之间的相互关系。3. 根据文献内容，对多主题文献进行分析，看是

---

① 方广锠：《漫谈敦煌遗书》，《学习与探索》2008 年第 3 期。

否可以拟一总名。

（二）多主题文献的属性，可能与同批材料相近。如上博 48 也是一份多主题文献，但除曹氏请神文外，其他都是佛教文献。由于请神祭祀在中国古代是普遍存在的，所以从上博 48 上下文属性来看，该多主题文献中的曹氏请神文，属于佛教文献而不是道教文献。

（三）如何称引多主题文献？多主题文献包括数个内容，此前未见统一的标示符号。但我们在提及该文献时，又都需要标示出其具体出处，一则明示出处，二则便于核查，三则让人能清楚知道该文献是多主题文献。像上博 48 号文书，是否可以有某种便于大家理解的标示？如作：（1）上博 48《受戒文》或《受戒文》（上博 48）；（2）《曹氏请神文》，见于上博 48、P. 2649 等。

敦煌道教愿文所见佛道关系

刘永明

摘要： 本文对敦煌道教度亡愿文中仅有的三份涉及佛道关系的愿文进行了分析，揭示了在实际宗教活动中佛教和道教相互交融、和平共处的实际状况；尤其是发现了道教方使用于佛教和道教为亡故僧尼共建道场活动之"僧尼亡文"，揭示了此类宗教活动中佛道两教的深度交叉融合的一种实况。

关键词： 敦煌道教愿文　佛道关系　僧尼亡文

作者简介： 刘永明，兰州大学敦煌学研究所教授、博士生导师。

　　佛道关系是中国历史文化中的一个重大命题，也是一个具有丰富内涵的命题。而对佛道关系的深刻认识必须包括对具体微观的宗教活动的考察。无论在佛教活动还是在道教活动中，为亡人追福、为生人祈愿的法事活动都是其中一项重要内容，也是佛道两教深入社会、影响社会、传播宗教的一项重要手段。在极为有限的敦煌道教斋愿文中，也涉及了佛道关系问题，尤其是发现了道教与佛教共修法事，以至道教为佛教徒建立道场进行度亡追福活动的愿文。P. 3562 V《道教斋醮度亡祈愿文集》是一份较长的道教愿文抄卷，内容长达252行，近6000字之多，计有愿文23篇并斋法1篇。① 其中有"岁初愿文"和"僧尼亡文"两篇愿文涉及佛道关系，值得关注；另外日本杏雨书屋藏《敦煌秘笈》之羽072aV + 羽038V《中元节为亡师荐福发愿文》也涉及道士与僧人间的交往关系。本文以这三份道教

---

① 按其内容排序，依次包括：1. 斋愿文、2. 邑愿文、3. 亡考妣文、4. 亡妣文、5. 亡师文、6. 女师亡文、7. 僧尼亡文、8. 邑愿文、9. 当家平安愿文、10. 病差文、11. 征回平安愿文、12. 兄弟亡文、13. 夫妻亡文、14. 亡男女文、15. 亡考文、16. 回礼席文、17. 东行亡文、18. 岁初愿文、19. 亡考、20. 亡孩子文、21. 入宅文、22. 造宅文、23. 斋法、24. 报恩文。参见马德《敦煌文书〈道家杂斋文范集〉及有关问题述略》，陈鼓应《道家文化研究》第13辑，三联书店，1998；刘永明《P. 3562 V〈道教斋醮度亡祈愿文集〉与唐代的敦煌道教》（一），《敦煌学辑刊》2013年第4期。

愿文为核心，结合其他文献，对当时佛道关系的实况予以考察，并就教于大方之家。

一 "岁初愿文"：佛道两教共修法事

P.3562V《道教斋醮度亡祈愿文集》之"岁初愿文"，反映的是在新一年初始的日子里，由道教和佛教两家一起共修的法事活动。其内容如下：

> 无名而名，经传浩劫；不有而有，形遍尘沙。驾青牛而诣西方，感真容见于东土，则我大道之教也；其有金人入梦，白马流风，法自汉朝，教传中夏，则如来之教也。即此会者，期有巷人清信男女等，并高道（蹈）不仕，退静丘园，于箴规可传，女接垂范；知宿命业，悟未生因。所以第相劝免（勉），抽咸（减）资财，修缉尊容，装（庄）严佛事；设无遮会，崇建宝斋。是时也，年初献岁，十直之辰；张黄（皇）道场，遥筵法侣，于广陌，就长衢，焚宝香，列真供，功德至大，难可名言。以此设斋功德，修造胜因，总用兹（资）熏，事斋清信弟女男等；唯愿天尊雍（拥）护，百疾去身；诸佛扶持，千灾远体；饥飱灵药，渴饮琼浆，变老状为童颜，盖（改）衰年为玉色。有（又）用［此］功德，庄严法界；伏愿九阴罪灭，十万福生，希南亩之有秋，冀北极之平泰；天上地下，水陆众生，俱沐胜因，成无上道。①

正月初一，新年第一天，也是中国传统文化中最重要的节日。民间自东汉以来就有正旦之日进行祭祀的习俗。据东汉崔寔的《四民月令》："正月之旦，是谓'正旦'，躬率妻孥，洁祀祖祢。前期三日，家长及执事，皆致斋焉。及祀日，进酒降神。"② 在道教而言，正月又属于六斋月第一月，初一又为每月十直之日。《三洞奉道科》又云："正旦为献寿斋"③，则应当是将传统节日习俗与道教斋仪相结合的结果。在这样重要的传统节日和道教的斋事日辰，道教举行祈福发愿斋会应该是理所当然

---

① 录文见刘永明：《P.3562V〈道教斋醮度亡祈愿文集〉与唐代的敦煌道教》（一），《敦煌学辑刊》2013年第4期，第24页。

② 石声汉：《四民月令校注》，中华书局，1965，第1页。

③ 《道藏》第6册，第1005页。

的。而由佛道两教共同举办斋会，更能说明"正旦"日举行法事活动的重要性，同时法事活动自然更加隆重，更加具有文化意义。

从愿文的叙述来看，开头对道教和佛教的义理给予了同等的赞叹："无名而名，经传浩劫；不有而有，形遍尘沙。"显然，前者指道教而言，后者指佛教而言。道家讲"有""无"，佛教说"空""有"。"无名而名"和"不有而有"，虽然有佛道之别，但实际上两者在义理上颇能相通。如精通老庄的僧肇在《不真空论》中云："万物果有其所以不有，有其所以不无。有其所以不有，故虽有而非有；有其所以不无，故虽无而非无。虽无而非无，无者不绝虚；虽有而非有，有者非真有。若有不即真，无不夷迹，然则有无称异，其致一也。"① 隋唐盛行的重玄学也是在这一层面会通佛道两教义理的，而这种会通正好反映到了具体的宗教活动中。在本篇道教愿文中，还有类似内容，如"女师亡文"亦有"无去无来，不无不有；会无为道，入众妙门"②之句。接着对佛道两教的来历给予平等的陈述："驾青牛而诣西方，感真容见于东土，则我大道之教也；其有金人入梦，白马流风，法自汉朝，教传中夏，则如来之教也。"而且文字仅仅言及老子驾青牛西去，而未及老子化胡成佛这一佛道斗争的敏感话题，言及汉明帝梦金人而引入佛教，也未及此后的佛道之争，可见作者更加注重于佛道的和平，而回避了两教的斗争。然后叙述设斋事由，首先是"即此会者，期有巷人清信男女等，……第相劝免（勉），抽咸（减）资财，修缉尊容，装（庄）严佛事；设无遮会，崇建宝斋"。显然，"庄严佛事；设无遮会"，是从佛教的方面讲的。"修缉尊容"即修葺天尊的容像；"崇建宝斋"即建立灵宝斋，本愿文中如"亡考妣文""征回平安愿文"均称其斋法为"宝斋"，也就是灵宝斋法，这些都是从道教方面讲的。其次"是时也，年初献岁，十直之辰；张黄（皇）道场，遥筵法侣，于广陌，就长衢，焚宝香，列真供，功德至大，难可名言"以及最后的发愿自然都是从道教和佛教两方面进行的。可见在愿文中，道教并没有特意张扬抬高自己，压低佛教，乃至于相同层次的内容并列出现，从出现的机会到字数都是对等的。

另一方面，值得注意的是，佛教作为外来宗教参与纯属中土传统节日和道教斋期的活动，这首先意味着佛教主动地入乡随俗，融入中土的传统习俗。这样的行为

---

① 僧肇：《不真空论》，《大正藏》第 45 册，新文丰出版社，1983，第 152 页中。

② 刘永明：《P.3562V〈道教斋醮度亡祈愿文集〉与唐代的敦煌道教》（一），《敦煌学辑刊》2013 年第 4 期，第 20 页。

不可能是一种斗争的姿态。而道教并没有排斥佛教的参与，而是平等相待。在整个行文中，对佛教持以与道教同样尊重的态度，两者和平相处，互相联合，共同为万民祈福。

二 "僧尼亡文"：道教为亡故僧尼建立道场

P. 3562V《道教斋醮度亡祈愿文集》还有一份"僧尼亡文"，内容显然是道教为亡故僧尼所作愿文，和其他道教愿文一样，自然也当是为僧尼举办度亡追福活动的愿文。而且该范文悼亡祈愿的对象是某寺阇梨，而不是限于普通的僧尼。这样的内容在诸多文献中难以看到，而道教为亡故僧尼举办道场祈福发愿，似乎更是难以理解。因此更应引起重视。其内容如下：

> 一寒一暑天之道，有生有灭人之常。故南华真人，起喻舟壑；东鲁夫子，发叹逝川。生死之道，其大也夫！然今谨〔有〕某寺阇梨，惟阇梨谈空入妙，披叶偈于龙宫；真际如如，启幽花于鹤苑。道安、罗什、未足扶轮；龙树、马鸣，那堪捧毂。理应常居世界，度脱苍生；何期行业将图，奄归寂灭。时不我与，百日俄临；门徒第（弟）子等，嗟归依而无处，瞻盂锡以何缘。唯杖（仗）福田，用资神识_{功德云云}；庄严既周，因斋庆度。于是建道场于第宅梵宇，屈法众于_{禅宫云宫}；奏真策以祈恩，列名厨而申供；总资（兹）福德，先用庄严，亡师魂路，唯愿超生死，证涅槃，无去无来，不生不灭，恒于兜率，庇荫家庭、门徒弟子等；唯愿道心明朗，业给清虚，五福百祥，云云。①

文后的"云云"实际上是本卷抄写者为了减少抄写重复内容，省略了与其他愿文相同的内容。我们可以根据前面"女师亡文"补齐所缺内容，即："因斋戒而云集；八难九厄，从香烟以永除。然后宣扬斋者（意），要在一人，证明福田，必资众口；大众证明，念无上尊，施一〔切〕诵。"② 或与之基本相同的"亡师文"的相应

---

① 录文见刘永明：《P. 3562V〈道教斋醮度亡祈愿文集〉与唐代的敦煌道教》（一），《敦煌学辑刊》2013年第4期，第20~21页。

② 录文见刘永明：《P. 3562V〈道教斋醮度亡祈愿文集〉与唐代的敦煌道教》（一），《敦煌学辑刊》2013年第4期，第20页。

内容："因斋戒而云集；八难九厄，从香烟以永除。然后宣扬斋意，要在一人，证以福田，必资众口；大众虔诚，施一切诵。"①

在本篇愿文中，起手感叹生死及岁月之流逝，亦见于同写卷其他道教愿文，此一语置于儒释道三教的共同点上，实具有融通三教的意义："一寒一暑天之道，有生有灭人之常。故南华真人，起喻舟壑；东鲁夫子，发叹逝川。生死之道，其大也夫！"由自然规律引发的生命的规律，必然是生灭无常，有生必有死，这是道教和佛教乃至所有的宗教必须共同面对的问题，也是力图解决的最高宗旨。愿文拈出这一根本问题便毫无疑问地找到了道教与佛教乃至儒家思想之间的共同性。然后是对该阇梨对佛教义理造诣的赞颂，接着说明本次斋醮法事是应其门徒弟子之请："建道场于第宅梵宇，屈法众于禅宫云宫；奏真策以祈恩，列名厨而申供；总资（兹）福德，先用庄严，亡师魂路……"这里有值得注意的重要信息，"建道场……"语在同写卷其他愿文中作"建道场于第宅仙宇，屈法众于云宫"，显然，为道士建立道场的场所是"第宅、仙宇"或"云宫"，即或者在家里，或者在宫观；为僧尼建立道场的场所是"第宅、梵宇"或"禅宫"等，就是说，道士也同样要到僧尼的家中或者寺院举行斋事活动。而"奏真策以祈恩，列名厨而申供"说明正是运用道教的法事活动，为之祈愿。

愿文称其"谈空入妙，披叶偈于龙宫；真际如如，启幽花于鹤苑。道安、罗什、未足扶轮；龙树、马鸣，那堪捧毂"，无疑是过誉之词，悼亡愿文总是赞美亡者、强化留恋之情为其特点；但另一方面，依然在一定程度上反映着亡者某方面的特点及其值得称道之处。本段赞美之词，也正是反映了该阇梨长于对佛理的参习与讲论。另外，这里的阇梨也会不会仅仅属于美誉以示尊崇亡者的称谓呢？这一点，我们可以就佛教典籍及敦煌佛教相关愿文中对阇梨的定位予以考察，以便准确理解其在本愿文中的具体用途及意义。

关于阇梨的称谓，在佛教中确非泛泛的尊称，而是具有其特殊的内涵。阇梨即阿阇梨，意为教授，"规范正行，可矫正弟子行为，为其规则师范高僧之敬称。"② 据《五分律》卷第十六："佛言：有五种阿阇梨：出家阿阇梨、教授阿阇梨、羯磨阿阇梨、受经阿阇梨、依止阿阇梨。……始度受沙弥戒，是名出家阿阇梨；受具足戒时教威仪法，是名教授阿阇梨；受具足戒时为作羯磨，是名羯磨阿阇梨；就受经乃至一日

---

① 录文见刘永明：《P. 3562V〈道教斋醮度亡祈愿文集〉与唐代的敦煌道教》（一），《敦煌学辑刊》2013年第4期，第19~20页。

② 丁福宝：《佛学大词典》，文物出版社，1984，第735页。

诵，是名受经阿阇梨；乃至依止住一宿，是名依止阿阇梨。"① 显然，阿阇梨对佛法有一定造诣，具有传授、指导佛法的资格和能力，和一般的僧人是有所区别的。这一点在敦煌文献对阇梨称谓的运用中也有所体现。比如曹元忠时期曾任三窟教授的金光明寺僧人法坚的发愿文，即 P.2726《比丘法坚发愿文》，从皇帝、归义军节度使大王以下，从俗到僧，依据地位身份，为各层次重要人物依次发愿。从其中所讲的内容和排列次序中可以看出，除了帝王及各级官员之外，就僧界而论，首先凸显的依然是具有官职或在寺院中的管理阶层；其次，依据在佛门中的职责或不同身份，排列次序。其中首先是地位最高的僧统："若乃释门梁冻（栋），奈苑其（奇）人，十解高僧，常传奥论。僧统大师之得［德］也。"而后依次有"若乃人间［之］师子，天上之骐骥（麒麟），缁门善瑞，次补特尊。都僧录大师之得［德］也"。"若乃修营龛室，塑画新庄；注意虔心，人皆赞仰。诸寺校［教］授之得［德］也。""若乃住持不倦，耆宿高人；扫洒无亏，诸佛常近。诸寺老［遵］宿、刚［纲］维等之（德也）。""若乃经传三本，论讲七枝；冬夏维持，时无暂息；帝前御服，诸国闻知。两阇梨大师之得［德］也。""伏愿长谈奥论，永赞名经；救度群迷，石室捣萤。为两阇梨座主。""常持七聚，戒月精明；八敬恒遵，馨香远芬。为尼大德、贤者、尤婆夷。"② 从中可见，阇梨的职责主要在于讲论佛经，导化群迷。其地位虽然低于居于僧界领导地位或寺院主持或主管各种不同事务者，但高于一般的僧众。这与佛经中对阇梨的定位是基本一致的。相应的内容也见于悼亡愿文中，如 S.6417《亡僧》"时则有坐前至孝哀子奉为亡阇梨□（终）七追念之福会也。惟阇梨乃幼负殊能，长通幽秘；精闲（娴）《四分》，洞晓五篇。开遮玄合于法门，净礼雅扶于实想（相）。清而能政（正），远近□□（钦风）；威而更严，大小咸敬。理应流光万倾（顷），作□（破）暗之灯；沉影三河，断迷津之迳……"③ 相同的内容见于多个写卷，如 P.3765《亡僧尼舍施文》（拟）诸卷，作为愿文虽然依据格式化的范本，但其对阇梨的描述也注重的是长于经论及讲法度人一面。

此外，敦煌佛教愿文中似有将阇梨泛化，使用于一般僧尼之例，如 S.5639《亡文范本等》之二三"逆修"云：

---

① （刘宋）罽宾三藏佛陀什共竺道生等译《五分律》，《大正藏》第 22 册，第 23 页上。
② 录文参黄征、吴伟《敦煌愿文集》，岳麓书社，1995，第 303～304 页；并据原卷校正。
③ 参黄征、吴伟《敦煌愿文集》，第 754 页。

时则有尼弟子阇梨晓之（知）凡夫患体，如蟾映之难亭；抛（？）只（质）非常，似石光之不久。割舍衣具，广发胜心，敬设逆修，金（今）至百日。……惟尼阇梨乃性本柔和，谦恭克己。八敬每彰于众内，[四]衣（依）恒护如（而）无亏；奉上不犯于公方，恤下如同于一子。嘉（加）以倾心三宝，摄念无生；悦爱深（染）于稠林，悟真如之境界。是以崇重贤善，信敬三尊；栋相当来，生开净域。尼阇梨自云：生居女质，处在凡流；出家不报[于]之（知）恩，行里每乖于圣教。致使三千细行，一无护持；八万律仪，常多亏犯。身三口四，日夜不亭；经教名闻，全无寻问。今者年当之（知）命，日落西倾；大报至时，无人救拔。强怒（努）强力，建次（此）微筵；邀屈圣凡，心生惭愧。……①

本段文字，无论从发愿内容，还是对尼阇梨行持素养的描述，包括其本人自谦式的表白来看，都没有突出其在佛法经论方面的特殊造诣或过人之处。此虽出自范文，但当与其本人的状况基本吻合。当然，如斯描述或许也可以对应于该尼僧在行持方面精严如法，堪为初入佛门者的依止之师，称阇梨以示尊崇。

将佛教愿文中阇梨称谓运用之惯例，对比前述道教愿文中的"亡僧尼文"，两者对阇梨在佛理参究方面的描述完全一致。由此可见，道教愿文之"亡僧尼文"所祈愿的亡僧并非普通僧尼，而的确属于在佛教寺院中具有一定地位、堪为人师的阿阇梨。愿文内容也很明确，该阇梨还有门徒弟子，而这次斋事活动也正是应其门徒弟子的邀请而举行的。

一般而言，作为具有较高佛教素养并在寺院中具有一定地位的阿阇梨，其亡故之后举行佛教斋事祈愿活动自然是毋庸置疑的，然而同时在宅第或寺院也为其举办道教斋醮法事进行祈愿，则是令人寻味乃至难以理解的。这一情况值得进一步关注。

首先由这一特殊性，我们不禁想到，在佛教中是否也存在以佛教的方式为亡故道士女官举办的法事活动并有相应的愿文呢？从考察来看，敦煌文献中佛教愿文很多，然其中没有为道士女官写的愿文。P.2940为《斋琬文一卷并序》，自谓"狂简斐然，裁成《叹佛文》一部"。并云："爰自知和宣圣德，终乎庇佑群灵。于中兼真兼俗、半文半质，耳目之所历，窃形迹之所经，应有所祈者，并此详载。总有八十余条，撮

---

① 参黄征、吴伟《敦煌愿文集》，第217~218页。

一十等类。"① 其十类包括叹佛德、庆皇猷 、序临官、隅受职、酬庆愿、报行道、悼亡灵、述功德、赛祈赞、佑诸畜。具体内容包括八十余条，可谓丰富全面。其中也涉及了道教，即在"酬庆愿"类中总共包括僧尼、道士、女官三项，反映了佛教与道教之间的良好交往，可惜没有留下相应的具体文书。在"悼亡灵"项中，包括了僧尼、法师、律师、禅师、俗人考、妣、男、妇、女多项，但其中显然没有道士女官。结合作者自谓"耳目之所历，窃形迹之所经，应有所祈者，并此详载"之说来看，这应当足以说明，在佛教愿文中，确实没有为道士女官悼亡追福的文范，也就是说在为道门人士亡故后所做的追福法事中，没有出现过佛教法事活动。这与道教愿文中有"亡僧尼文"的状况形成了对比，也是值得继续关注的一个问题。

三 "中元节为亡师荐福发愿文"：高道交友高僧

日本杏雨書屋藏羽 072aV 写卷《敦煌秘笈》拟名"不知题僧传"，②羽 038V《敦煌秘笈》暂拟名为"与支遁相关赞文"③，分属两份不同写卷。现经考查，可以肯定两者同属于一份写卷，可将二卷缀合为羽 072aV＋羽 038V，拟名《中元节为亡师荐福发愿文》。④ 两份写卷三个残页合计共有 47 行文字，但行草笔体，字迹暗淡，而又斑驳不清，所以较难识读，残断处内容也不能接续。从正面《十六国春秋》文中"坚""忠"不避隋讳，"世""民"不避唐讳看，正面内容大约写于唐初高祖时期或隋建立之前，背面道教内容自然更晚，可能属于唐代时期的写卷。

通过仔细辨认，可以看到以下内容。羽 072aV 残卷有：

> "法师玄心内明，齐（？）日□□，高明神德……"；"文理深（？）沉"；"□阐灵龟之奥"；"但某滥居仙伍，识性未弘，虽遇法筵（？），迷同囊日。欲有语请（？）幸愿虚□"；"法师碧落垂□，紫宫腾誉，演微言于宝座，浊（？）魄咸惧（？），揽仙秘于玉京，幽魂离苦"；"□□□性相之理，□□□云□之门。

---

① 参黄征、吴伟《敦煌愿文集》，第 66～67 页，其中将"兼真兼俗"录为"鱼真鱼俗"，误。

② 武田科学振兴财团杏雨書屋编《敦煌秘笈》（影片册）第 1 册，大阪：武田科学振兴财团，2009，第 421 页。

③ 《敦煌秘笈》第 1 册，第 255 页。

④ 参刘永明《〈敦煌秘笈〉所收道教及相关文书研读札记》，《敦煌学辑刊》2010 年第 3 期。

似逢玄圣之□，□□□□之说？" "但某养志江湖，寄情道术……未审法师□□□□"；"法师芳桂齐荣，松筠？□□□□风？九万方羽于南□，激水三千，独？回转？□"；"□□怀（？）珠蕴玉，苞含天□"；"吐纳星辰之气……灵性暗昧"；"……妙宣示……能发挥道要至理□史？"，"法席听凤篆之灵文"；"特垂□许，厶蓬？心未达，……昔时颜子□□□籍之才？……文之奥，敬中四回？□□一无主……特垂""声闻于八□，玉振超于九天"。

羽 038V 有：

"……五天竺国殊俗之□……振兹教……词高□岭，辩峻禅河（？）"；"王嘉期诸方外远游，支遁……"；"端直住（？）形骸之内……德（？）宇孤标，词峰独秀，三洞一乘之旨，黄牛白□之谈"；"发（？）挥要妙，光□□□，为四众之舟航，任群生之□□，属以朱明已谢，□□初临，中元荐福之辰，上士建功之日，削死名于北□（庭、府？），九夜（？）光明；上生籍于南□，三途解脱……"

从以上断断续续的文字中大约可以看出，这位法师道行高妙，在修行方面"玄心内明""高明神德"，有较高的心性修养；又从事道教修炼之术，"吐纳星辰之气"。他的道学素养甚高，曾经为信众讲法，"演微言于宝座"，也曾经主持过斋醮活动。又长于著述，"德宇独标，词峰独秀"，能够阐扬"三洞一乘之旨"，发挥经典要妙，导化信众，"为四众之舟航"。而该愿文也显然是一份实际应用中产生并比较完整保存的文献，从内容中明显可以看出其与亡者和愿文作者相对应的真实性，而不是像很多敦煌佛教、道教愿文，作为文范，主要保留或摘录了一些适合更多人的赞美性语言。其中，除了对亡故法师学行修为的总括与颂扬之外，还有愿文作者对自己的自谦式的描述。作者自云"滥居仙伍，识性未弘，虽遇法筵，迷同曩日"等；由此更加衬托出了该亡故法师的学行修为之高迈及在道门中的地位。

其中"五天竺国殊俗之□……振兹教……词高□岭，辩峻禅河（？）"及"王嘉期诸方外远游，支遁……"语，透露出其与佛教之间的关系。支遁是东晋时期著名的高僧，不但精通佛学，而且精通老庄，擅长玄学清谈，曾注释《庄子·逍遥游》，"标揭新理，才藻惊绝"，令信奉天师道的王羲之"流连不能已"。[①] 王嘉是前秦时期

---

① 《高僧传》卷4《支道林传》，中华书局，1992，第160页。

陇上著名的方士，"不食五谷""清虚服气"，隐居而不与人交，又善谶言，前知时事，为前秦等国君所重①，系汉代以来道教方士一流人物。而王嘉和当时著名的高僧道安颇有往来。愿文举此二人作比拟，一则说明该法师在道门中并非寻常人物，二则说明其与佛教高僧有良好交往。这也就在一定程度上说明了道教与佛教之间的关系。这种关系显然是融洽的关系，而不是斗争的关系。

四　佛教愿文所见佛道共建道场及相关问题

在众多的佛教愿文中，我们也看到了与前文"岁初愿文"类似的佛道共建道场的文献。S. 2832 长卷有 655 行之多，为佛教发愿文范本，字体较佳，书写规范，为抄卷中所不多见，黄征先生定名为《愿文等范本》，② 第十九则拟名"夫人"，内容如下：

> 伏惟夫人体含芳桂，映月浦而凝姿；德茂兰闺，烈（列）母仪于紫握（幄）。加以夜听洪钟之向（响），敛玉掌而遥恭；朝师清梵之音，整罗依（衣）而远敬。公同建当来之津梁，立现世之船筏；救先亡之幽魂，酬乳哺之深恩；写贝叶之金经，转《莲花》之妙偈。于是帷垂广院，幕覆长空；清楼香洒，群阁花开。牛王硕德，坐无垢之道场；三洞黄冠，执玉简而入会。清风与惠（慧）风合扇，佛日将圣日交晖。供办天厨，香燃海岸。种种福田，恒沙巨算。奉用资勋（熏）先亡，云云。③

该卷中"葉"字避唐太宗李世民讳，其中"世"作"云"。这说明，本件文书形成于唐代，不过抄写的时间有可能会晚一些。从内容看，这篇范文来源于某位有一定地位的夫人，也是一位虔诚的佛教信仰者所进行的发愿活动。她显然是为了健在之

---

① 《晋书·王嘉传》，中华书局，1974，第 2496～2497 页。

② 黄征、吴伟：《敦煌愿文集》，岳麓书社，1995 年，第 73～123 页，并参第 103～104 页解题。按，但该愿文范本在抄录时，大致注重的是范文的文句需要，而没有作明确的篇目区别，黄征、吴伟编校《敦煌愿文集》时，根据其中的空格、圈点等标示进行了条目区分。但核对原文时，有些内容的确很难明确其前后究竟属于同一篇内容，还是出自各自不同的篇目。为审慎起见，我们在考察时只能就事论事，放弃前后之间的联系，而这样实际上必然会损失有用的学术信息。

③ 录文参黄征、吴伟《敦煌愿文集》，第 80 页，其中误录之处已按《英藏敦煌文献》（四川人民出版社，1991）第 4 册第 241 页上校改。

人和先亡建立更大的功德，为了使"种种福田，恒沙叵算"，特意组织僧人与道士共同举办法事活动。这里的"牛王硕德，坐无垢之道场；三洞黄冠，执玉简而入会。清风与惠（慧）风合扇，佛日将圣日交晖。供办天厨，香燃海岸。种种福田，恒沙叵算"。正是描述佛教与道教共同举办法事活动的场面，其描写方式也是佛道两家平等对举。可以想见，道教要参与佛教徒家庭举行的祈愿法事，也必然是应斋主的主动要求而行的，没有斋主的要求，道士是不可能出现在佛教场面的。由此可见，在佛教信众的法事活动层面，的确存在一种佛道交融共处的良好局面，佛道两家可以应斋主的要求共同举办法事活动。

另外，S.2832之"律座主散讲"内容较长（黄征本整理为第三十四条），可能系摘录而成，其中有一段内容如下：

> 佛称调御，亦号遍知。有愿克从，无求必（不）应。惟公气宇冲邈，天骨卓然，神情与宝剑争晖。意净也，若秦台照瞻；信 [□] 也，千里义重断金。公乃捧心珠于莲宇，散信花于佛前；挥素手已（以）传香，敛神仪而趣席。梵堂启 [而] 喷出炉烟，宝地洒而时倾香饭。佛从舍卫，拥八部已（以）来延……宾头卢释子，从昨日飞锡而来；白足上人，今朝腾空降下。是日也，炉上香烟，轻飞碧色；阶前绿树，散布清音。仙客降大罗之天，僧尼烈（列）布金之地。道场烈满目花生，喷金炉令空务（雾）合。攒思（斯）景佑，量等太虚，先用庄严公之所履：惟愿多生业障，今日今时，并消除灭……①

从内容看应当是一篇比较完整的佛事愿文，而在"是日也"描述道场场面的内容中，出现了"仙客降大罗之天，僧尼烈（列）布金之地"一语。结合前几份佛道一道举行斋会的愿文看，这份文书所见的法事活动也应该有道教的参与，于是愿文在对佛教的众多赞誉后，将参与的道士赞为仙客自大罗天降下道场。虽然这里仅用一句话来描写，但已经说明了道教的参与行为。

相似的内容又见 S.2832 为某阇梨亡文（黄征本整理为第十六条"阇梨"），其中有"庄严院宇，广荐馐珍。烟焚众香，供设十味，翠幕横掣，红幡竖张。玄元降而紫气浮天，调御至而白毫市（匝）地。三仙弈弈，整装而赴道场；四果诜诜，仗金

① 录文参黄征、吴伟《敦煌愿文集》，第 93 页，原文见《英藏敦煌文献》，第 4 册，第 246 页。

锡而入法会"①。将玄元皇帝太上老君与号称调御丈夫的释迦牟尼并列赞颂，以道教的三仙和佛教的四果来比喻和赞颂举办道场的道士和僧人。显然是佛教和道教共同为这位阇梨举办了度亡法事。

从这里所举资料及分析来看，佛道交融，佛道两家共同举行法事活动，确实为佛教徒所接受，也确实存在佛教徒主动邀请道士共同举办法事活动。由此联系前面道教愿文中的"僧尼亡文"，可以认定，这样的"僧尼亡文"既不是一纸未曾使用过的空文，也不是道教在不同的场合和时间另行建立道场。应该正是运用于佛道两教为具有一定地位的亡故阇梨所共同建立的度亡道场中，这样的道场或者设在亡者的宅第，或者设在寺院。在这样的道场中，佛教以佛教的形式做法事，道教以道教的方式做法事，共同为亡者祈祷发愿。

为了便于理解这种状况的存在，我们结合佛道关系发展的大背景作进一步的确认。

首先可以肯定，以上愿文所反映的佛道关系的状况是良好的，反映着佛道关系的发展已经进入活动层面的交融和相互合作状态。这种状况显然与初唐时期佛道激烈斗争的历史现实不相符合。而从实际情况来看，大致到高宗以后，佛道关系才逐渐进入渐趋良好的状态，虽然两者在先后次序上有所竞争，但总体关系愈来愈趋于缓和。唐玄宗时期，道教发展极盛，而唐玄宗在更加推崇道教的前提下，对佛教也越来越多地予以支持，尤其是以亲自注释《道德经》《金刚经》的行为将佛道并奖，并推动佛道之融合。开元二十三年（735），玄宗注《金刚经》，颁布佛寺，并称"不坏之法，真常之性，实在此经"②。开元二十六年（738），下诏："道释二门，皆为圣教，义归宏济，理在尊崇。"③ 对此，敦煌地区也是有良好呼应的，比如敦煌歌辞《皇帝感·新集〈孝经〉十八章》唱道："历代以来无此帝，三教内外总宣扬。先注《孝经》教天下，又注《老子》及《金刚》。"④ 这样的行为，显然有利于二教的融合交流和平等相待。至于道教与佛教共同进行法事活动的行为，也在朝廷的倡导下早已出现。唐睿宗崇信道教，曾下诏："自今每缘法事集会，僧尼、道士、女冠等宜齐行道集。"⑤

---

① 录文参黄征、吴伟《敦煌愿文集》，第 79 页，原文见《英藏敦煌文献》，第 4 册，第 240 页。
② 唐玄宗：《答张九龄贺御注金刚经批》，《全唐文》卷三十七，上海古籍出版社，1990，第 173 页。
③ 《春郊礼成推恩制》，《全唐文》卷二十四，第 116 页。
④ 任半塘：《敦煌歌辞总编》，上海古籍出版社，2006，第 734 页。
⑤ 《旧唐书》卷七《睿宗纪》，中华书局，1975，第 157 页。

前文所举"岁初愿文"所见与此正相符合。不过佛道两教联合举办度亡法事活动的行为，与之还是有所不同的。因为，像一年岁初正旦日这样的法事活动，系为社会大众祈福，带有一定接受官方倡导的色彩；而为亡故僧尼举办佛道两教共同参与的法事活动，则属于个人性的，如道教的参与必须应佛教方的邀请才能进行，而且是用道教的法事行为祈求亡故僧尼达致佛教的目的。这样的相互关系自然应该理解为在前一基础上的新发展；至于这一行为对道教义理而言，则不能不说是一种严重的偏离。

由于敦煌地区特殊的历史背景，以及南北朝以来道教与佛教曾经有过激烈斗争的原因，面对敦煌地区的佛道关系，人们似乎或多或少地带有一种先入为主的观念，就是更加乐于从斗争的角度去观察。陈祚龙《敦煌学识小》曾针对道教愿文中所出现的佛道融合现象，说："从其'亡僧尼'与其'献岁元辰'两文看去，我恐苟非原作者之欲小逞其能，端为当地僧尼小行'代庖'，则也可能因彼怀有一些藉机调和、冲淡佛、道两家争斗之心情。但观其那般故意混乱道士女冠与僧尼之原有涵义和差别，既将其'产品'这样加以流通，我怕这倒也多少反映了当年至少就在敦煌地区，实际已有既非道教，并非佛教，但为佛、道两教所参杂而成的'新'教，流行于民间。"① 现在看来，这种认识未为妥当。敦煌地区的佛道关系是十分复杂而多层次的，并非只有斗争一途；而在实用化的目的下，进入民间层面的佛教和道教会在一定程度上偏离各自崇高的义理和宗旨；源远流长的民间信仰也会不断地汲取佛教和道教的实用性内容，在不断杂糅中广泛流行于民间，成为民俗或宗教生活的一部分。但本文所举愿文系规范化的宗教法事活动的一部分，其所反映的是佛道两教在实际宗教活动中相互渗透和交融的关系，但并不能说明代表佛道两教掺杂而成的"新"教的流行。而据此认为敦煌道教的最大特点在其对佛教的妥协性，一味地忍让包容，以求得与佛教和平共处之类的认识也是不准确的。

五　小结

敦煌文献中所存道教愿文文书，比之佛教愿文少之又少，总共不过五六件，所含完整或残缺愿文不超过 30 份。② 其中涉及佛道关系者仅见以上 3 份，其所反映的完

---

① 陈祚龙：《敦煌学津杂志》，文津出版社，1991，第 101 页。
② 参刘永明《〈敦煌秘笈〉所收道教及相关文书研读札记》，《敦煌学辑刊》2010 年第 3 期。

全是佛道两教相互交融、相互合作的关系；而这又正好与佛教愿文中出现的佛道两教共举法事的活动相映衬。当然，这一状况的存在并不排除还有更多纯粹的佛教和道教信仰者建立纯粹的佛教或道教的道场，并不需要对方的介入；也不排除有些纯粹的佛教或道教信仰者互相持以反对的态度。但这也当足以反映在具体宗教活动中佛道关系的一种实况。

以上涉及佛道关系的道教愿文，所反映佛道融合关系的特点有二。首先是义理上的共同性。道教与佛教乃至儒释道三教之间同中有异、异中有同的关系原本是十分复杂的，① 但愿文从异中有同的角度，从佛道两教的根本义理方面找到了恰当的切入点，如"有""无"问题；又从宗教目的方面找到了佛道两教最根本的目的，就是解决人的生死问题。然后，由义理上的共同性，进一步落实到行为上的共同性方面，就是运用道教和佛教各自的法事行为为生人祈福免灾，为亡者追福祈愿。

其中最值得关注的是 P. 3562V《道教斋醮度亡祈愿文集》所保存的"僧尼亡文"，本文研究认为，该愿文正是应用与佛道两教共建的度亡道场中，由此而透露出此类法事活动的一个重要特点，亦即以道教的行为祈祷亡故僧尼达致佛教之目的。这一点虽然反映了实际宗教活动层面佛教与道教深度交叉融合之一种实况，但亦当非道教义理所能涵盖。

---

① 参洪修平《儒佛道三教比较研究若干问题的思考》，《哲学研究》2013 年第 1 期。

经典解读

上清经所见偶景与存思关系推考

胡百涛

内容摘要：本文依据偶景一词在上清经中使用的情况，以《真诰》为中心分析了对偶景的相关描述，从《真诰》所记云林右英王夫人和九华真妃各自在降嫔过程中所授诗句出发，认为上清经中对偶景的描述十分宽泛，偶景即是合景，几乎可以涵盖存思道法的大部分内容。并依据《云笈七签》等典籍考察了涉及偶景经历的右英夫人、九华真妃所授的道法，以及许谧、杨曦所修习的道法，从而认为偶景并不是房中术的一种，而是对上清派存思道法之合神本质的一种说明。

关键词：偶景 真诰 房中 存思 合神

作者简介：胡百涛，宗教学博士，社会科学文献出版社编辑。

六朝上清经法中有偶景一词，由于其承袭了游仙诗的行文风格和含混的表述手法，很多研究都将之视为法术之一种而归于房中养生一类。上清经谈及偶景亦多与辟黄赤之非相关联。那么，偶景与房中术之间的联系便是值得深入考察的。另在对偶景相关的描述中，除《真诰》出现了杨曦、许谧等与几位女真的具体交游场景外，余则多为存思活动的一部分。存思作为上清经法的核心内容，它与偶景一语的关联如何，同样也是值得深入探讨的。文章将渐次讨论这些方面的问题。

一 偶景一词的出现及所指

偶景一词并不常见，作为完整的词组，其首先出现在东晋出世的《高上太霄琅书琼文帝章经》和《洞真高上玉清隐书经》，然后出现在陶弘景整理的《真诰》中。现将相关文句征引如下。

《高上太霄琅书琼文帝章经》不骄乐天王太霄琅书琼文第五：

桃康定名籍，明初保劫功……五苦非所履，结友在太空……结携九岭真，偶
景以成双。何为坐嚣秽，婆娑待命穷。①

《洞真高上玉清隐书经》上清太上玉清隐书灭魔神慧高玄真经：

偶景策飞盖，迅辔浮八清。整控启丹衢，流盼宴云营。协神飘津波，褰趾步
寒庭。……携提神霄王，高会太上京。……并景反寂辕，高超绝岭飞。玄栖重虚
馆，静想高神回。②

《高上太霄琅书琼文帝章经》和《洞真高上玉清隐书经》都是诵习《大洞真经》
三十九章的佩文，其所述内容都是阐发《大洞真经》三十九章存神之旨的。此处所
引《琼文帝章经》文句是说修习三十九章者值本命八节之日或斋日存思高上元皇、
命门桃君孩桃康（道康）、中央司命丈人君理明初，在存思中分别与他们相携飞升太
空。《玉清隐书经》所述乃龙华玉女郁萧明、定云敷、安延昌、飞四渠等合歌的灭魔
招真之曲，描述与神霄玉清王在太空翔游的情境，为诵习三十九章之前用以灭试招真
的佩文，所起到的实际作用仍然为存思神霄玉清王。

《真诰·运象篇第二》：

夫真人之偶景者，所贵存乎匹偶，相爱在于二景，虽名之为夫妇，不行夫妇
之迹也，是用虚名以示视听耳。苟有黄赤存于胸中，真人亦不可得见，灵人亦不
可得接。徒劬劳于执事，亦有劳于三官矣。

七月一日夜……真妃……见授书此曰：……又当助君总括三霍，综御万神，
对命北帝，制敕酆山。又应相与携袂灵房，乘烟七元，嘉会希林，内摅因缘
也。……至于内冥偶景，并首玄好，轻轮尘蔼，参形世宝，妾岂以惩累浮卑少时
之滞，而亏辱于当真之定质耶？夫阴阳有对，否泰反用，二象既罗，得失错综，
此皆往来之径陌耳。……冥数上感，有命而交，灵书玉台，真契合景，是以言单
于辞，心讬于笔，妾岂独叹于一人乎，盖示名分之判例也。③

---

① 《中华道藏》第一册，华夏出版社，2004，第641页。
② 《中华道藏》第一册，第707～708页。
③ 《中华道藏》第二册，第119、121页。

《真诰》是记述《大洞真经》降世经过的汇编文集，其所述偶景是很具体的。引文所涉都是杨羲和紫清上宫九华真妃之间"俦结"一事，概言之曰偶景、并首、合景，对九华真妃来讲叫作"聘"，对杨羲来讲叫作"接"或"携真"。《运象篇第一》说：

南岳夫人见授书曰：冥期数感，玄运相适，应分来聘，新构因缘，此携真之善事也，盖示有偶对之名，定内外之职而已。不必苟循世中之弊秽，而行淫浊之下迹矣。偶灵妃以接景，聘贵真之少女，于尔亲交，亦大有进业之益得，而无伤绝之虑耳。①

从上述三部经典中可以看到，偶景也称为并景。偶，当为耦之假借（参见《说文解字》段注），匹也，对也，偶景是为二景双方的匹对。如此则上清经中表述偶景思想的便不再限于此处数语，比如：

《洞真高上玉帝大洞雌一玉检五老宝经》：

①愿玄母与我俱生于生炁之间，与我俱存于日月之间，与我俱保于九天之间，与我俱食于自然之间，与我俱饮于蚫河之间，与我俱息于玉真之间，与我俱寝于仙堂之间……

②愿天、愿地、愿风、愿云，四愿一合，定籍长生，天盖胎根，地助曜灵，神风八扇，景云流盈，我与帝君，同飚上清，观眄北玄，解带玉庭……

③存太一与兆形正同，衣服亦同也。是以兆之身，常当斋洁而修盛，以求会景于太一也。

④乞隐太微，合景太一……我入太一口中，合形一景，与太一共为一身。②

《上清太上帝君九真中经》：

⑤存奔日月道者，……心祝曰：愿与帝君太一五神，合景如一。③

---

① 《中华道藏》第二册，第119页。
② 《中华道藏》第一册，第83、89、92页。
③ 《中华道藏》第一册，第229页。

《太上五星七元空常诀》：

⑥并足荧惑星上，闭气三息，向南微祝曰：……使我飞步，变气藏形……齐光三气，合景火星。

⑦还金星上，闭气七息，叩齿七通，祝曰：飞空太幽，化景五常……得与玉皇，同游上京。①

可知，偶景也被称为合景，而且合景是更为普遍的称谓，偶景可能不是一种独立的方术。所引材料①为祝诵得与九灵玄母相伴而行止坐卧，②为祝诵得与帝君（帝一尊君）同飞上清，③为存想自己与太一帝君务猋收形象一致，④则存想自己与太一帝君合形同体，⑤是为存想与日中五帝、月中五帝、太一五神（太一帝君务猋收、元素君左无英公子、洞房右白元君郁灵标、中央司命丈人君理明初、命门桃君孩道康）形体合一，⑥⑦为飞步五星空常之法，先存五星入五脏之中，然后依次存想自己立于五星之上，微祝与五星或仙真相合。所以，修道者所偶对的可以是星象，也可以是仙真，其中仙真可以是帝君等男真，也可以是玄母等女真，是以，《太真玉帝四极明科经》说：

夫上真帝景及夫人元君之胤，皆得下降有道之人，结对景之匹，以炁相适。②

而且，修道者必须要能够招致多位神仙，是以，《洞真太上素灵洞元大有妙经》说：

若云辂既致，合炁晨景，以登太微。太微二十四真人，俱与身中神明，合晏于混黄之中，共景分于紫房之内……又当兼行帝一、太一五神，及三五七九之事……若单受一道者，则三元不备……不得游景太微之天。③

所述神真包括太微二十四真人、帝一、太一五神、三元（三部八景或三素元君）、五脏五方五行神灵等。这种情形在《真诰》中也是一样的，下文详及。

---

① 《中华道藏》第二册，第28、29页。
② 《中华道藏》第二册，第774页。
③ 《中华道藏》第一册，第116页。

稽诸引文，可以得知修道者与仙真匹对的方式有二：一为存思仙真与己身合偶为一，二为存思的仙真提携修道者一同飞升上天，甚或遨游太空。在《真诰》中偶景则被描述为鲜活的神人交往场景。

二 《真诰》所述偶景及其与房中术的关系

《真诰》中可以明确查到的神人交游，包括开卷愕绿华降羊权事、九华真妃降杨羲事及云林右英王夫人降许谧事。《握真辅第二》记载有许迈给许谧的书信："闻弟远造上法，偶真重幽，心观灵元，炁陶太素，登七阙之巍峨，味三辰以积迁，虚落霄表，精郎九玄，此道高邈，非是吾徒所得闻也。"陶弘景注其中"上法"为"上清诸道"，注"偶真重幽"为"云林降也"①，即是说云林右英王夫人降许谧。愕绿华降羊权事只有首卷三条记载，其实只有一件事，并不能说明愕羊之间所修习的道术究竟是什么内容。

至于云林右英王夫人与许谧之间的交往，可以从《真诰》中找到如下材料：

> 又按并衿接景阳安，亦灼然显说，凡所兴有待无待诸诗，及辞喻讽旨，皆是云林应降嫔，仙侯事义并亦表著。而南真自是训授之师，紫微则下教之匠，并不关俦结之例……
>
> 来寻冥中友，相携侍帝晨。王子协明德，齐首招玉贤。……云林右英王夫人授诗。此诗与长史，兼及掾事。
>
> 世珍芬馥交，道宗玄霄会。振衣寻冥畴，回轩风尘际。……密言多傥福，冲净尚真贵。咸恒当象顺，携手同衾带。……右英王夫人授书此诗，以与许长史。
>
> 玉醴金浆，交梨火枣，此则腾飞之药，不比于金丹也。仁侯体未真正，秽念盈怀，恐此物辈不肯来也。……云林右英王夫人口授，答许长史。②

《翼真检第一》说："真降之显，在乎九华。"③ 按《真诰》卷一至卷二，紫清上宫九华真妃数降杨羲：

---

① 《中华道藏》第二册，第230～231页。
② 《中华道藏》第二册，第235、124、124、125页。
③ 《中华道藏》第二册，第236页。

兴宁三年岁在乙丑，六月二十五日夜。……妃手中先握三枚枣……（枣）有似于梨味耳。妃先以一枚见与……（又曰：）闻君德音甚久，不图今日得叙因缘欢，愿于冥运之会，依然有松萝之缠矣。……作诗如左，诗曰：……振衣尘滓际，褰裳步浊波。愿为山泽结，刚柔顺以和。相携双清内，上真道不邪。紫微会良谋，唱纳享福多。

六月二十六日夕……紫清真妃曰：……非不能采择上室，访搜紫童，求王宫之良俦，偶高灵而为双……直是我推机任会，应度历数……自因宿命相与，乃有墨会定名。素契玉乡，齐理二庆，携雁而行，匏爵分味，醮衾结裳，顾俦中馈，内藏真方也。推此而往，已定分冥简，青书上元，是故善鄙之心亦已齐矣，对景之好亦已域矣。

六月二十九日，九华真妃授书曰：景应双粲，云会玄落……日者霞之实，霞者日之精。……夫餐霞之经甚秘，致霞之道甚易，此谓体生玉光霞映上清之法也。

六月三十日夜。九华真妃……出二卷书以见付……

七月一日夜……真妃……见授书……①

丙寅年正月十一日夜，九华真妃告杨曦：

……尔泊眇观，顾景共欢，于是至乐，自枪零闻于两耳，云璈虚弹乎空轩也。口挹香风，眼接三云，俯仰四运，日得成真，视眄所涯，皆已合神矣。②

不过，"妾岂独叹于一人乎"，九华真妃与杨曦，云林右英王夫人和许谧之间并不是固定的降嫔关系。《协昌期第一》曰："右一条安九华所告令施用。此二条皆驻白止落之事，亦是令答示长史也。"③《运象篇第二》云："性甚宽仁而所闻急，而应物速者，更违旨耳。火枣事未宜问也。右九华真妃言。"又云："所恨在于应物速，招真急耳……紫微王夫人授，示许长史。"④ 这几条显示出九华真妃除降授杨曦之外，

---

① 《中华道藏》第二册，第116、117、120、121页。
② 《中华道藏》第二册，第150页。
③ 《中华道藏》第二册，第165页。
④ 《中华道藏》第二册，第123～124、125页。

同样降授许谧，所以杨许他们是共同来接受仙真降授的，很可能不存在固定的匹对关系。在九华真妃八次降授杨曦的经历中，乙丑年六月二十五日夜她与紫微王夫人并两侍女见降，六月二十六日夕与其余八真来降，六月二十九日夜与桐柏真人同降，六月三十日夜与紫微王夫人、南岳夫人同降，七月一日夜与八真同降，七月十六日与南岳夫人同降，十二月十七日夜与其余七真同降，丙寅年正月十一日夜降后二月三十日南岳夫人就正月所说事重发议论，可以说并没有单独降授杨曦的记录。此外，乙丑年八月七日夜右英王夫人降授许谧论交梨火枣之后，紫微王夫人复授答："玉醴金浆，交生神梨，方丈火枣，玄光灵芝，我当与山中许道士，不以与人间许长史也。"[①] 右英王夫人与紫微王夫人就一事同日降授，可见右英王夫人与许谧也没有固定的搭配关系。

上引材料中，"振衣寻冥畴""密言多傥福""咸恒当象顺，携手同衾带""振衣尘滓际，褰裳步浊波。愿为山泽结，刚柔顺以和""携雁而行，匏爵分味，醮衾结裳，顾俦中馈……情缠双好，齐心帏幔""携袂灵房""内摅因缘""顾景共欢……口挹香风，眼接三云，俯仰四运"等语句多被理解为是对男女性行为的喻指。其实，这些描述另有寓意。

首先，振衣、衾带、褰裳等词语不一定表述男女之间的肌肤之亲。《广雅·释诂一》曰："搴，举也。"王念孙疏证：《郑风·褰裳》篇云褰裳涉溱，《庄子·山木》篇云褰裳躩步，并与搴通。《运象篇第四》云："褰裳济绿河，遂见扶桑公。"[②]《稽神枢第三》曰："解带被褐，寻生理活。养存三亦，洞我玉文。"[③]《阐幽微第二》载辛玄子自序并诗，序称"振翠衣于九霄，儛玄翻于十方"，诗言：

> 寂通寄兴感，玄炁摄动音。高轮虽参差，万仞故来寻。萧萧研道子，合神契灵衿。委顺浪世化，心标窈窕林。同期理外游，相与静东衣。（此篇申情寄之来缘也）[④]

《握真辅第一》载真人张诱世诗：

① 《中华道藏》第二册，第125页。
② 《中华道藏》第二册，第134页。
③ 《中华道藏》第二册，第200页。
④ 《中华道藏》第二册，第217页。

北游太漠外，来登蓬莱阙。紫云邈灵宫，香烟何郁郁。美哉乐广休，久在论道位。罗并真人坐，齐观白龙迈。离式四人用，何时共解带。有怀披襟友，欣欣高晨会。①

引文中扶桑公、辛玄子都是男真，张诱世之诗是杨羲梦中作与蓬莱仙公洛广休及真人石庆安、许玉斧、丁玮宁的，所以他们对这些词语的使用都不可能是对男女同游欢娱的描述。实际在上引文句中，衾带被用以表示修道者无为无闻的心境，解带借以表示修道者抛却内外之累的状态。振衣、搴裳则表示修道者遨游虚空、蹁跹飞腾的体态。是故《运象篇第二》说："紫微王夫人授书曰：勤精者昧玄之灵标也，凝安者拘真之寝衾矣。"②

其次，咸恒之象的比喻，除右英夫人此处所授，尚有九华真妃六月二十五日初降口授后紫微夫人所授："乘飙俦衾寝，齐牢携绛云。悟叹天人际，数中自有缘。上道诚不邪，尘滓非所闻。同目咸恒象，高唱为尔因。"③ 乃是对九华真妃所授内容的补充。所以，咸恒之象的比喻同时涉及右英夫人和九华真妃两位女仙。咸恒象与山泽结同出《易经》。《咸·象传》曰："咸，感也，柔上而刚下，二气感应以相与……天地感而万物化生，圣人感人心而天下太平。"《恒·象传》曰："恒，久也，刚上而柔下，雷风相与，巽而动，刚柔皆应。"《说卦传》曰："天地定位，山泽通气，雷风相薄，水火不相射，八卦相错，数往者顺，知来者逆，易八卦相错变化，理备于往则顺而知之，于来则逆而数之。是故易逆数也。"孔颖达疏："圣人重卦，令八卦相错，乾坤震巽坎离艮兑，莫不交互而相重，以象天地雷风水火山泽莫不交错，则易之爻卦，与天地等，成性命之理、吉凶之数，既往之事，将来之几，备在爻卦之中矣。故易之为用，人欲数知既往之事者，易则顺后而知之；人欲数知将来之事者，易则逆前而数之，是故圣人用此易道，以逆数知来事也。"《咸·象传》曰："山上有泽，咸。君子以虚受人。"咸恒象与山泽结表述的同是双方的感应与交往，所以其所涵盖的不但不止于男女之间的交往，而且更大程度上是说天人之间的感应。许长史在接受咸恒之语后说："旨谕有咸恒之顺，宗期则玄霄之会，虽钦愿荣崇，欣想灵诰，窃惧熠惧之近晖，不可参二景之远丽，嘻彼之小宿，难以厕七元之灵观，尊卑殊方，高下异

---

① 《中华道藏》第二册，第222页。
② 《中华道藏》第二册，第122页。
③ 《中华道藏》第二册，第116页。

位，俯仰自失，罔知所据。"① 于此正为同义。

再次，《医暇卮言》说："道家有交梨火枣者，盖梨乃春花秋熟，外苍内白，有金木交互之义，故曰交梨。枣味甘而色赤，为阳，有阳土生物之义，故曰火枣。"黄庭坚《采桑子》有句："虚堂密候参同火，梨枣枝繁。深锁三关，不要樊姬与小蛮。"陈永正注："词言参同火，指内丹术之炉火。候火，喻意守丹田。梨枣，为丹药汞、铅之代称。……词意谓谨守身心，不亲女色。"梨枣，代表木金、铅汞、龙虎。又《运象篇第二》载八月七日夜，云林右英王夫人口授答许长史："玉醴金浆，交梨火枣，此则腾飞之药，不比于金丹也。……火枣交梨之树，已生君心中也。心中犹有荆棘相杂，是以二树不见。不审可剪荆棘出此树单生，其实几好也。"则右英王夫人所说和九华真妃所喻指的交枣火梨实际是内修摄养之术，似或指《大洞真经》三十九章所述的众多代表仙真颜色的云气从绛宫（心）至命门（肾）、尾闾再夹脊上行这一巡行路线。

此外，《真诰》这些描述是否暗含了上清史上曾经存在过男女双修之术，这也是难以得到圆满解答的。男女双修必须双方相互配合，但《真诰》原文已否定了这种可能。《翼真检第一》说：

> 又按二许虽玄挺高秀，而质挠世迹，故未得接真。今所授之事，多是为许立辞，悉杨授旨，疏以示许尔，唯安妃数条是杨自所记录。今人见题目云某日某月某君授许长史及掾某，皆谓是二许亲承音旨，殊不然也。今有二许书者，并是别写杨所示者耳。②

《稽神枢第二》说："敦尚房中之事，故云挠滞。"《真诰》多次提到"肥遁长林，栖景名山""渺邈于当世""远人间而抱淡"，而许谧、许掾都"外混世业"，并有妻室，而且"长史妇亡后更欲纳妾，而修七元家事"。正由于右英王夫人所谓"内接儿孙，以家业自羁，外综王事，朋友之交，耳目广用，声气杂役，此亦道不专也，行事亦无益矣……真诚未一"③ 的问题，许谧根本无缘接触云林右英王夫人，而是全由杨羲作为媒介，王夫人与许谧之间自然不能修习男女双修之术。既然右英王夫人与

---

① 《中华道藏》第二册，第132页。
② 《中华道藏》第二册，第235页。
③ 《中华道藏》第二册，第124～125页。

许谧之间的偶景不能是男女双修之术，九华真妃与杨羲之间的偶景也自然不会是双修术。①

三 从《真诰》看偶景与存思的关系

从文章第一部分可以看到，偶景是在存思过程中完成的，随着所存思对象的不同，与修道者所匹对的对方可以是在天庭中拥有神职的和主身中各部的男女诸仙真以及日月五星云霞之神真。所引《上清太上帝君九真中经》及《太上五星七元空常诀》集中记述了存思日月五星北斗众神等法术，这些存思内容同样构成了《真诰》所述偶景双方修习和传授的道法。

首先，《运象篇第三》右英夫人示许谧诗称："朱烟缠旌旄，羽帔扇香风。"同卷方诸宫东华上房灵妃歌曲："弹璈南云扇，香风鼓锦披。"同卷右英夫人又言"八风鼓锦被"②，可知香风是八风的同义词。《淮南子·坠形训》曰："何谓八风？东北曰炎风，东方曰条风，东南曰景风，南方曰巨风，西南曰凉风，西方曰飂风，西北曰丽风，北方曰寒风。"③ 八风本指自然界八个方向的风，"口挹香风"借以表示修道者服食风炁之义。"眼接三云"意指存思三素气。《协昌期第一》："云林王夫人曰：……夜卧，先急闭目东向，以手大指后掌，各左右按拭目就耳门，使两掌俱交会于项中三九过，存目中当有紫青绛三色气出目前，此是内按三素云，以潅合童子也。阴祝曰：眼童三云，两目真君……"此即《云笈七签》卷四十九"守五斗真一经口诀"中存思太上三素气之法。

此外，丙寅年正月十一日夜九华真妃告杨羲的内容，在《洞真太微黄书天帝君石景金阳素经》中重出，但是此经中所见文句首尾均多于《真诰》，其多出文字摘录于下：

> 按九华真妃曰：太微黄书本有八卷，真人昔于赤城山中，以《八篆交带真文》授许远游，明君所有者是也。君所以未飞腾上清，骖驾云龙，正由不睹石

---

① 按照科学知识社会学爱丁堡学派的"强纲领"，解释的方式必须是对称的。偶景作为一个独立概念必须拥有其自身连贯一致的内涵。
② 《中华道藏》第二册，第127、131、128页。
③ 刘文典：《淮南鸿烈集解》，中华书局，1980，第132页。

景八素之篇第，今以相授，都有十八符并经序，按而修之，策龙布玄，举形阶渐矣。可密而宝之，太微石景之黄文，故非黄赤之小术，累相鉴诚矣。未荡于胸心，君素行既彰，且玉体已标高运……今以石景金阳文相付，行令尽睹八卷之首也。①

引文中省略之处即为《真诰》中的语句，除个别字词小异之外，独增入"带佩金阳，制御群凶"八字。观《石景金阳经》所述，"顾景共欢……口挹香风，眼接三云，俯仰四运"是为九华真妃授《石景金阳经》所说语。此经述胎息之道、存赤炁去三尸法、佩金阳符见天帝等帝君诸事，亦可以佐证上面的论述。

其次，《运象篇第二》说："寒裳七度，耽凝洞楼。（陶注：七度，飞步事也。洞楼，洞房事也）右紫微王夫人所喻，令示许长史。"②《甄命授第一》云："仙道有飞步七元天纲之经。在世。……仙道有天关三图七星移度。"今《道藏》收有《洞真上清太微帝君步天纲飞地纪金简玉字上经》《洞真上清开天三图七星移度经》两部古上清经。《道藏提要》1304"洞真上清太微帝君步天纲飞地纪金简玉字上经"条说："是经亦当为六朝上清之书。经言步天纲、飞地纪、据玄斗、攀星魁、乘飞龙等法术。卷首载北斗七星三台图及五方五星图，又有神符十五道。行道者按图行步纲之术……间以思神、微祝、佩符之类。"同书1305"洞真上清开天三图七星移度经"条说："是经乃早期上清经典之一……经言存思神真以移死度生保仙之法。全经分以下五篇：一、《移死度生保仙上法》。内言存思北极七星之神……"③《云笈七签》卷二十录有太微帝君"步天纲"法，卷五十四录有"上清飞步七星魂魄法"，都是存思北斗七星的法术。

存思或微祝日月五星的法术在《真诰》中更为常见，有许谧所写存思日月法术两则，存思斗星法术一则，并存日月五星法术一则；许谧所写微祝日月法术二则，并为九华真妃所授，云林右英王夫人授许谧存念日月歌一则，外一则微祝日月法术不知谁书，一则拜日法术为许谧遵用；许谧所写存思五星法术一则，修洞房存思斗星法术一则。许谧所写法术都是经过杨曦写出的。另仅见杨曦所写存思日月法术四则，其中之一明确令示许谧，杨曦写祝日法术一则，杨曦写存五星法术一则，杨曦所写法术不

---

① 《中华道藏》第二册，第450、451页。
② 《中华道藏》第二册，第120页。
③ 任继愈主编《道藏提要》，中国社会科学出版社，1991，第636、637页。

能确定是否为许谧所见。其余杨曦自记微祝日月五星法术一则，为答许谧的咨问而降授。《云笈七签》卷二十五"奔辰飞登五星法"中，存思五星例皆以星当正心，杨曦自记"心藏五星"，为心与五星相合之术。九华真妃答示许谧的《太极绿经》存思法术中有祝词曰："泥丸玄华，保精长存。左为隐月，右为日根。六合清炼，百神受恩。"云林王夫人令告许谧的《太上四明玉经》中太上宫中歌曰："手把八云气，英明守二童。太真握明镜，鉴合日月锋。云仪拂高阙，开括泥丸宫。"① 都是以上八景泥丸宫（洞房）和会日月外景。另杨曦所写《太上明堂玄真上经》之法曰："清斋休粮，存日月在口中，昼存日，夜存月…若不修存之时。令日月还住面明堂中，日居左，月居右，令二景与目童合焉相通也。"又曰："夜行及冥卧，心中恐者，存日月还入明堂中。"② 则具体以泥丸宫明堂内景相对应日月外景。另九华真妃六月二十六日授诗称："天皇双景，远升辰楼。飞星掷光，日月映躯。"乃是存思日月星。《协昌期第二》载"九华真妃言：守五斗内一，是真一之上也，皆地真人法也。"③ 据《上清太极真人神仙经》、《云笈七签》卷四十九"守五斗真一经口诀"等，守五斗法乃是存思北斗七星，并存思紫青绛太上三素气，同样是以泥丸、五脏内景对应七星和三气的。

又，兴宁三年六月二十五日夜，九华真妃降授杨曦，所携经书曰《玉清神虎内真紫元丹章》。六月二十九日，九华真妃授书曰"餐霞之经……体生玉光霞映上清之法"，言可以磨眼镜、决耳牖、童面还白、益精延明。六月三十日夜，九华真妃向杨曦出示二卷书：《上清玉霞紫映内观隐书》《上清还晨归童日晖中玄经》。《云笈七签》卷九有《太上玉清神虎内真隐文》，为摘录《洞真太上神虎隐文》而成，讲配神虎符挥神灭魔之事④。《道藏》另收《洞真太上神虎玉经》，为晋哀帝时所出经书，亦是"叙述神虎真符（亦称神虎玉符、神虎上符）之授受、盟仪、佩符法及佩此符之作用"⑤。其余《云笈七签》卷五十三有"太清玉霞紫映内观上法"，为存思紫气、日中五色流霞，并祝"日魂珠景照韬绿映丹霞赤童玄炎飙象"十六字。《协昌期第一》有"日中五帝字曰：日魂珠景昭韬绿映回霞赤童玄炎飙象，凡十六字。……右

---

① 《中华道藏》第二册，第 164、165 页。
② 《中华道藏》第二册，第 167、168 页。
③ 《中华道藏》第二册，第 117、172 页。
④ 任继愈主编《道藏提要》，第 646 页。
⑤ 任继愈主编《道藏提要》，第 645 页。

英云：珠圆会晖韬绿凝日霞焕明赤童秉灵玄炎散光飙象郁清，此日之势也，神之威也。"并为存日之法，皆出自《上清太上帝君九真中经》和《皇天上清金阙帝君灵书紫文上经》。据此，九华真妃授杨曦道术主要是存思、佩符之法。

偶景是在存思活动中实现的，实则代表了存思的本质内涵。九华真妃六月二十六日所授曰："此复是二象大宗，内外之配职耳。"《金阙帝君三元真一经》说："共景分飞，俱齐内外之德也。"① 偶景显示出存思的作用是达到内外配德，这里内外配德可以作两解。

其一，九华真妃七月一日降授曰："夫阴阳有对，否泰反用，二象既罗，得失错综，此皆往来之径陌耳。"不独如此，《运象篇第一》九华真妃六月二十五日夜首降口授后，紫微夫人补充授诗云："二象内外泮，玄气果中分。……悟叹天人际，数中自有缘。"②前引《运象篇第二》九华真妃六月二十五日降授后，紫微夫人授书曰"夫黄书赤界……"，而后紫阳真人授书曰："太虚远逸，高卑同接，体贤之义，著之于冥运耳。"最后九华真妃授书曰："忘怀兰素晖，心齐契方当。数亲虔清宇，德与流景合。宜欢会理发，领秀伏度明。君高尚灵映，纵滞忘鄙耳。"③《上清丹景道精隐地八术经》云："微呼八景阴名，祝：天藏地隐，二炁合偶。"④ 联系前引《五老宝经》文句，这几处共同透露出偶景一为德合天地、效法二象之意，表述的是天与人或神与人之间往返的可能，是在为修道之所以能够由凡成真提供理论根据。《阐幽微第二》说："天地间事理，乃不可限以胸臆而寻之。此幽显中都是有三部，皆相关类也。上则仙，中则人，下则鬼，人善者得为仙，仙之谪者更为人，人恶者更为鬼，鬼福者复为人。鬼法人，人法仙，循还往来，触类相同，正是隐显小小之隔耳。"⑤《真诰》认为仙人鬼之间是可以转化的，除《阐幽微》所论述的"至忠至孝之人"、英雄功业显著之人死后为地下主者然后得补仙官之外，最直接最有效的方法就是学习各种道术直接得仙，"预在学道之品，微微小业，便可与之比肩，况乃真妙者乎"。

其二，"内外之配职"或许可以反映出偶景的独特含义：内景与外景的相合。上清经中有下列文句：

① 《中华道藏》第二册，第89页。
② 《中华道藏》第二册，第116页。
③ 《中华道藏》第二册，第119页。
④ 《中华道藏》第一册，第360页。
⑤ 《中华道藏》第二册，第216页。

《洞真太上八素真经精耀三景妙诀》：景者，明精之象也。

《洞真太一帝君太丹隐书洞真玄经》：日圆形而方景，月方精而圆象，景藏形内，精隐象中，景赤象黄，是为日月之魂。

《洞真太上素灵洞元大有妙经》：变景练容，保命长延。

《太上五星七元空常诀》：变景化形，骨飞肉升。

《上清太上帝君九真中经》：分神易景，逍遥上清。

夫人唯结精积气……九宫一结……是乃九神来入，安在其宫，五藏玄生，五神主焉……大神虚生内结，以成一身，灌质化炼，变景光明，非如三魂七魄，是积灵受气，自生于人父母者也。

《上清玉帝七圣玄纪回天九霄经》：第二之伤：外形在道，皮好念真，而心抱阴贼，凶恶素坚……仙真弃置，邪鬼附身，走作形景，飞散体神。

《甄命授第三》茅小君言："夫为道者，当使内外镜彻，宫商相应，灵感于中，神降于外，信不虚也。"

如此，偶景的双方，所存思的神仙或四气云牙是为外景，修道者象征内景，修道者通过偶景修习使内外景相合而得道。《黄庭内景玉经》梁丘子注云："景者，象也。外象谕，即日月、星辰、云霞之象；内象谕，即血肉、筋骨、藏府之象也。"[1] 考《真诰》中，前引《握真辅第二》许迈给许谧的书信，陶弘景注称："炁陶太素"，五神事也，"登七阙之巍峨"，飞天墀也，"昧三辰以积迁"，日月五星。[2] 内景之象是为血肉、百节、脏腑、胞胎之象。内景与外景的相合则或如《九真中经》所言身神入镇体内，或如《五老宝经》等所言使自己的形象与所招致的神仙合一，或如前引《大有妙经》所言身中神明与所存思仙真出游在天地之间。这里，"变景化形，骨飞肉升"则又说明修道者的身神并非纯粹义理之神，而是具有具体形象的不同于肉体而又不离肉体的神灵。诚如《上清元始变化宝真上经九灵太妙龟山玄箓》所言："众仙携俦侣，明昧自然冲。……命我王乔友，催手翔云中。紫云我所游，混俗谁与同。"[3] 可以说偶景即是合神，是为存神之本质内涵。进而，偶景也可以进行更广泛意义上的理解，如《大洞真经·上清紫精三素君道经第九》曰："七度回路（七星缠

---

① （宋）张君房撰《云笈七签》，书目文献出版社，1992，第67~68页。
② 《中华道藏》第二册，第231页。
③ 《中华道藏》第一册，第576页。

度），三光映真，太一精符，相与为亲，司命衔月，嘘我重唇，五老衔日，吸我三便，太上道君，与我缠绵，上造大阶，挠把太真。"《四斗中真七辰散华君道经第二十八》曰："身与帝一君，并襟乐六府，鉴心丹玄房，熙为泥丸野……长与日月，符籍缠绵。"① 其中并无偶景相关字样，但传递了相类的旨趣。根据《云笈七签》卷八"释三十九章经"，《上清大洞真经》所述道法都是存思神真之术无疑。所以，在某种意义上可以说，上清派存神即是"偶景"。

四 偶景体现了存思道法对房中黄赤之道的反拨

综上，上清经以偶景或曰对景为修道者描述了诸多游仙场景，表达了内景耦合外景的存思道法。而《真诰》详尽的游仙描述在隐喻道法之外似乎还蕴含了六朝道教的一种流行观念：宿命应仙。葛洪《抱朴子·辨问》说：

> 按《仙经》以为：诸得仙者，皆受命偶值神仙之气，自然所禀，故胞胎之中已含通道之性，及其有识则心好其事，必遭明师而得其法。

这种类似宿命论的观念起源已久，如《论衡》就持有更为绝对的命定论。不过，在道教看来，关键不在于受命所值，而在于神仙乃是可学的："必遭明师而得其法。"在上清经所描述的修行者与众真的"傅结"场景中，下降的仙真即代表了上天的选择意志，如右英夫人与九华真妃都强调自己的下降乃是"自因宿命相与，乃有墨会定名"。众真下降后，授予杨许及众多修真之人存思道法，助其学以致仙，所以下降众真的身份被定位为"诸引教仙人"。其中，众真除向修行者提示具体的存思术外，还引领其进行心性修炼，《真诰》中即有实例。《甄命授第三》载右英夫人所授"寂玄沈味，保和天真，注神栖灵，耽研六府，惜精闭牝，无视无听，此道之易也"②。又前引《翼真检第一》："凡所兴有待无待诸诗，及辞喻讽旨，皆是云林应降嫔。"查《运象篇第三》，九华安妃歌曰："驾欻发西华，无待有待间。或眄五岳峰，或濯天河津。释轮寻虚舟，所在皆缠绵。芥子忽万顷，中有须弥山。小大固无殊，远近同一

---

① 《中华道藏》第一册，第17、33~34页。
② 《中华道藏》第二册，第151页。

缘。彼作有待来，我作无待亲。"有待、无待，典出《庄子》，是六朝谈心性论的基本数据，强调的是从尘世系累中超脱出来，保持一种自由的心境。九华安妃此诗乃是形容云林右英王夫人与许谧的偶景，其中用到《庄子》齐物、大一小一、有待无待等理念，可知下降众真对杨许等人提升生命境界的诲教。

在受命所值的观念下，偶景也不限于天人之间，还涉及同修者的关系。《洞真太上太霄琅书》上说："有道之人，结对景之缘，以烝相适，亦历运所以。"[①] 此言修道男女双方结为夫妇为"对景"，这可能是偶景一词被引申为两性双修的根据吧。《上清明堂元真经诀》称：

> 服日月之二景…行之五年，太玄玉女将下降于子……此积感结精，化生象见，精之至也……可共寝宴游处耳，非为偶对之接也。前口注液之时，若颇有怀玉胸中，则必无降眄之由矣。[②]

《紫文行事诀》称：

> 夫人生男女阴阳之象……亦自然心性。今既孤影林泽，绝偶深岩，既无复交接之理，兼亦隐书所禁，每至四时氤氲，何能都无怀春感秋之气。如此则灵关壅滞……故宜服符以代回炼之益，存神以运灌化之道，然后二烝无偏，神和交结。[③]

《紫文行事诀》明言存神可以达到男女交接的效果，而从《上清明堂元真经诀》及《真诰·运象篇》多次告诫不可行夫妇之实中，或可以反推出偶景抑或存思曾包含了与房中相关的内容。或许，上清派于其创立之时，为矫正当时房中黄赤之道之所向而借用原有术语却营构了完全不同的清净内容，从而使得房中之语在上清派中的内涵被给予彻底的转换。存思术有多重内涵，但在上清派创立之前，存思如《太平经》的"真道九首"、《灵宝五符序》《抱朴子》的守一、内视见神等等，并不具备偶景的色彩，而如前所述，以意念指引的长镜头式活动场景为主体内容的存神则构成上清

---

① 《中华道藏》第一册，第656页。
② 《中华道藏》第二册，第326页。
③ 《中华道藏》第二册，第356页。

派存思道法的独特内涵。所以偶景这一概念是上清派为努力改变房中术的内涵而建构出来的，以达到既保留房中行气的名目，又避免修道者滥行交接的可能之目的。① 这才有紫微夫人的议论："夫黄书赤界，虽长生之秘要，实得生之下术也。……夫真人之偶景者，所贵存乎匹偶，相爱在于二景，虽名之为夫妇，不行夫妇之迹也，是用虚名以示视听耳。"及《甄命授第一》所说："涓子所说黄赤内真者，非今世中天师所演也。"偶景在上清经中已完全用来指示存思活动中内外景、身神外神的合偶，这一点应该是可以得到肯定的。

---

① 如《云笈七签》卷四十四所录"紫书存思九天真女法"，同有"神妃含欢""神妃交接"等语，而归之于存思部。又，大量女仙形象的出现与荣格所谓阿尼玛斯心理原型是有关系的，但上清派却给予了巧妙的转化。更明显的例子在于上清派对"三五七九"术语含义的转换。宫川尚志曾在《茅山における启示——道教と贵族社会》一文中指出上清派与女真的结合是针对当时对天师道房中术的批评而出现的，见酒井忠夫《道教の总合的研究》第 341 页相关论述。神塚淑子在《六朝道教思想の研究》（创文社，1999）中先讲偶景是一种性的结合，但后面又讲偶景是一种拟两性关系的救度思想，或许有这层考虑（参见该书第 74、76、89 页相关论述）。

宋本《度人经》的文本与信仰初探

李政阳

内容摘要： 北宋末年，出于为宋徽宗符应的目的，一卷本《度人经》被新增了六十卷，新增部分的历史存在许多不解之处。本文指出，为映衬宋徽宗是"壬辰"预言的圣君，徽宗朝的羽客们编撰了宋本《度人经》，通过严密的神学逻辑将古本《度人经》的"神性"让渡给新经，宋本《度人经》的文本、信仰与神学观念处处体现了灵宝与上清相融合的特点。该经的特殊之处还在于，皇帝以传经神话的形式亲自参与了经文的编纂，并以神霄玉清王的神格身份成为经文崇奉的主神。由于皇帝的推动，神霄玉清王成为多部新经新法的主角，以及政、宣年间道教新信仰运动的核心，其影响并未因徽宗的失势而终，至今仍是道教信仰的重要组成。

关键词： 宋本《度人经》 宋徽宗 神霄化运动 神霄玉清王

作者简介： 李政阳，中国社会科学院世界宗教研究所博士后。

"《道藏》中最令人瞩目的经典恰恰是全书的第一部"[①]，这部在道教史上占有特殊地位的大部头道经即《灵宝无量度人上品妙经》。从文本来看，该经包含两个部分：第一部分是该经的第一卷，名为《元始无量度人上品妙经》，这部分构造于魏晋时期，其构造者学界尚有争论；第二部分是该经的第二卷至第六十一卷，一般认为"为后人增益，出于北宋末神霄道士之手"[②]。从全经的具体内容来看，新旧部分存在很大区别，新增的部分并非仅是对原有《度人经》的简单增衍。为便于研究，本文将魏晋一卷本《度人》称作古本《度人经》，将北宋末新出的部分称作宋本《度人经》。

---

① 〔法〕司马虚：《最长的道经》，刘屹译，《法国汉学》第 7 辑，中华书局，2002，第 188 页。以下各引用仅在第一次引用时标注全部信息，之后则仅标明作者、书名和页码。

② 《中华道藏》第 34 册，华夏出版社，2004，第 315 页。

司马虚敏锐地捕捉到上清派对宋本《度人经》降经叙事的影响，判断该经构造于北宋末政和二年（1112）。他指出，宋本《度人经》与北宋末年喧嚣的崇道活动大有关联，主神长生大君作为一种政治符号承自魏晋时期茅山上清派的"神启"，神秘主义只是政治理念的表现形式，但司马虚未解析经文的编撰逻辑。① 拙文《宋徽宗崇道成因新考——以宋本〈度人经〉为中心》指出，部分道流以宋廷对炎帝（赤明天帝）的崇拜为桥梁，将多种神性过渡给人而神的宋徽宗，将他打造成救世主新金阙帝君，北宋末年一系列崇道抑佛的政治行为均与此逻辑有关，宋本《度人经》也是这种逻辑的产物。② 李丽凉指出，宋本《度人经》中时常出现的神格——神霄玉清王与魏晋道书《玉清隐书》有关，另一出自御笔的《灵宝无量度人经符图序》中含有解析宋本《度人经》问世样貌的线索，但她未展开讨论。③

从这些先行研究来看，学界较为关注宋徽宗与宋本《度人经》的关系，对经文本身的研究尚不深入。宋本《度人经》是如何"降世"的呢？经文与古本《度人经》有什么联系？对降经神话的解析能否还原出北宋末年道教神霄化运动的历史片段？对这些问题的研究有助于学界深化对宋代道教史的认识。本文拟从宋本《度人经》的文本、目次、降经叙事等方面入手，尝试对上述问题进行解答，力图展现北宋末年崇道运动的一个侧面，求教于方家。

一　宋本《度人经》的文本与目次

古本《度人经》是古灵宝经中的一部，陆修静编订《灵宝经目》时标明"已出"。可能与此经被刻意地保密并严格按照科文传授有关，除了其中的诸天信仰广为流传外，该经在当时道教界的地位不如《真文赤书》等经典。入唐之后，这部经典的地位突然获得了一定程度的提升，影响变大。如唐初批判道教的著作《甄正论》中，古本《度人经》及其观念时有出现，李少微、成玄英等著名道士专门为此经做了注疏，张万福依之编订了仪范。进入宋代后，因袭唐代对古本《度人经》的尊奉，宋真宗将之列为道士考取道籍的必考项之一。在北宋末年喧嚣的崇道氛围中，这部经的地位被推到道教经典的顶端，不但道士、臣工都要诵读，宋徽宗还将之强行派给佛

① 〔法〕司马虚：《最长的道经》，《法国汉学》第 7 辑，第 192 页。
② 李政阳：《宋徽宗崇道成因新考——以宋本〈度人经〉为中心》，《世界宗教研究》2018 年第 5 期。
③ 李丽凉：《北宋神霄道士林灵素与神霄运动》，博士学位论文，香港中文大学，2006。

教僧人读诵学习。它在北宋末年编纂的《政和万寿道藏》中也占有重要位置。

除了地位的提升，《度人经》的分量也发生了变化。陆修静整编三洞时，它毫无疑问只有一卷（古本），至宋徽宗当政时，这部经被增补了六十卷（宋本），古本《度人经》被列在新增衍的六十卷之前，两个部分合二为一，总名以《灵宝无量度人上品妙经》。古本《度人经》属于古灵宝经中的一部，其中却蕴含一些上清经的观念，这些观念又被用来作为新增部分（宋本）的编撰基础。司马虚指出："那些在公元 4 世纪接受最早的茅山神启而发展为全新知识阶层的道教团体——上清派的人们，他们都认可《受经式》所宣扬的六十一卷本《度人经》才是上清经的终极神启。"①

（一）宋本《度人经》的文本

《灵宝无量度人上品妙经》今存明版《正统道藏》六十一卷，列为《正统道藏》第一册"天字第一号"，属《洞真部·本文类》，一卷即一品，版本单一。按三洞四辅的体例，《度人经》应归入洞玄部，《正统道藏》却将之归入洞真部，相关注疏则被收入《洞真部·玉诀类》。《道藏源流考》指出"今道藏收有《元始无量度人上品妙经四注》②四卷，《元始无量度人上品妙经注》三卷，明·张宇初《元始无量度人上品妙经通义》四卷。宋·萧应叟《元始无量度人上品妙经内义》五卷。元·陈致虚《元始无量度人上品妙经通义》四卷。元·薛季昭《元始无量度人上品妙经注解》三卷。宋·陈椿荣《元始无量度人上品妙经法》五卷。皆收入洞真部·玉诀类，按当入洞玄部"③，疑为误置。

依三洞四辅的体例，洞神部当收以三皇文为主的三皇经系，洞玄部当收灵宝经系，上清经系多归入洞真部，事实上"例外"也不罕见。《道门经法相承次序》将洞真部视作元始天尊在玉清境所说之经。④ 南宋王契真《上清灵宝大法》则认为："灵宝者，是大道之根宗，元始之妙化，虚无挺秀，劫化自然，隐配阴阳，区分造化，保

---

① 〔法〕司马虚：《最长的道经》，《法国汉学》第 7 辑，第 193 页。
② 《元始无量度人上品妙经四注》的作者，按照陈景元的排列次序，似乎严东在先，其后是薛幽栖、李少微、成玄英，后三位都是唐代的高道。但日本学者砂山稔有不同看法，他认为成玄英的疏解是针对李少微而作，而薛幽栖自序其注成于甲午年，根据其生卒，甲午年当指天宝十三年（754），因此四位作者的注疏成立次序应该是"严东注于南齐永明年间成立，接着初唐时李少微注与成玄英疏成立，最后盛唐时薛幽栖注成立"。参见砂山稔《〈灵宝度人经〉四注札记》，《世界宗教研究》1984 年第 2 期。
③ 陈国符：《道藏源流考》，中华书局，1963，第 71 页。
④ 《道门经法相承次序卷上》："第三玉清境，清微天，天宝君说十二部经，其经号曰洞真部"。见《道藏》第 24 册，第 784 页。

安帝祚，镇护天民，握运纵玑"①，将灵宝经视作"元始之妙化"。宋本《度人经》中推重之神以元始天尊及长生大君为主，都来自玉清境，经中记述的信仰实践方法也与上清有关，且有多处明确推崇上清《大洞真经》的字样。宋本《度人经》代表着上清"降神"与灵宝"天文"传统的融合，收入洞真部或许与经文的这些特点有关。

《度人经》全经多为骈文，读之朗朗上口，文义多含隐喻和隐语，颇不易解。唐人张万福《经诀音义》对古本《度人经》的经文格式与布局有所说明，他指出："此经，太上大道君受之于元始天尊，传教于世，道君为前序、后序、中序，凡有三序焉。前序自'道言昔于始青天中，至'东向诵经'是也。中序自'三界之歌'章之后'此二章并是'至'洞明至言也'是也。后序自'此诸天中'至'大量玄玄也'是也。经有二章，自'元始洞玄'至'列言上清'，且后章自'元洞玉历'讫'祸及七祖翁'是也。其大梵隐语非二章之数，或以经为一章，隐语为二章，此亦误矣。"② 由此而言，古本《度人经》由三序（即前序、中序、后序）、元始洞玄和元洞玉历经文两章，大梵隐语无量音（元始灵书上、中、下三篇）和太极真人颂一篇等四部分构成。宋本部分的每一品也都遵循相同格式：经文起于存思，继而元始说经十遍以召十方，道君说明功德，然后本章开始等等，但宋本部分无太极真人颂。

与古本《度人经》相比，宋本部分至少发生了两个显著变化：第一个变化是，宋本《度人经》虽然严格遵守古本的文字布局，但在文字运用上有着较大的灵活性。③ 比如古本在"说经十遍"后未点明主题，宋本有些经品会在"说经十遍"后加入该品的主题，借之来传达《度人经》对某个或某类道教信仰的认识。如《素景曜灵品》在说经十遍后，经文借诸仙真之口传达了宋本《度人经》的五行观念及其对道性的认识，以真金比喻道性。④ 同样，《赤符丹光品》在"说经十遍"后，也借仙真之口对《赤符丹光品》的主题和所涉观念作了提点。⑤ 也有一些经品在"说经十

---

① 《道藏》第30册，上海书店、天津古籍出版社、文物出版社，1988，第650页。下同。

② 《道藏》第2册，第925页。张万福的分章具有一定的权威性，后文依从其说。

③ 古本《度人经》的文本构成与发展演变历史，学界多有考证，因其研究与宋本《度人经》关系不大，故不多着笔墨，可参考萧登福《〈灵宝无量度人上品妙经〉的作者及撰作年代》，《弘道》2010年第2期。

④ "外生天地，结成混沌，内生万物，变为岳渎。皆由无形五行，真金之性，虚明同力，不可破坏。至生人神，知见悲喜，率因素景不凿之刚，燿冥明察之体，而以为之。物有坚脆，其成为一。人有圣凡，其知为一。我等虽怀此金，未经冶炼。今遇元始以此法火，莹此神金，铸为法器，成此道力，无量变化"。见《道藏》第1册，第118页。

⑤ "（仙真）内见自己身中，心通万道，外与法合，即名赤符。见察万殊，异体同照，即名丹光。内外之道，皆是元始，外生天地，内化一身，皆同此道。自非列圣开教，不能化成。"见《道藏》第14册，第163页。

遍"后并不说明主题而直接进入"元始悬珠"部分。

另一个变化是宋本《度人经》具有多样的经法来源。古本《度人经》被认为是来自上天的"真文"（亦称灵文），而宋本《度人经》则是自北宋政和二年（1112）起，由长生大君（神霄玉清王）及青华帝君向宋徽宗的宫廷降授。宋本《度人经》有些经品在大梵隐语无量音的部分，不似古本以"天真皇人"作笔书之神及正音者，而是以另外的神作为笔者，如《七星除妖品》中正音之神是"明威真人"①，《南宫延生品》中正音之神是长生大帝。这些不同的神，显示出宋本有着与古本不同的自我定位，具有新的道经合法性基础。

（二）宋本《度人经》的目次

宋本《度人经》现存两个目录，一是《正统道藏》版中散于各品经文之前的标题，共六十一个，目前仅此版本的经文尚存。另一目录载于《高上神霄宗师受经式》②，仅存六十个标题而无经文内容。两个版本的目录有些差异。首先，从经文的卷数而言，《高上神霄太上洞玄灵宝度人经》标明共六十卷，而《灵宝无量度人上品妙经》则有六十一卷。署名宋徽宗御制的《灵宝无量度人经符图序》指出"散则经维于六甲之数，合则总括于一元之标"③，"六甲"即六十，当指宋本，而"一元"即一卷，当指古本。《高上神霄宗师受经式》另处指出"总其元义，开品分条，共为六十卷"④，亦同此意。但《高上神霄宗师受经式》随后却说"《高上神霄灵宝度人经》六十一卷，并出于神霄东极华堂琼室之中"⑤，说明《高上神霄宗师受经式》作出之时，古本、宋本二者业已合为一部。

其次，从内容来看，《高上神霄太上洞玄灵宝度人经》中有《明体贯气品九霄高玄上品妙经》及《赤符丹光品紫光丹灵上品妙经》，而六十一卷《灵宝无量度人上品妙经》中将《赤符丹光品》与《紫光丹灵品》分作两品，《明体贯气品》的标题之后也无"九霄高玄上品妙经"字样。《赤符丹光品》的内容主要讲述"赤符丹光"，即"内见自己身中，心通万道，外与法合，即名赤符。见察万殊，异体同照，即名

---

① 《道藏》第 14 册，第 252 页。
② 《道藏》第 32 册，第 637 ~ 638 页。
③ 《道藏》第 3 册，第 62 页。
④ 《道藏》第 32 册，第 637 页。
⑤ 《道藏》第 32 册，第 638 页。

丹光"①，具有心性论层面的意涵。《紫光丹灵品》所说的丹灵为"太一玉丹"，是一种存思炼养的道术，二者似不能合为一品。现存《度人经》中并无《九霄高玄上品妙经》，此品经文究竟为何，盖无从考究。猜测宋本《度人经》构造"出世"之时即有两个版本，其一者为神霄道教使用，这个版本冠有"高上神霄"字样并仅有六十卷；其二者为道教所共用，即今存明版《正统道藏》本，共六十一卷，标题无"神霄"字样。《高上神霄宗师受经式》指出"（二者）并出于神霄东极华堂琼室之中"，说明两个版本均出自"东极华堂"且为"壬辰"降经。

最后，两个目录中经品的排序彼此不同。《高上神霄宗师受经式》所载的经目次序，是按照科文授受的次序，未必反映经文的原貌，而明版《正统道藏》所收之目次，并未指明是授受经书所用，《玉宸大道品》之后所列各品均为护国禳兵的咒术，反倒和徽宗末年的社会现实有一定联系，其编次很可能是出于"推重国事"的目的。北宋连年与辽、夏征战，宋本《度人经》中广泛宣传音诵二章及内音以阻碍水火刀兵之害，不外是徽宗朝出于营造一种强有力的咒术氛围的目的，以缓解政治上所受的压力和社会的紧张气氛。

（三）宋本《度人经》的构造时间

宋本《度人经》的构造时间比较明确，构造者也有迹可查。《高上神霄宗师受经式》指出："政和壬辰之后，青华时来密会禁掖，神明齐契，天人相通，所以告于期运者焉。于是，真王飞神达变，洞合紫清，乃以神霄琼室所秘《灵宝真经》六十卷。"② 宋徽宗御制的《灵宝无量度人经符图序》指出："后至壬辰、庚子之年，气应九阳，邪法消荡，正道方行，开悟群黎，授度无穷，是其时也，启紫泥之宝笈，解玉钥于琅函。"③ 可见这些经造于北宋政和二年（壬辰年，1112）前后。但若认真考察各品经文，其中约有三十五品提到"壬辰"，其他经品则没有"壬辰"应劫的字样，因此全经六十品并非都构造于壬辰年。

"壬辰年"是汉魏时期道教一个极为重要的谶纬观念，宋本《度人经》对之有所继承但又融入了新的元素。既然宋本《度人经》与谶纬有关，那么这些经的构造者

---

① 《道藏》第 14 册，第 163 页。
② 《道藏》第 32 册，第 637 页。
③ 《道藏》第 3 册，第 62 页。

是谁呢？一般认为，林灵素于北宋政和五年（1115）①"觐对"宋徽宗，之后宋徽宗开始大力弘扬神霄道教，为了将神霄道教的开展归结于林灵素的蛊惑，有些学者认为神霄道教的经典应在政和五年之后"降世"。宋徽宗在政和初年即有计划地推动神霄道教，降经之说也伴随着长生大君信仰的塑造而展开，故政和五年之后才有宋本《度人经》问世的观点似有不妥。此经恐于政和初年即开始编造，宣和庚子年前后方才编订完毕，这亦符合御制《灵宝无量度人经符图序》所载的年限。从行文和相关史料来看，构经者应是具有深厚上清背景的宫廷道士，宋徽宗、刘妃亦参与了进来，整个降经叙事是对上清杨、许降经叙事的新塑造。

二 降经叙事的转换

宋本《度人经》被冠以"洞玄灵宝"之名，古灵宝经的传经神话是它的权威性基础。根据传经神话，宋本《度人经》也是由真文转译而来，但宋本《度人经》卷帙庞大，提到其来历的几处论述稍有不同。《紫光丹灵品》认为"灵符大箓，太上真文，三光妙气，浩劫生成"②，真文是"三光"（日月星辰）所化；《三辰光辉保命延生品》指出"自然梵气，结成紫书琼简，真文龙章，凤玺云霞，五篇之箓"③，真文是由自然而然的梵气所成；《五方正气品》指出"（五方正气）自然凝化相状，近可指瞩，又于光中，各有玉书，五篇真文"④，真文又是由五方（五行）的真气凝聚而成。除了强调自身的真文属性，宋本《度人经》转向建构一种全新的传经叙事——强调自己是由上清境紫微上宫而来的新神启，而非古灵宝经"四译"或"五译"神话的延续。这个新神启由神霄玉清王、青华道君与九华玉真安妃降于宋徽宗宫廷，宋徽宗本人也参与了降经仪式，对九华玉真安妃的突出使这种降经具有了更明显的上清色彩。

全新降经叙事的建构，首先表现为以新的传经者神霄玉清王代替旧有的玉宸道君。宋本《度人经》的传经神话，较为集中地体现于《高上神霄宗师受经式》《灵宝

---

① 唐代剑先生认为林灵素迟至政和五年（1115）即已觐见宋徽宗并言神霄之说，综合宋徽宗崇道之事迹似较符合实际，故从之。见唐代剑《林灵素生平问题钩校》，《四川师院学报》（哲学社会科学版）1990年第5期。

② 《道藏》第1册，第179页。

③ 《道藏》第1册，第183页。

④ 《道藏》第1册，第219页。

无量度人经符图序》之中，《高上神霄紫书大法序》和史料中也存在一些端倪可作参证。《高上神霄宗师受经式》指出，宋本《度人经》与古本《度人经》一样均为元始天尊所说并授于玉宸太上道君，之后令"天真皇人并上清诸真人"笔书成文，共六十卷以与"六甲"之数相对应。经典完成之后秘藏于紫微上宫，交付神霄玉清王，藏于东极华堂琼室。"逮其炎宋兴隆，太平气至，时际吉会，神霄真王当降世间，以为人主"①，也就是太平之世、神霄玉清王做皇帝之时，具体于政和壬辰年前后，由青华帝君以"天人相通"的形式传经。同时下降的还有《高上神霄玉清秘箓》三卷，按太微科格传经，标冠上清，尊"玉清虚皇元始天尊为祖师，上清玉宸元皇道君为宗师，高上神霄玉清王长生大君为真师"，这三位事实上就是宋本《度人经》的授经者、受经者与降经者。"亦上清之标冠矣，可辅于大洞之品"，明确指出此神霄法系出自上清（之天）。

玉宸太上道君又称玉宸大道君或玉宸道君，是道教神话中古灵宝经的受经者。明代张宇初注《度人经》引萧观复语："三洞真经，列于金格，玄都所秘，万劫一开。在昔劫运蹇屯，世途否塞，西台龟母请于玉京，由是玉宸道君付于玄一真人；玄一真人付于太极徐真人；太极真人付于葛仙公，传行于世。"② 又《太上无极总真文昌大洞仙经》言："玉宸道君言，我师元始天王，授我此《大洞仙经》，其旨玄奥，修真妙门。"③ 可见玉宸道君作为元始天尊之徒，不但是上清经的受经者，也是记录和转述元始天尊所传三洞真经的关键人物。

如前《高上神霄宗师受经式》所说，宋本《度人经》被认为由元始天尊授予玉宸道君，《玉宸大道品》被列为宋本《度人经》的第二品，即与玉宸道君作为元始天尊的弟子——古灵宝经的传述者有关，将他列在第二品出场有助于证明新增六十卷经典的正统性。作为铺垫，《玉宸大道品》开头即讲述了元始天尊两次传经的情况：第一次传经在始青天，传授的内容即古本《度人经》（宋本《度人经》第一品），然后元始天尊于"开皇五劫之处"，在太丹流焰天传授玉宸道君"玉宸大道"，即宋本《度人经》的第二品《玉宸大道品》。

为了让新旧传经者的身份转变显得不那么突兀，宋本《度人经》中的《三辰光辉保命延生品》罕见地对玉宸道君的来历做了一番简述，其文指出：

---

① 《道藏》第 32 册，第 637 页。
② 《道藏》第 32 册，第 301 页。
③ 《道藏》第 1 册，第 511~512 页。

元始法身示现三百六十变化，大放九色神光，洞照空有。元始一气，敷落万真，青阳宫中，宝胤圣胎。三气周流，木母生火，出于东乡玉云万华温明世界，紫金巍阙，状如婴童，黄朱锦衣，巾金带琼，坐镇三垣，为万象之主，膺我玉宸元皇之号，现圆象于太空，日月列宿，俨侍左右。①

这事实上是以一种简略的笔调为玉宸道君构建了符合宋本《度人经》神话叙事的"出身"，将玉宸道君纳入自己的神话叙事之中，以显示宋本《度人经》所推重的道法的权威性。全经其他品中，对长生大君、神霄玉清王、青华帝君等"新神"的突出超越了古本《度人经》的传经者玉宸道君，受经者玉宸道君的权威逐步让渡予降经者神霄玉清王，新旧交替自然展开。

这种做法还可见于宋本《度人经》对"天真皇人"神格的处理替代之中。魏晋灵宝经中时常出现的传经者"天真皇人"，在古本《度人经》中负责解密云篆天书，将之笔书为人间可读可识的文字，并为之正音。宋本《度人经》中他已并非每品天文大字的正音者，如第三十九品《南宫延生品》、第四十品《北都除殃品》及第四十九品《消除病疠跛痾品》等经品，解密天文大字的使命被交付给了其他仙真。这样处理的原因，相信一方面是为了自然展现新旧经书的过渡，另一方面也显示了宋本《度人经》道法的丰富来源。②

宋本《度人经》的传经者是神霄玉清王。为了突出神霄玉清王的传经地位，构经者们指出，元始天尊不但将经书传给了玉宸道君，也传给了神霄玉清王。注明"宋徽宗御制"的《灵宝无量度人经符图序》即以宋本《度人经》降世之前的时空背景为立足点展开论述，该文作者以神自居："我昔总真玉境，开化妙庭""我每居于碧琳之房，宴接于玉晨之范，啸咏高虚"。③ 结合宋本《度人经》所说"高上玉清王，赐我灵宝章"（《永延劫运保世升平品》），可知此"总真"即神霄玉清王，也即宋徽宗自己。《灵宝无量度人经符图序》指出："或演妙于浮黎之土，或藏玄于黍米之珠，或付之于我等，或受之于玉虚"。④ "我等"代指听闻元始天尊讲说灵宝经的天

---

① 《道藏》第 1 册，第 182 页。
② 这方面的典型代表是"明威真人"（明威大真），他本身即代表着一种道法传统，也是宋本《度人经》天文大字的解密者，将他安置于宋本《度人经》中体现了该经意图融摄各种道法传承的意图。
③ 《道藏》第 3 册，第 62 页。
④ 《道藏》第 3 册，第 62 页。

神们，包括神霄玉清王。如此，神霄玉清王传经给宋本《度人经》的构造者们，似乎也就顺理成章，不称呼"朕"而称"我"，也符合宋徽宗政和七年禁止臣子将其"人性"与"神性"相混之意。①

更具体而言，宋本《度人经》的传经者实有神霄玉清王及青华帝君两位，《高上神霄宗师受经式》指出："政和壬辰之后，青华时来密会禁掖，神明齐契，天人相通，所以告于期运者焉。于是，真王飞神达变，洞合紫清，乃以神霄琼室所秘《灵宝真经》六十卷。"②通过后文又提到的"《冬祀天真降临示现品记》，右诸真记神霄纪圣秘箓，乃述长生大君同青华帝君，前后飞神临降禁掖，昭示灵化之事"③，推知"真王飞神达变"指的是另一次神霄玉清王（即真王或长生大君）临降禁掖之事，政和壬辰即北宋政和二年（1112）。青华帝君密会禁掖之说似乎与宋徽宗之梦有关，蔡絛《史补·道家者流》指出"政和初"宋徽宗梦二道士令其复兴道教，刘混康之徒傅希烈注曰："二天人蹑空乘云，冉冉而下，其一绛服玉冠，天颜和豫，盖教主道君皇帝也。其一上下青衣，俨若青华帝君之状。……仰惟教主道君皇帝以神霄玉清之尊降神出，明应帝王之兴起，虽动而不失其所谓至静，虽为而实未尝为，故其通真接灵，澹然独与神明居者，若辛卯岁之梦兆、癸巳岁之示见，创见希有，中外已悉。"④

傅希烈指出宋徽宗即神霄玉清王，而蔡絛所说的"政和初"，傅希烈指为辛卯年，辛卯年即政和元年（1111），壬辰年即次年政和二年（1112），癸巳年即政和三年（1113），正值宋本《度人经》问世的年份。林灵素政和五年"觐对"之前，宋徽宗已有神秘梦境及"示见"，"示见"即见到神灵之意，恐即指政和壬辰之后长生大

---

① （清）黄以周等辑注、顾吉辰点校《续资治通鉴长编拾补》第 3 册，中华书局，2004，第 1142 页。另见（宋）杨仲良撰、李之亮点校《皇宋通鉴长编纪事本末》，黑龙江人民出版社，2006，第 3823 页。宋徽宗对亲近臣子，特别是参与构造降经神话的一干"内圈人"与对圈子之外的人的态度是截然不同的。政和元年徽宗做梦之后，就已有意当赤明天帝或长生大君，之后编造的神话只是一步一步把自己推向神位而已。林灵素政和五年的"觐对"，只是替当时道教界和宋徽宗自己说出了他们想要说出的话。对于宋徽宗当道君皇帝，儒臣集团的态度是暧昧的，因此宋徽宗不得不要求将朝堂与道堂相区别，朝堂之上及公文之中不得称其为"道君皇帝"。但对于近臣，宋徽宗依然故我。据王黼《宣和殿降圣记》云"岁在丁酉，皇帝乃悟本长生大帝君"，《皇宋通鉴长编纪事本末》并注云："丁酉，盖政和七年也。"（见该书第 3819 页）宋徽宗政和五年已经"当了"神，怎么可能政和七年才"乃悟本"呢？因此王黼所记，着实是宋徽宗强调自己即长生大君、令"道君皇帝"只能教门使用的一种反映罢了。不论"乃悟本"与"只可教门章疏用"的时间点孰先孰后，都证明政和七年在朝堂之上有着这样的紧张气氛，儒臣的怨气直到南宋朱子评价徐知常时仍有体现。
② 《道藏》第 32 册，第 637 页。
③ 《道藏》第 32 册，第 638 页。
④ （清）黄以周等辑注，顾吉辰点校《续资治通鉴长编拾补》第 3 册，第 1140 页。

君与青华帝君密会禁掖之事。正因为有宋徽宗的"梦兆""示见"在先，而且"中外已悉"，方才有政和五年（1115）宋徽宗听闻林灵素所说"长生大帝君，陛下是也"后的喜悦与疯狂。

降经是连续性的，每构造新经，必先编造降经叙事，再着令相关人等四处宣传降经神话以求得信仰基础。林灵素负责编纂整理道教经籍之事，客观地推动了北宋末年神霄经典的大量"出世"，《高上神霄宗师受经式》后文所列出的一干名目无疑即其成果之一。为了给之后的造经树立合法性，后文指出："右神霄内府所存三洞四辅，有自古以传者，或多见于世间，有历劫未传禁秘宝经一千二百卷，分为六等一十二品，列为上中下三卷，藏于东西华堂。自太平启运壬辰庚子之后，渐当降显。"① 庚子年即宣和二年（1120），亦即林灵素离开宫廷的次年，因此有学者认为庚子年的提出是为了将宣和二年之后视作另一个"太平盛世"②。

除了神霄玉清王与青华帝君外，尚有九华玉真安妃这个神灵也作为宋本《度人经》降经的辅助者。安妃是宋徽宗的宠妃刘氏，林灵素"觐对"后，刘氏便以九华玉真安妃自居。陆游笔记《家世旧闻》对安妃的情况记述较为清晰，陆游指出："明节刘后方幸，又曰后在神霄为九华玉真安妃，蔡京曲谶诗曰'保和前殿丽秋晖，恩许尘凡到绮闱，曲谶酒阑传密诏，玉真轩里见安妃'是也，安妃名在《真诰》，盖天之高真，而灵素敢渎冒如此。"③《十方圣境品》有"真中有神，长生大君，青华左踞，玉妃右蹲"④，《太乙元精品》作"真中有神，长生大君，青华公子，玉妃尊神"⑤，这位安妃也确确实实地出现在了宋本《度人经》之中。《续资治通鉴》指出："林灵素谓帝为长生帝君，妃为九华玉真安妃，每神霄降必别置安妃位，图画肖妃像。"⑥《钦定续通志》指出："林灵素以技进，目为九华玉真安妃，肖其像于神霄帝君之左。"⑦ 另处记载："贵妃刘氏方有宠，曰九华玉真安妃。"⑧ 九华玉真安妃是降经的重要人物。

降经时安妃必须在场的原因，陆游等人也未能确知其意，事实上安妃配侍是为

---

① 《道藏》第 32 册，第 638 页。

② 李丽凉：《北宋神霄道士林灵素与神霄运动》，博士学位论文，香港中文大学，2006，第 179 页。

③ 孔凡礼点校《西溪丛语》《家事旧闻》（合编），中华书局，1993，第 218～219 页。

④ 《道藏》第 1 册，第 127 页。

⑤ 《道藏》第 1 册，第 88 页。

⑥ （清）毕沅编著《续资治通鉴》第五册，中华书局，1987，第 2430 页。

⑦ （清）嵇璜编著《钦定续通志》，第 76 卷，第 15 页上。

⑧ （清）嵇璜编著《钦定续通志》，第 582 卷，第 12 页下。

了凸显宋本《度人经》降经的真实性，因为安妃正是魏晋上清经的降经者之一。陶弘景《真诰》中多处记载九华玉真安妃，如文中称："兴宁三年（365），岁在乙丑六月二十五日夜，此是安妃降事之端。"另处，紫微夫人向灵媒杨羲介绍安妃道："此是太虚上真元君金台李夫人之少女也，太虚元君昔遣龟山学上清道，道成，受太上书，署为紫清上宫九华真妃者也。于是赐姓安，名郁嫔，字灵箫。"① 此后安妃被许配给灵媒杨羲为妻，以便杨羲降神接经和修行"隐书之道"。因此宋本《度人经》降经之时，不论谁作为主持者，将安妃置于场内，均有自比杨羲之意，以神秘其事。

九华玉真安妃信仰在徽宗朝的推行与赵佶宠爱其妃刘氏有关，也出于将安妃作为一个象征符号，为政和年的降经增加神秘性和合法性。宣和三年（1121）刘妃薨，徽宗似乎在此前后将一些安妃"圣像"赐予大臣礼拜。《三朝北盟会编》记载权臣太傅王黼上书徽宗："前年（宣和三年）蒙恩得赐长生大帝圣君容，许严奉阁上，又蒙恩特赐九华玉真安妃御容，奉安阁下，日有光明不间。"② 王黼所言自是对宋徽宗宠爱刘妃的迎奉之词，但确能证明宋徽宗有意推行安妃信仰。宋徽宗在汴京大筑"寿山艮岳"，其中"西曰环山，馆有阁曰巢凤，堂曰三秀，以奉九华玉真安妃圣像"③，可见除了在全国道馆设立长生大君、青华帝君神像外，宋徽宗也小范围设立安妃像以供奉祀，因此其出现在宋本《度人经》中绝非偶然。

三　宋本《度人经》与神霄玉清王

传经神话中，宋本《度人经》被认为藏于神霄玉清王府，由神霄玉清王、青华帝君等神下降人间。神霄玉清王又称"玉清王、玉清真王、神霄真王，神霄玉清王"，主要担负传经、消魔保举和塞绝死户的职能。如果从宋本《度人经》建构神格的比重来看，神霄玉清王顺属第三位。宋本《度人经》分别为长生大君、扶桑帝君建立了单独的经品，但并没有为神霄玉清王构造单独的经品，对之的描述散在全经各

---

① 吉川忠夫、麦谷邦夫编《真诰校注》，朱越利译，中国社会科学出版社，2006，第30页。安妃降经给杨羲的情况，《真诰》指出："欲作一纸文相赠，便因君以笔运我鄙意，当可尔乎？某答奉命。即襞纸染笔，登口见授，作诗如左。"见同书第31页。
② （宋）徐梦莘撰《三朝北盟会编》，上海古籍出版社，1987，第231页。
③ （清）潘永因撰《宋稗类钞》，书目文献出版社，1985，第156页。

处。从徽宗朝对神霄新神、新经和仪范的推崇力度来看，神霄玉清王无疑是重中之重，宋本《度人经》减轻他的比重，可能因该经所推重的道法多以祈福、延寿、护国、广嗣并炼度驱邪为主，"法主"为长生大君，与神霄玉清王所主的《高上神霄紫书大法》《无上九霄玉清大梵紫微玄都雷霆玉经》等经系的道法立意不同所致。从后者来看，神霄玉清王的主要职责在于制魔保举和率领雷部天众，与长生大君有别，既然已经"出世"了专门推崇神霄玉清王的道经，那么宋本《度人经》未专门为之列品也不难理解。

神霄玉清王的神格较为复杂，由于林灵素"点明"宋徽宗是神霄玉清王"临凡"，引发了政、宣年间宋徽宗疯狂的自我神话和崇道运动，因此有学者认为神霄玉清王这个神格是林灵素的编造，神霄之说始自林灵素。事实上，如果考察《道藏》文献，可知神霄玉清王至少自魏晋时代起已经是上清经派崇敬的重要神明。李丽凉注意到玉清真王来自魏晋所出的《玉清隐书》，作为《玉清隐书》一部分的《上清太上玉清隐书灭魔神慧高玄真经》指出："神经出自高上大洞口诀，隐书天地万精之音，以传玉清消魔王、神霄玉清王，制魔召真，匡检万灵。"① 这或许就是神霄玉清王在现存《道藏》中的最早文献记载。玉清是元始天尊所居的仙界，位于三十六天的最高处。②《玉清隐书》中的几位神格如玉清玉帝、玉清消魔王、神霄玉清王等，与元始天尊一样居于最高的玉清天，因此由玉清而来的神灵和道经自然成为诸神和诸经中的最上者。很可能出于这个原因，《玉清隐书》的主要内容被朱自英等人编入茅山宗坛本《大洞真经》之中。

从宋本《度人经》来看，其对神霄玉清王信仰形象的描绘和刻画无疑是沿着《玉清隐书》展开的。在《断绝胎根闭塞死户品》中，明确提到了《消魔神慧》与《玉清隐书》，其文曰："诸天之上，贵此仙门，中有《大洞消魔之章》《玉清灵篇》，道御高真。"③ 而这段文字之后的"第二太上消魔玉清王隐韵之章"中"天之大隐宝，明梁塞下户"④ 等句，系改编自《玉清隐书》，其中《大洞消魔神慧内祝隐文》的"天有大隐生之宝"部分在茅山宗坛本中被冠名以"玉清消魔王祝"，凸显了宋代

---

① 《道藏》第 33 册，第 748 页。
② 《上清太上开天龙跷经》指出始气生玉清天："上生玉清，元气主真，中生上清，玄主仙教，下生泰清，三清应像，三宝通临。"见《道藏》第 33 册，第 735 页。
③ 《道藏》第 1 册，第 200 页。
④ 《道藏》第 1 册，第 200 页。

道教对《玉清隐书》及玉清真王消魔特质的重视，因此，宋本《度人经》中的神霄玉清王与《玉清隐书》中的神霄玉清王为同一神格。

神霄是九霄天界中最高一重天的说法，不见于宋代之前的文献。《太清金阙玉华仙书八极神章三皇内秘文》提到"神霄玉清洞天"①"神霄消魔洞天"，但这部经同时提到陈抟，因此恐出自宋之后，或经过宋代道徒改编。《太上金柜玉镜延生洞玄烛幽忏》有"元始天尊，于清微天神霄玉清妙境，传教道君"②之说，直接将神霄与玉清等同，似是宋代神霄说的源头，但此经是否出自唐代也有争议。即便如此，两宋之前的道教文献对神霄与魔王的关系已有所论及。

《洞玄灵宝度人经大梵隐语疏义》认为神霄王是"魔王之主"③，以歌音诱惑学道者，阻碍其成道。《元始无量度人上品妙经四注》中严东注解"百魔隐韵"一文时提到"百魔，神霄王等隐玉字也"④，将神霄王视作百魔之一。《太上洞渊神咒经》指出元始天尊于元阳上宫讲述《洞玄灵宝大有至真自然智慧净诚妙经》时，有诸天神圣及"神霄大魔"前后围绕。⑤《无上秘要》在设三元斋时要求斋醮者向东北礼拜"东北无极太上灵宝天尊，已得道大圣众至真尊神、无极大道飞天神王，神霄魔王"⑥，因此神霄大魔的存在应是宋之前道教即有的观念。宋本《度人经》的《济度死魂品》出现"天中大魔，玉清之灵"的说法，是对这种观念的继承。

有些学者对神霄王既是魔王又是制魔之神深感不解，未注意到相关材料中"玉清"二字的有无，误将神霄王与神霄玉清王两个神格混为一谈。《玉清隐书》中提到的制魔之神是神霄玉清王并玉清消魔王，而非神霄王，其他经文提到魔王时都作神霄王，并没有"玉清"二字。《元始无量度人上品妙经四注》中李少微注"眇莽九丑，韶谣缘遭"时指出"韶者，皇笳天神霄王之内名，神霄王是魔王之神，主常试学道之人正与不正，魔王恒作谣歌，以乱人心"⑦，指神霄王是皇笳天之神（魔），这事实上是本自《太上洞玄灵宝诸天内音自然玉字》"皇笳天中……第三、第四二字书北帝

① 《道藏》第 18 册，第 563 页。这部经的有趣之处在于，经中出现了"神霄玉清洞天""阳明朱凤洞天""东华青童洞天"，三神排列可见于宋本《度人经》之中。
② 《道藏》第 18 册，第 341 页。
③ 《道藏》第 2 册，第 522 页。
④ 《道藏》第 2 册，第 201 页。
⑤ 《道藏》第 6 册，第 38 页。
⑥ 周作明点校《无上秘要》卷中，中华书局，2016，第 829 页。
⑦ 《道藏》第 2 册，第 243～244 页。

寒灵之窗，主万魔之精，其第五、第六……主制云中谣歌之鬼"①，而且"皇茄天"属于南方的天界，如《三洞珠囊》②《道门经法相承次序》③均作此论。如此，似乎可以得出玉清界的神霄玉清王可制竺落天的神霄王的结论。

通览宋本《度人经》全经，神霄玉清王与长生大君仅共同出现过一次，即在《天地八维安镇国祚品》中作"南极长生大君，神霄真王，青华之君，出教立法，保国护民，符镇八维，天地朗明"④，但此处二者共同出现仅表明其与青华之君（青华帝君）均下降了新的道法。从与宋本《度人经》关系极为密切的《高上神霄玉清王紫书大法》中，可以发现这三位神是同一位神的"同体异貌"。《高上神霄玉清王紫书大法》指出："（元始其子）长曰南极长生大帝，亦号九龙扶桑日宫大帝，亦号高上神霄玉清王，一身三名，其圣一也。"⑤与《紫书大法》另一处记载神霄玉清王职"太阳九气玉贤君玉清保仙王"⑥，由"九阳之气"积累而成正相对应。而据《九天雷晶使者梵气隐书机法》记载的炎帝全号中，排在前位者为"高上神霄玉清王、南极长生朱陵大帝、太阳九龙皇君、南昌火府受炼真人"⑦，尚有其他九个名号排在这四者之后，均可证这几位神灵的内在关系。宋本《度人经》中，南极长生大君、神霄玉清王、扶桑帝君被分为三个各自独立的神格而分别表述，但通过对其职能和身份的详细辨析，经文亦显示出将此三位神格视作同一位的特点，与《高上神霄玉清王紫书大法》等文献正相呼应。

不同于《高上神霄紫书大法》及《无上九霄玉清大梵紫微玄都雷霆玉经》中神霄玉清王神格和功能性的多样性，宋本《度人经》主要集中于突出神霄玉清王的传经使命。《济度死魂品》指出："神霄玉清王，出书度天人，元始灵宝符，超化能生神。"⑧经文虽然未明确说明所"出"为何书，但《高上神霄宗师受经式》指出"政

---

① 见《太上灵宝诸天内音自然玉字》第2卷"竺落皇茄天音玉诀第四"，载《道藏》第2册，第540页。另见《上清道宝经》第3卷《死生品第五》："竺落皇茄天中，北帝寒灵之窗，生万魔之精。"见《道藏》第33册，第721页。

② 见《三洞珠囊》第7卷"右八天分度属南方赤天"，载《道藏》第25册，第338页。

③ 见《道门经法相承次序》卷中，"右十八天色界"条，载《道藏》第24册，第795页。

④ 《道藏》第1册，第20页。

⑤ 《道藏》第28册，第557页。

⑥ 《道藏》第28册，第563页。另《道门经法相承次序》卷中作"太阳九气玉贤元君所居。已上宫台馆府，并在玉清妙境。"见《道藏》，第24册，第789页。可知玉贤元君也是玉清境的神格。他也在《上清元始变化宝真上经九灵太妙龟山玄篆》卷中出现。

⑦ 《道藏》第26页，第772页。

⑧ 《道藏》第1册，第379页。

和壬辰之后，青华时来密会禁掖，神明齐契，天人相通，所以告于期运者焉。于是，真王飞神达变，洞合紫清，乃以神霄琼室所秘《灵宝真经》六十卷"①，将神霄玉清王所授指为宋本《度人经》。前揭指出，注明"宋徽宗御制"的《灵宝无量度人经符图序》中，有"散则经维于六甲之数，合则总括于一元之标"② 之说，因此所"出"者系指宋本《度人经》无疑。

《断绝胎根闭塞死户品》中出现了"太上消魔玉清王"这个神格，"太上消魔玉清王"即《玉清隐书》中的"玉清消魔王"。前揭指出，"玉清"一词代表着元始天尊所居的玉清天，《玉清隐书》中消魔王被冠以"玉清""高上""太上"等头衔，被尊为"北台金玄洞微玉清消魔大王"。《玉清隐书》认为玉清消魔王"治天北广寒七宝宫下，领北罗酆山"，而且能钳制以北帝大魔（住罗酆纣绝阴天宫）为主的一干诱试学道者的大魔，经中的《高上玉清刻石隐铭内文》更记录了这些隶属北酆的鬼神宫室的名字。③ 出自萧梁之后或唐初的北帝经系的重要经书《太上元始天尊说北帝伏魔神咒妙经》亦从《玉清隐书》中攫取了这些关于消魔王的信仰观念，用来强化北帝的神格。因此可以认为玉清消魔王即北极大帝，主要钳制北帝大魔和来自罗酆的鬼怪。④

宋本《度人经》秉承了这一观念，以北极大帝的神格来塑造玉清消魔王。《南宫延生品》讲到了与南极长生大君所御的"太微"（南斗）相对应的"紫微"（北斗），"紫微"即北极大帝所御的"紫微垣"。《北都除殃品》较为详细地描述了罗酆鬼神之宫，大体都不出《玉清隐书》及《太上元始天尊说北帝伏魔神咒妙经》的观念，这些鬼神都受北极大帝管辖，而《玉清隐书》的"消魔王祝"亦被改编进宋本《度人经》的《断绝胎根闭塞死户品》中以作为"太上消魔玉清王隐韵之章"，可见《玉清隐书》对宋本《度人经》的影响。《北都除殃品》所树立的神格"北都大帝"又称玄滋天君黑帝尊神，从古灵宝经《元始五老赤书玉篇真文天书经》中有北方黑帝"上号玄滋五气之天"，以及《太上洞玄灵宝诸天灵书度命妙经》称北方的神灵官

---

① 《道藏》第 32 册，第 637 页。
② 《道藏》第 3 册，第 62 页。
③ 陶弘景撰《真诰》第十五卷中即有北酆鬼宫的名字，认为其由北帝辖之，文曰："此即应是北酆鬼王决断罪人住处，其神即应是经呼为阎罗王所住处也。其王即今北大帝也。"见〔日〕吉川忠夫、麦谷邦夫编《真诰校注》，第 470 页。
④ 有学者将玉清消魔王当作北帝大魔王，似不确。

将有所谓"五气玄天洞阴朔单郁绝五灵玄老、黑帝天君、玄滋五气天君"① 等来看，这个神格事实上就是灵宝北方黑帝或北极大帝神格的延续。玉清消魔王正是上清北极大帝及灵宝北方黑帝等神格的混合。

四　结论

　　大多数道经模糊了可供断代的历史线索，给研究这些道经的历史、思想与影响带来困难。通过对宋本《度人经》的文本、传经神话等的梳理，结合正史材料，本文指出：为迎合皇帝，北宋的道流们通过一系列道教神学上的逻辑关联，将宋徽宗神化为来自玉清境的尊神——神霄玉清王（长生大帝君），并通过更替传经神灵、转换降经叙事等手段，为新造的宋本《度人经》构建合法性，使之超脱原有古本《度人经》的神学框架，成为政和二年（壬辰年）道教"新启示"的重要组成部分。就这样，一部被冠以"灵宝"、试图融合上清与灵宝两个传统的新经被认作上清的"终极神启"，用以承托新的信仰——由皇帝推动的神霄玉清王和神霄道教。从这个角度而言，宋本《度人经》在道教史上具有不可替代的独特性。

　　宋本《度人经》精深的道教思想，多样的信仰实践，以及对魏晋上清和灵宝思想的精湛把握，说明了当时整个道教界的精英，特别是长年围绕在宋徽宗身边的、以尊奉上清经为主的道士们均加入了这部经典的编撰和相关神话的炮制之中。由于长生大帝君是宋本《度人经》浓墨重彩描绘的主神，作为与他"同体异貌"的神霄玉清王，被有意识地弱化了比重，在经中主要担负"制魔保举"的职责。通过解析相关经文，仍可发现该神格内涵的多样性和复杂来源，经文的编纂者力图将神霄玉清王树立为道教新的信仰核心。徽宗北狩，神霄化运动失败后，政、宣年间狂热的崇道运动再未重演，但脱离了宋徽宗这个具体的、历史中的人的神格——神霄玉清王，依然是道教重要的信奉对象，传承至今。

---

① 《道藏》第 1 册，第 802 页。

中古道教"三师"考

张 鹏

内容摘要： 因口传、秘传等一些传教传统，道教非常重视师徒关系，因此道教中围绕"师"的论述非常多，"三师"便是中古道教教义、仪式中重要的概念之一。天师道经典中，"三师"作为关启、醮谢神灵，与"三张"有着密切的关系；灵宝经中，"三师"则是经戒传授仪式中临坛三师；上清经中，因传授经戒与存思两种仪式，存在着"经籍度"与师师相承的两种"三师"。

关键词： 三师 经师 籍师 度师 明师

作者简介： 张鹏，中国社会科学院世界宗教研究所博士后。

一 引论

道教是一个非常重视"师道"的宗教，不论是经典的授受还是修习，都必须在师傅或在明师的指导下进行。《太平经》中就记载了道士修道过程中"明师"的重要性。

> 故凡学者，乃须得明师。不得明师，失路矣。故师师相传，乃坚于金石。不以师传之，名为妄作，则致凶邪矣。真人慎之慎之！唯唯。故古者上学圣贤，得明师名为更生，不得明师者，名为乱经。故贤圣皆事师乃能成，无有师，道不而独自生也。[①]

《太平经》强调学道之人对于"明师"的重视，同样的要求在《抱朴子》中也

----

① 王明：《太平经合校》，中华书局，1980，第284页。

可以看到：

> 然时颇有识信者，复患于不能勤求明师。夫晓至要得真道者，诚自甚稀，非
> 仓卒可值也。然知之者，但当少耳，亦未尝绝于世也。由求之者不广不笃，有仙
> 命者，要自当与之相值也。然求而不得者有矣，未有不求而得者也。①

既然道士在学道过程中"明师"是如此重要，那么师徒之间的关系便是道教中
最重要的关系之一，而确立师徒关系往往需要通过"血盟"仪式，这样一种象征甚
于父母之恩的师徒关系，奠定了道教的"师道"传统。②

"三师"概念的出现，便是在道教"重师"的背景下展开的。在六朝，不论是上
清道、灵宝道还是天师道，都有"三师"的概念，他们各自按照自己的教义需求解
释"三师"，使得"三师"成为构建六朝道教教理与仪式最重要的概念之一。

晚唐上清道重要的典籍《洞玄灵宝三师记》详细介绍了"三师"的概念，并以
作者"广成先生"自己为起点，用传记的方式记载了天台山的传法谱系。③ 作者把
"三师"定义成"经师""籍师""度师"，且把三师解释成师师相承的垂直关系，这
种解释并不是六朝道教内部的主流看法，因此梳理中古道教"三师"的概念以及源
流问题，有助于发现道教在这一时期的发展特点。《洞玄灵宝三师记》并非简单地为
了构建一个由下而上的传法谱系，由之所构建的谱系与茅山传法谱系并不相同。④ 这
里体现了晚唐时期天台道教势力壮大，尝试从理论上摆脱以致超越茅山道教、取代茅
山而成为上清道身份代表的努力。⑤

---

① 王明：《抱朴子内篇校释》，中华书局，1980，第253页。
② 吉川忠夫：《师受考——〈抱朴子〉内篇によせて》，《东方学报》第52册，1980年。此据吉川忠夫著
《六朝精神史研究》，王启发译，江苏人民出版社，2010，第328~333页。
③ 《洞玄灵宝三师记》的作者署名"广成先生"，中晚唐有两位"广成先生"，一位是"刘处静"，另一位
是"杜光庭"，此处的"广成先生"学者大多认为是晚唐的"杜光庭"。参见任继愈主编《道藏提要》，
中国社会科学出版社，1991，第198~199页。
④ 小林正美先生则利用《洞玄灵宝三师记》证明唐代道教传法谱系都是以个人为起点的追溯体系，笔者
不同意此观点，因篇幅有限，详细讨论见另文论述。小林正美：《唐代的道教与天师道》，王皓月、李
之美译，齐鲁书社，2013，第101~129页。
⑤ 唐代上清道主要有两个阵地：一为茅山，一为天台山。这两系上清都在唐代达到了鼎盛，出现了很多
道教的宗师以及道门领袖，并且受到了唐朝帝王与宗室的礼遇。不同之处是，茅山系显贵于盛唐以前，
天台系则显贵于中唐之后。限于篇幅有限，本文侧重梳理"三师"概念的源流，关于《洞玄灵宝三师
记》及其对于晚唐道教的意义有另文讨论。

二 中古道教"三师"的概念

道教"三师"研究最主要的就是金志玹的两篇文章，第一篇探讨了经师与玄师，特别是经法传授对于"三师"产生所起到的作用。第二篇讨论了临坛三师与传统三师的区别，认为临坛三师借鉴了佛教受戒仪式中的"三师"即"戒和尚""羯磨师""教授师"，临坛三师是同时登临坛场且地位平等的三师，而传统三师则是有着师师相承辈分的三师，但作者也不否认这两种"三师"在时间上有着交叉的情况。金氏的论文对于推动"三师"的研究很有意义，也促使我们思考"三师"在道教发展过程中的作用，特别是对于唐代天台系的意义。①

"三师"在六朝道教文献中就有出现。天师道经典、灵宝经、上清经中都出现过"三师"，这些"三师"的概念有些为各派系彼此共用，有些则各不相同。

（一）六朝天师道经典中的"三师"

刘宋陆修静《陆先生道门科略》记载：

> 他官不寻所由，便为作章，疾痛之身，录籍先无，今章忽有，非守宅所部，三师不领，三天阙籍，司命无名，徒碎首于地，文案纷纷，既不如法，道所不济。②

陆修静认为，道民必须请求所在之治的祭酒为自己作章，才能有效。否则"三师不领，三天阙籍"。虽然陆修静并没有具体解释这里的"三师"，但从文意来看，"三师"与"三天"有关，为三天正神，因此应该与张道陵关系密切。成书于刘宋的《三天内解经》则对"三师"做了进一步的解释：

> 天师之子张衡、孙张鲁夫妇，俱尸解升天，故有三师并夫人。自从三师升度

---

① 金志玹：《玄師と經師——道教における新しい師の觀念とその展開》，麦谷邦夫编《三教交涉論叢續編》，中西印刷株式会社，2011，第57~97页。金志玹：《道教の傳經禮儀における臨壇三師について》，《東方宗教》130号，2017，第39~59页。

② 《陆先生道门科略》，《道藏》第24册，第780页。

之后，杂治祭酒，传授道法。①

这里明确指出，六朝天师道的"三师"即是张道陵、张衡、张鲁。此条解释似乎可以推论陆修静的"三师"同样指的是张道陵祖孙三代。

《笑道论》也明确写道：

> 陵传子衡，衡传子鲁，号曰三师。三人之妻为三夫人，皆云白日升天。②

陈国符据《仙鉴》，考订三夫人为张陵妻孙氏，张衡妻卢氏，张鲁妻则姓氏未详。③ 此后，许多天师道经典中的"三师"均是指天师、嗣师、系师三代。

《元辰章醮立成历》记载告启的神明中也有"三师"：

> 上启太上无极大道、道中之道神明君玉皇帝、太上老君、太上丈人、元上玄老、天师、嗣师、系师、女师、三师君门下典者、书佐、小吏，奉行文书事。④

这里除"天师、嗣师、系师"三师之外，还有"女师"，而"女师"则与上文"三师并夫人"相应，可能即指三师的夫人。

《赤松子章历》之"三会言功章"：

> 某州某县道士某，年若干，某月生，稽首，谨上启太上老君、天师、嗣师、系师、三师君夫人、门下典者。⑤

同上文《元辰章醮立成历》一样，《赤松子章历》也是一部讲章醮仪式的道书。⑥

---

① 《三天内解经》，《道藏》第 28 册，第 414 页。
② 《笑道论》，《广弘明集》卷 9，《大正藏》第 52 册，第 151 页。
③ 陈国符：《道藏源流考》，中华书局，1963，第 98 页。
④ 《元辰章醮立成历》，《道藏》第 32 册，第 712 页。
⑤ 《赤松子章历》，《道藏》第 11 册，第 214 页。
⑥ 虽然《赤松子章历》最终成书于唐代，但保留了大量相对较古的记载。三会日活动是早期天师道的活动，因此其产生年代应较早。参见 Kristofer Schipper, Franciscus Verellen, （eds.） The Taoist Canon：A Historical Companion to the DaoZang. pp. 134–135. 王宗昱：《〈正一法文经章官品〉初探》，载程恭让：《天问·丙戌卷》，第 244 页。

章醮仪中有告启、请神的环节，所告启的神灵都包含"三师"，这种情况在另一部天师道章醮典籍《太上宣慈助化章》中也是一样，也反向证明了章醮仪式来源于汉中五斗米传统，是汉中道教的旧仪。

因此，六朝天师道经典中的"三师"一般指的都是"天师张道陵、嗣师张衡、系师张鲁"。这种"三师"概念，主要用于请神、醮神或上章系统，一直存在于各时期的道教文献中。从本质上来说，这里的三师确实存在"辈分"问题，是近似于师师相承的直系关系。但这种垂直相承的三师，主要由于三张具有领教的特殊身份，并没有在道教内部造成师师相承形式上的普遍意义。

（二）古灵宝经中的"三师"

以道教仪式为特点的古灵宝经也使用了"三师"的概念，古灵宝经的"三师"对道教仪式产生了深远的影响，《太上洞玄灵宝真文要解上经》记载：

> 臣今仰谢西北始玄天高上元皇道君、九天元灵洞宝太上真老君、无量太华灵宝始玄老君、皇上丈人、北玄九真、华晨君、天门度世飞天羽郎玉仙监、总录司马、上古三师大圣众、至真诸君丈人、诸天至极上圣众神、西北无极世界神仙正真。①

"上古三师"此处并未明确其所指，但从整个神谱来看，应该不是人世间的神灵，虽与天师道所指的三张不相同，但与三张"三师"醮谢神灵的功能相似。

《太上洞玄灵宝真一劝诫法轮妙经》：

> 但子积劫勤尚，展转不倦，功满德就，琼文紫字，列于玄台，位登太极仙公之任。而三师不备，劝戒未充，于格未得便登太极之宫也。太上以子宿勋高重，故命我等为子三师，度子要诀，以成子道。②

太上玄一真人为太极左仙公说《太上洞玄灵宝真一劝诫法轮妙经》，此处"三师"指的是授予左仙公经法的"太上玄一三真人"即郁罗翘、光妙音、真定光。古

---

① 《太上洞玄灵宝真文要解上经》，《道藏》第5册，第907页。
② 《太上洞玄灵宝真一劝诫法轮妙经》，《道藏》第6册，第171页。

灵宝经中出现的传经说法面相的"三师"，为度人成道所必不可缺。

记载"三师"最为详尽的灵宝经应该是《黄箓简文灵仙品》与《玉箓简文神仙品》。[①] 陆修静《太上洞玄灵宝授度仪》开篇便是为"三师"开度弟子的内容，其引《黄录简文灵仙品》云：

> 奉受经法，当为三师开度弟子一十九人，建功立德。诸天有名，乃得登坛告盟，佩受五老赤书真文玉篇，三部八景二十四真，天仙乘骑上真之官。功名不立，轻受大法，三官所执，生死苦考，由明法曹。[②]

《黄箓简文》要求受经弟子要为三师开度弟子，以此建立功德，才能佩受大法，否则被天曹所考。具体如何为三师开度弟子，《要修科仪戒律钞》引：

> 《黄箓简文》曰：未合传经而妄传，考由明梵曹；三被风刀，扬而强传，考由司正曹；赍信诣师，阶品未合，威势怒师，考由四明曹；不依俯仰之格，考由大仪曹；受经悭悋，不备法信，考由监天曹；不关盟五帝，私相传度，考由司杀曹；轻泄经目，放露天真，考由盟天曹；香灯不如法，考由威灵曹；不为经师，开度弟子三人，籍师七人，度师九人，并考由明威曹；为三师建功既足，年限又登，而故蔽匿、断绝法门，考由太阴曹；受法之后，不建善功，考由明都曹；受法之后，不广开化，度物无名，考由下元曹；受法之后，不为三师立愿，考由明都曹；受法之后，不度一人，抑绝贤路，自取功名，考由幽都曹；身受经法，不安斋堂上座斗帐香灯，考由明都曹。[③]

这部分内容属于"传经钞"，讲述传经的科律。包括传经不能妄传、赍信符合阶品、依俯仰之格、备法信、关萌五帝、不泄经目、香灯如法、为三师开度弟子、受法后建功、为三师立愿、度人等。其记载与陆修静大体相同，弟子均须先为三师开度弟

---

① 二书的关系非常复杂，一般认为《玉箓简文》成书稍后，仿制或摘录《金箓简文》与《黄箓简文》而成。参见王卡《道教经史论丛》，巴蜀书社，2007，第 265 ~ 280 页；王承文《敦煌古灵宝经与晋唐道教》，中华书局，2002，第 591 ~ 609 页；吕鹏志《唐前道教仪式史纲》，中华书局，2008，第 144 ~ 157 页。

② 《太上洞玄灵宝授度仪》，《道藏》第 9 册，第 840 页。

③ 《要修科仪戒律钞》，《道藏》第 6 册，第 923 页。

子，建功既足，才能奉受经法。

这里的三师明确记载为"经师、籍师、度师"，且受法弟子为三师开度弟子的人数不同，分别是经师三人、籍师七人、度师九人，总共一十九人。可见上两段《黄箓简文》佚文的记载相符。① 这里"三师"与受法弟子接受经法密切相关，之所以要为三师开度弟子，是为了报偿三师垂授经法，因此在受法前需要为三师开度弟子，受法后还要为三师立愿。但此处并没有记载"三师"之间是何种关系，《无上秘要》"师资品"引《中元玉箓简文神仙品》曰：

> 奉师威仪，经师则经之始，故宜设礼三宝之宗。籍师则师之师，故宜设礼生死录籍。所由度师则受经之师，度我五道之难，故应设礼。为学不尊三师，则三宝不降，三界不敬，鬼魔害身。②

这段文字似乎无法读通，经师、籍师、度师的关系也相当混乱。小林正美则以其中有"籍师则师之师"，认为三师之间存在如同《洞玄灵宝三师记》中所描述的"度师之师，曰籍师。籍者，嗣也。嗣籍真乘，离凡契道。籍师之师，曰经师。经者，由也。由师开悟，舍凡登仙"③。

其实，《玉箓简文》的这段文字关于"三师"相互关系的记载非常模糊，如果仅凭"经师则经之始""籍师则师之师""度师则受经之师"，就断定三师具有连续的师承关系，则稍显草率。如果仔细分析，就可以有充分的理由相信，此段文字之所以难以读通，是因为存在错讹。

第一处，"经师则经之始"，其后之籍师、度师，均为"某某之师"，因此，"始"字乃"师"字错讹。"始""师"音、形都较为相近，因此容易错讹。结合后文"故宜设礼三宝之宗"，强调的是"经"的崇高地位，故正确的应为"经师则经之师"。

第二处，"籍师则师之师"结合后文"故宜设礼生死录籍"，因此第二个"师"字为"籍"字之讹，故正确的应为"籍师则籍之师"。

---

① 《太上洞玄灵宝授度仪》为陆修静整理之"立成"仪法，并不是按照原文摘录，而是综合整理各种文献而成，因此与《要修科仪戒律钞》的引文有差异。参见张鹏《〈敦煌秘笈〉羽673R 的缀合及金箓斋仪的再探讨》，《敦煌学辑刊》2016 年第 2 期。
② 《无上秘要》卷34，《道藏》第 25 册，第 114～115 页。此段文字在正统道藏《洞玄灵宝玉箓简文三元威仪自然真经》《无上黄箓大斋立成仪》中记载相同。
③ 《洞玄灵宝三师记》，《道藏》第 6 册，第 751 页。

如此修改之后，所谓的"三师"，包含了代表设礼经书的"经师"与设礼生死箓籍的"籍师"，以及受经的"度师"。因此，此处经籍度三师并不是垂直的师徒关系，而是平行的为受经弟子授经的三师。

（三）上清洞真部经典中的"三师"

陶弘景的《登真隐诀》提到了"三师"：

> 谨关启天师、女师、系师三师，门下典者君吏，愿得正一三炁，灌养形神。使五藏生华，六府宣通。为消四方之灾祸，解七世之殃患。长生久视，得为飞仙。毕又再拜。汉代以前亦复应有天师，皆应有三人，亦有一女，但未必是夫妻父子耳。①

陶弘景把"天师、女师、系师"组合成"三师"，但他并不把"三师"仅限于三张系统，认为汉代之前应有天师三人，并且其一为女性，且三师之间未必是夫妻父子的关系。虽然具体所指有一些差别，但同三张"三师"类似，都是关启、醮谢、上章之神。《周氏冥通记》也有"三师"的记载：

> 凡所受经符，可以自随者，则其神卫从人，复宜须三师姓讳，兼受法年月，恐三官水神复更考问，皆应答对，不得落漠。（留疏与家，令事事亦如此，是为依师教也。自题《五岳图》《三皇传》及诸经符，并云佩随身。但不知三师的是何者，即谓当作籍师、度师、经师义，为直是师师相承之三世邪？竟不问其寻觅。此又经记所论，人命终复不问仙之与鬼，必皆由三官开过，皆须有所承按根本。由是言之，师资之结殊不容易。）②

周子良得到神的启示，弟子所受经符，带在身上便可有神灵保护，但同时必须题写"三师"姓讳以及受法年月，以应对三官水神的考问，证明其经符来源的正当性。③ 这

---

① 《登真隐诀》，《道藏》第6册，第606页。
② 麦谷邦夫、吉川忠夫编《周氏冥通记研究》，刘雄峰译，齐鲁书社，2010，第54页。
③ 《周氏冥通记研究》，第56~59页。关于《周氏冥通记》的研究可参见，福井康顺《周氏冥通记について》，《东洋学论集》，1964，第185~200页。石井昌子《周氏冥通记と真诰》，《道教学の研究——陶弘景を中心に》，国书刊行会，1980，第310~328页。

段话后,陶弘景有一段小字注文。他说自己在《五岳图》与《三皇传》题写三师时,却不知道"三师"到底为何,是经籍度三师,还是师师相承的三世之师?好像有苛责周子良没有向神灵询问清楚之意。

从陶弘景的注文来看,当时很可能有两种含义的"三师",即经籍度三师与师师相承的"三师",两种"三师"并不等同。南北朝的《太霄琅书琼文帝章诀》中也有三师。其所谓"师资行事"之"传讳诀"[①]:

> 凡传经宝,要在存师,师之所师,所师之师。三人乡居,男女位号,姓名字年,传经处所,付授弟子,黄素书之,佩带自随,不可去失,去失谪罚,皆如太真之科。不恒带者,附着经中,别以巾蕴,裹结令坚。师所师玄师,师青童大君,又有小君,存此二君,礼愿如法。[②]

传经时,需要存"师,师之所师、所师之师",有学者认为此"三人"即是"三世"师父。但要求写出"三师"传经处所,似乎"三师"都在传经现场,因此不太可能是所谓的师师相承的三世师。他不仅是弟子存思的对象,而且还是见证传经之人,应该是与师父类似级别的法师。

除了存"三师",这里提到师"玄师"存思"青童大君、青童小君"的情况。所谓"玄师",指无现实师父的学生所要存思之师。因此,如果经宝来源于师父,则传经过程要存"师、师之所师、所师之师"。三人的乡居位号、名姓字年以及传经处所,都要用黄素书之,佩带自随。因此,它与《周氏冥通记》所记的"三师"功能类似,都可以保护受道之人。弟子需要存思之外,还要随身佩带以防水官考问。与《琼文帝章诀》非常相关的一部道经为《洞真太上太霄琅书》,[③] 其卷六关于"三师"

---

① 此经被《洞真太上太霄琅书》卷5收入,《道藏通考》定之为六朝作品。《无上秘要》卷47"斋戒品"、《太真玉帝四极明科经》卷3都记载"《太霄琅书琼文帝章三诀》十卷",可见其应该成书于六朝后期。《道藏提要》仅指出其是传授《琼文帝章》的科仪,属于晚出的经典,但并未定年。参见《道藏提要》,第96～97页。

② 《太霄琅书琼文帝章诀》,《道藏》第2册,第866页。

③ 此书成书较为复杂,第一卷为《琼文帝章》,是最早的上清经之一。卷三引自《太真玉帝四极明科经》《太上九真科》《洞真太上素灵洞元大有妙经》等早期上清经。卷五与《琼文帝章诀》大体相同,卷十的部分内容从《洞真太上八道命籍经》中来。因此,《道藏通考》倾向于把此书归于唐代作品。福井文雅也认为此书最终成书于10世纪末之前。参见福井文雅:《道教の歴史と構造》,五曜书房,2000,第149页。但是从卷六来看,此部分的内容与卷五非常相关,而且我们从《无上秘要》记载的"《太霄琅书琼文帝章三诀》十卷"来看,所谓现存的《琼文帝章诀》当时有十卷之多。卷六的内容基本上属于卷五的"师资行事"。

记载道：

> "受斋仪盟信诀"：
>
> 上学受科，必缘明师，视之如亲资，尊师如父。上圣真仙，皆号师为师父，女师称师母，师之师即祖师，祖师师即曾师。高远极道，道应无穷，故不事存也。而三炁轮回，终是一炁。三师之尊，亦同一尊。引常行事，皆存一师，是所授经师也。若非常之请，皆存三师。师有隐沦，不出姓讳，或师玄师，皆不得存。若已自师玄师，则存二童而已。存师谛心，精思慊到，久久见之，了然相对。虽是凡师，神人代降，必授口诀，速得成真。慎勿谩昧，忽略忽忽，不能感通，更致魔试也。①

这里论述了师师相承的"三师"，即"师父（师母）、祖师、曾师"，但没有把这种"三师"等同于"经师、籍师、度师"。而且在行事中的存思与其他记载的存"三师"不同，这里要求平时的法事只需存"一师"即授经之师。只有遇到非常情况下，才会请"三师"。而且，受道弟子如果师父隐沦而不知姓讳，则不可以存思"一师"或"三师"。师"玄师"的弟子则存思"二童"，则可以与上文《琼文帝章诀》的内容相对应。

> "为师度弟子去来诀"：
>
> 弟子为婿，犹报弟子之敬，居父师友，敬之皆如籍师，虽结亲，此亲敬不改。不绝夫妻，下士夫妻应绝，法出智慧经中。此谓在俗师资。②

如果师徒之间是翁婿关系，则弟子照常以弟子之礼奉师。对形如父辈的师友，则敬之如籍师。这里几乎明确解释了"籍师"指的是与师父同辈之人。因此并不存在"籍师"乃"度师"之师的说法。

卷八"为师度弟子法"里讲到了为"三师"度弟子的具体方法。对《黄箓简文》中为师度弟子，经师三人、籍师七人、度师九人的说法进一步丰富。

---

① 《洞真太上太霄琅书》，《道藏》第33册，第684页。
② 《洞真太上太霄琅书》，《道藏》第33册，第691页。

受经之后，普弘宣化，有人乐法，津达度师。度师若过，归乎籍师，〔籍师〕已升，寻于经师，经师又去，诸三师同学，同学又无，付三师高足弟子，弟子又阙，就诸保证，保证复尽，凭托有道。道德可师，引人投命，餐化受旨，克成师资，计度九人，乃得自取，九人未充，勿妄为师，幽考甚深，宜加详慎。①

《黄箓简文》中所谓三人、七人、九人的说法，是正常状态下的数字。但如果"三师"有不在人世的，则需要灵活调配所度弟子名额。于是就产生了度师过世归籍师，籍师死归经师，经师又死归三师同学、三师弟子。如果弟子也无，最后则托于有道之人。从这样一个系统来看，为师度弟子并不是一种理念上的、很模糊的度人，而是很现实地拜于三师门下。

《无上秘要》"师资品"所引《黄箓简文》中也有类似的内容，但在三师升度的顺序以及应度之人有别。

《黄箓简文灵仙品》曰：为三师开度弟子，若经师已升，当并度籍师，籍师复升，当并度师，依科条列功名，言奏诸天，若三师并升，当开度三人，付同学有德之人，同学具依科旨，列言诸天，不得阙略。②

这里是经师去世归籍师，籍师去世归度师，三师并升度三人。与《洞真太上太霄琅书》的记载不同。按照传统的师师相承的"三师说"解释，籍师为度师之师，经师为籍师之师。所以，经师应该首先去世。小林正美先生只利用这则材料，论证三师是师师相承的关系，而并没有处理《太霄琅书》中与此相反的资料。如果强调"三师"之间存在师承关系，就无法解释相互矛盾的资料。

以开度弟子为建功的要求，都会在现实中实现。"经师三人、籍师七人、度师九人"的开度数目，应该是受道弟子建功的常规状态。而三师中如果有去世的，则按顺序补给其他，但这种情况应该是权变形态。如果"三师"为师师相承，从弟子到经师，已是四辈人，这种"四世同堂"的可能性在中古时代微乎其微。怎么可能还

① 《洞真太上太霄琅书》，《道藏》第33册，第691页。
② 《无上秘要》卷34，《道藏》第25册，第115页。

会煞有介事地为可能早已过世"三师"中的"籍师"与"经师"开度弟子？为"三师"开度弟子最后全部成了为"度师"开度弟子，其意义何在？

因此，如果把经籍度三师看成与师父平行的关系，才能解释这一现象。不论是经师先去世，还是度师先去世，都是正常的现象，不必认为他们是师承关系。度师是传经之师，对受道弟子恩惠最大，因此在为师立功时，为度师度九人。经师最少，如果其中有过世的三师，则依次补足。

（四）唐代传经受道仪式中的"三师五保"

古灵宝经中把"三师"当成受经入道的依据，灵宝威仪中"奉师威仪"有专门针对"三师"的威仪，规定仪式中如何礼拜"三师"，以及为三师开度弟子等。上清经吸收了古灵宝经中传经"三师"概念，进而发展成存思"三师"、佩写"三师名讳"的仪式。六朝晚期至隋唐，整个受道仪式中"三师"便充当着非常重要的角色。按照金志玹先生的研究，三师五保的系统来源于古灵宝经中的三师概念，且是受到了佛教的影响。[①] 唐代张万福《洞玄灵宝三师名讳形状居观方所文》：

> 五千文师讳
> 某国某号、某年太岁、某某月、某朔、某日、某州郡县乡里，男女弟子姓名，年若干，字某，于某州郡县、某山观宅舍，受道德五千文、三品要戒。三师姓讳如左：
> 度师，某州郡县乡里，男女官道士先生，姓某，讳某，年如干岁，字某。
> 籍师，某州郡县乡里，男女官道士先生，姓某，讳某，年如干岁，字某。
> 经师，某州郡县乡里，男女官道士先生，姓某，讳某，年如干岁，字某。
> 一、三师三人。谓之法师
> 二、五保五人。谓之都讲
> 三、六明六人。谓之监济
> 四、七证七人。谓之侍经
> 五、八度八人。谓之侍香
> 六、九成九人。谓之侍灯

---

① 金志玹：《道教の傳經禮儀における臨壇三師について》，《東方宗教》130 号，2017，第 39 ~ 59 页。

右六品三十八人，皆是师之同学、高德、亲知，或神足弟子、俊彦英才，同为署辞，更相奖劝，敬之如师，号曰尊人。奉献巾刀，以期拂拭尘垢，断割缠缚，解释烦恼之罗，破除障滞之网，义存解脱，逍遥净明，浅识末学勿叨。此次单记名于三师讳下。①

这里讲述的是受"五千文"仪式中所需要存念的"五千文师讳"，但是"师"的系统中并非仅有"三师"，共有六品即"三师""五保""六明""七证""八度""九成"。他们都是受经符仪式中不可缺少，需要到临坛场参与授经的人。而且六品三十八人"皆是师之同学、高德、亲知，或神足弟子、俊彦英才"。因此，张万福笔下的"三师"很明确应该是与师父同等的人，并不是所谓师师相承的关系。"其六明、五保、三证，虽非存念之限，是我成就之因，亦宜存忆，为入真之阶，故编记耳。"只不过"三师名讳"要用来存思，所以其他五品就相应地不太受到重视。

传经度人过程中需要"师、保"在场，唐以前的文献中也有不少。如《洞玄灵宝三洞奉道科戒营始》"度人仪"：

至心归身太上无极大道，至心归神三十六部尊经，至心归命玄中大法师。回面西礼监度三师，各三拜讫，便长跪。先保举师为着法裙，次监度师为着云袖，次度师为着法帔。然后便为戴法冠毕，退礼三师，三拜，北面执简端立，师面东平立，诵智慧三首。②

这里的"三师"指的是"保举师、监度师、度师"，为弟子入道之仪所要礼拜的在场的"三师"。此处"三师"比张万福的"三师、五保"系统显得朴素，但功能大体类似，只是此处的"三师"并不用来存思。

其次，《三洞珠囊》"斋会品"引《老子传授经戒注诀》：

《太玄经第八·老子传授经戒注诀》云：夫欲传授道德而对斋者，法限三十八人，少不可减六人。六人为通斋官，备足一人为师，五人为保。保者，宝也，

---

① 《洞玄灵宝三师名讳形状居观方所文》，《道藏》第 6 册，第 754 页。
② 《洞玄灵宝三洞奉道科戒营始》卷 6，《道藏》第 24 册，第 765 页。

荷也，明也，证也，度也，成也。相重如宝，任荷可教，明其丹诚，证其业善，度其试难，成其至真……前三十八人者，一曰三师，其一人为正师，二人为护师。即法师是也。二曰五保，五人，即都讲是也。三曰六明，六人，即监斋是也。四曰七证，七人，即侍经是也。五曰八度，八人，即侍香是也。六曰九成，九人，即侍灯是也。右六品三十八人，不能备者，多少随缘，皆为神足弟子、俊彦英才之人，作五保七证之师，同为署受法之辞以修斋，然后授其戒录也。①

这里的"师、保"系统与《洞玄灵宝三师名讳形状居观方所文》的"师、保"系统的完全一致，两者可能有共同的来源。可以明确，"三师"是传授经戒的主要人物，其重要性高于"保、明、证、度、成"。只不过此处的"三师"不是张万福所说的"度师、籍师、经师"，而是"一人为正师，二人为护师"。

由上可见，"三师"在中古时期传授经法仪式中的重要作用。但同为受法传道的"三师"，其具体所指也不尽相同。有"一人正师，二人护师"、有"保举师、监度师、度师"，也有"度师、籍师、经师"。但不论是哪种"三师"，都不是师师相承的"三师"，而属于同辈的平行关系。他们同"保、明、证、度、成"类似，都需要亲自参与到传授经法的仪式中。只不过"三师"多为师的同学、高德、亲知，因此地位要高于其他弟子、神足，是受法弟子礼拜甚至存思的对象。

张万福一方面继承了三洞经法传授过程中"师、保"体系，另一方面结合了上清存思"三师"、传"三师名讳"的系统，建立了独具特色的"存思加礼拜"的传授仪式。

三　小结

中古时期道教的"三师"概念，其含义与功能都是不同的，天师道的经典里经常把"天师张道陵、嗣师张衡、系师张鲁"当成"三师"，作为关启、醮谢的神灵被各种仪式长期征引。但天师道中的"三师"也不总是如此，有些经典用"女师"取代"嗣师"形成"天师、女师、系师"的"三师"系统，也有批评把"三师"确认为张氏三代的说法。甚至还有"正一师、天师、度师"为"三师"以及"三五治箓，

---

① 《三洞珠囊》卷6，《道藏》第25册，第325页。

等三师也"的说法。① 这种说法可能也是受到了后来传授经戒仪式的影响而形成的。

灵宝经中的"三师",由对灵宝经戒传授仪式中师承的重视而展开。"三师"作为传授经戒最重要的人物出现在仪式中,受道弟子必须礼拜,并围绕着对授经"三师"的崇拜,古灵宝经《黄箓简文》之"奉师威仪"中也有关于礼拜"三师"以及为"三师"开度弟子的内容。重视科仪的灵宝经,最终形成了体系完整的传授经戒仪式的"师、保、明、证、度、成"系统。"三师"在传授仪式中地位崇高,书"三师"名讳成为仪式很重要的环节。

《登真隐诀》《周氏冥通记》《琼文帝章诀》等一批上清经受到了古灵宝经的影响,在重视传统的经戒师承之外,着重宣传存思"三师"的仪式。上清派的存思因不需要"三师"到场,所以他们存在经籍度"三师"与师师相承的"三师"两种系统,且都可以用来存思。

唐代张万福整理科仪,特别强调"三师"在经戒传授过程中的作用,因此撰成《洞玄灵宝三师名讳形状居观方所文》。承袭六朝三洞经戒传授特别是《传授经戒仪注诀》的仪式,整理各种法位的经戒传授,以突出"三师"名讳、形状、居观方所为特点,并整合上清经中存思"三师"的方法,创建了唐代道教经戒传授仪式中的"三师"书讳、存思、礼拜仪式。

以上,我们分析了中古道教"三师"的不同内涵与应用,及其在道教仪式中的独特作用。很明显可以看出,虽然中古道教中存在师师相承的"三师",但传授经戒仪式中的"经师、籍师、度师"并不是师师相承而是相互平行的关系。

四 余论

在《洞玄灵宝三师记》之前,所谓的"经籍度"三师最初应该起源于法戒传授仪式,不应是师师相承的关系。晚唐杜光庭别出心裁地把具有平行关系的"经籍度"三师与上清"存思"传统中师师相承的"三师"混而为一,首先是确立以自己为起点的传承谱系,宣扬自己道法来源的纯洁性与高尚性;其次在这样一个垂直的论述模式中,杜光庭并不是仅仅记载自己往上追溯的三辈师父,而是以"三师"为纲,把

---

① 《要修科仪戒律钞》卷3"律曰:正一家三师者,一正一师,二天师,三度师。三五治箓,等三师也"。《道藏》第6册,第933页。

天台山相关的道教宗师都纳入传记之中。一方面，有意凸显中晚唐天台山延续着上清道"道学之宗"的法脉，把天台道法远溯至司马承祯，另一方面则强调天台法师田虚应已然成为当时江浙三洞经法的祖师，天台显然已经成为当时道教最重要的阵地。其在理论上与初盛唐贵盛的茅山道教分庭抗礼，甚至想超越茅山道教成为上清道代表的做法非常明显。晚唐之后的天台山道教人才辈出，果然取代了湮没无闻的茅山道教。《洞玄灵宝三师记》的出现，正是中晚唐上清茅山系衰落、天台系兴盛的一个鲜明的写照。限于篇幅，相关《洞玄灵宝三师记》的论述，见另文讨论。

历史钩沉

明代昆明真庆观兴建考论

郭 武

内容摘要：围绕现存的三篇明代碑文，本文对昆明真庆观的兴建过程进行了考察，认为：真庆观初为奉祀真武之"祠"，但刘渊然在奏请"改祠为观"时并未言其简陋，以致宣德间的《重建真庆观记》所述情况颇为含糊。由于不满意《重建真庆观记》的描述，蒋日和曾于正统六年再次请撰《重修真庆观记》，但该记所述与"洪熙改元"时真庆观的情况或有不符；因此，他又于正统九年第三次请撰《真庆观兴造记》，并在这篇碑记中将有关修建过程的真实细节昭告天下。通过考察，可窥当时云南道教的发展状况及其与社会各界的关系。

关键词：真庆观 明代 道教 云南

作者简介：郭武，云南大学历史系特聘教授、博士生导师。

真庆观位于昆明城东南，地处今盘龙区拓东路与白塔路的交汇口。该观曾是明代高道刘渊然谪居云南时的"栖息之处"，且是民国"昆明市道教会"与当代"昆明市道教协会"的驻地，在云南道教史上占有重要地位。以往有关云南道教的著述多曾谈及该观，[①] 但皆属一般性的介绍和描述，未对其中的问题进行讨论；这一方面可能是由于有关碑文未被全面发掘，[②] 另一方面则是因为对已见碑文缺乏解读。下面，拟

[①] 例如郭武《道教与云南文化——道教在云南的发展、演变及影响》（云南大学出版社，2000）；萧霁虹、董允《云南道教史》（云南人民出版社，2007）；袁至兑、薛琳《道教圣地昆明真庆观》（《中国道教》2005 年第 5 期）；卜宝怡《从明代碑刻解读真庆观》（《云南日报》2006 年 4 月 13 日第 9 版）；萧霁虹、刘金城《真庆观：昆明城东的宏大观宇》（《弘道》2014 年第 3 期）。

[②] 昆明真庆观虽然历经沧桑，但至今观内仍存有很多碑石。明清与民国时期编纂的云南志书，曾收录过《重建真庆观记》与《真庆观兴造记》两篇明代碑文。陈垣先生编纂的《道家金石略》，亦收录了这两篇碑文。近年萧霁虹编《云南道教碑刻辑录》，又据云南省图书馆藏拓片及田野调查资料，新收了清代《真庆观遵奉清理常住碑记》《真庆观古名真武祠碑记》《真庆观天君圣诞功德碑》，民国《昆明市长曾恕怀颁布保护真庆观观产布告》（按：原碑实名为《昆明市政府布告》）以及当代之《真庆观记》《修建真庆文化广场碑记》等。不过，以上诸书所收颇不完备，如刘金城撰《真庆观：昆明 （转下页注）

以现存的三篇明代碑文为例，来讨论真庆观的兴建过程，借以窥探当时云南道教的发展状况。

一　由"真武祠"到"真庆观"

据立石于明宣德六年（1431）的《重建真庆观记》记载，真庆观最初并非道教的宫观，只是一处奉祀真武（玄武）大帝的祠庙，后来镇守云南的沐氏家族因其地乃朝廷诏命颁布、使节出入之重地，而曾下令新修扩建之，并命刘渊然弟子蒋日和主持其事；刘渊然从云南返回京师后，又借面见仁宗皇帝之机，为该祠奏请得"真庆观"之名。如该《记》言：

> 太傅黔国沐公偕弟都督公以世勋镇云南，绥怀夷落，民物丕阜。顾瞻东廊长春真人谪滇南栖息之处，朝廷诏命之颁布皆于是奉迎，朝廷使节之临莅皆于是出入，非有崇宫邃室，岂无洞天？郡城之巽位，乃即真武旧祠，思新而大之而难其人。询谋于众，谓非得奉玄教者不可。遂命领天下道教事渊然长春刘真人弟子、道士蒋日和主之。日和至，揭虔妥灵，夙夜不懈，募财鸠工，经营劬劳，忠心笃志，慕道恒诚，敢问于其后。凡门庑藏殿之制，一时具举，穹崇磊砢，翼翼巍巍，丹碧髹垩，照耀远迩……其既成也，刘真人久寓云南，日和尝得法于座下，

（接上页注②）城东的宏大观宇》一文曾提及真庆观共有明代碑刻三通（宣德六年《重建真庆观记》、正统六年《重修真庆观记》、正统九年《真庆观兴造记》）、清代碑刻六通（康熙年间《真庆观遵奉清理常住碑记》、乾隆四十六年《遵奉上宪永禁碑记》、乾隆五十四年《重修真庆观功德碑记》、道光八年《真庆观古名真武祠碑记》、光绪十九年《重修真庆观都雷府正殿功德碑》及《真庆观天君圣诞功德碑》）、民国时期碑刻两通（民国三十五年《重修都雷府呈建第六区第九保会场》、民国三十六年《昆明市政府布告》）、21 世纪碑刻两通（2002 年《真庆观记》、2003 年《修建真庆文化广场碑记》）。据本人调查，刘金城新列之乾隆四十六年《遵奉上宪永禁碑记》、乾隆五十四年《重修真庆观功德碑记》、光绪十九年《重修真庆观都雷府正殿功德碑》与民国三十五年《重修都雷府呈建第六区第九保会场》的碑石，目前仍存于真庆观内；但正统六年之《重修真庆观记》碑石实未见存于观内，仅见碑文收录于中国人民政治协商会议昆明市委员会编《昆明诗词楹联碑文集粹》。此外，真庆观内目前还存有一些未见以上著述提及或收录的碑石，如嘉庆十三年《法兴寺捐产功德贴补六会小引》、1933 年《华洋义振救灾总会云南分会新修云南迤东汽车路碑记》、1943 年《云南省合作金库建筑库址碑记》、1945 年《重修县师教室大楼并新建图书室楼房记》，以及其他几块字迹难辨的碑石（如立石于乾隆四十六年的为"修补龛座"而捐资的"功德碑"、立石于□□十八年的《钦加同知衔署理云南府昆明县补用县正堂加五级□□》、立石于 1926 年的《清御□钱南园》），还有当代新刻《真庆观古建筑群》与《都雷府元代古井简介》等。这些失收的碑刻文字与真庆观的发展历史有何种关系，有待今后进行研究。

复蒙仁宗皇帝召入京师，尝因对次，请改其旧所住龙泉道院为龙泉观，是祠为真庆观。①

《重建真庆观记》是目前留存的有关真庆观的时代最早的碑石，由其撰书者"翰林修撰"周叙言"（刘渊然）真人遂命邵以正、范勤裕来竭予，具道大兴造之由与易名之故，请为之记"，可知所述事实当为刘渊然、邵以正等亲历者告知。此外，正统年间的《重修真庆观记》也谈及真庆观在改名之前"原系玄武专祠"，《真庆观兴造记》则言该地"旧有真武祠，不知其创始"，更可证真庆观在"改名"前不过是一所建筑规模较小的"祠"而已。

不过，正统年间的《重修真庆观记》与《真庆观兴造记》这两块碑文也透露出了一些与宣德《重建真庆观记》不同的信息。《重修真庆观记》立石于正统六年（1441），碑文由时任"云南等处承宣布政使司左布政使"的应履平撰写，文曰：

真庆观在城东可二百步，其地平衍丰沃、清洒窅深，渠通龙泉、松坝之源，山接金马、碧鸡之胜。原系玄武专祠，朝使节钺之往来，蕃阃方岳之出入，咸于是乎迎送焉。先太傅黔国忠敬王与今总戎都督公议，欲廓而大之，遂遴选长春观炼师蒋日和号节斋者，以主其事。节斋既任之矣，竭虑输忠，识画堵制，远迩清门富室持善好道主，乐施金谷，踵门日来。节斋乃与诸徒营工募匠，辇材木，陶瓴甓，择吉修造。废敝崇新而髹垩之饰，委输毕具，建佑圣殿于其中，崇上皇阁于其后，左翼以星垣宝藏，右辅以雷殿天神，以及廊庑山门，方丈斋庖，像彩幢盖，与夫香火之供奉，莫不井然，各如仪度。创始于永乐己亥，落成于洪熙乙巳。是岁钦承玺书，召其师刘真人渊然回朝。顾问之次，真人请改祠为真庆观。真则真武所居，万人瞻仰；庆则一人有庆，万民赖之。谁不顾名思义乎？②

由上可知，真庆观所在城东确属"朝使节钺之往来，蕃阃方岳之出入"之地，"廓而大之"的首议者是沐氏家族的"定远忠敬王"沐晟及其弟"总戎都督"沐昂，主持

---

① 周叙：《重建真庆观记》，见陈垣编纂《道家金石略》，文物出版社，1988，第1253～1254页。又见萧霁虹编《云南道教碑刻辑录》，中国社会科学出版社，2013，第31～32页。碑石现存昆明真庆观内。

② 应履平：《重修真庆观记》，见中国人民政治协商会议昆明市委员会编《昆明诗词楹联碑文集粹》，云南人民出版社，2006，第152页。

修建的是"长春观炼师"蒋日和。这次扩建工程始于明成祖永乐己亥（1419），成于明仁宗洪熙乙巳（1425）。刘渊然奏请改祠为观，其名意含"真则真武所居，万人瞻仰；庆则一人有庆，万民赖之"[1]。需要说明的是，《重修真庆观记》的碑文虽被学者们广为征引，但目前真庆观内却未见其碑石，仅见《昆明诗词楹联碑文集粹》录其全文。不过，由其所述与宣德《重建真庆观记》并无抵牾，且撰者应履平确于正统三年至八年（1438～1443）担任"云南左布政使"[2]，故此碑应属无伪。同时，因其碑文的撰写者应履平乃正统间云南当地的官员，故所述情节比京师"翰林修撰"周叙更加详尽。

《真庆观兴造记》则立石于正统九年（1444），碑文由时任"翰林院侍读"的金问撰写，文曰：

> 云南郡城之巽维，旧有真武祠，不知其创始，而殿宇凋敝，神物故闇。永乐初，郡人发心同募，众作新之，亦既屹然于林木之表矣。推求原本，而圣父圣母无以栖其神也。云南前卫镇抚刘志与（郡）中耆士，鸠资傰材，构真庆阁于后以奉之，则规模宏远而祈禳归向者益以众。金谓晨香夕灯，祝厘讲道，在乎主席得人，乃迎致道士蒋日和莅之。当是时，长春刘真人在云南，日和尝得法于座下，由是道日以滋，行日以茂，而于建阁之功，条件规画，劳勘居多。洪熙改元，真人还朝受封，兼领天下道教，以是祠为真庆观，复加日和"明真显道弘教法师"之号。日和既承奖异，益思有以自效，乃攻石累土，大其前殿，夹以两庑，障以重门，像设尊严，器用周备，而四帅伦藏，各安其所，趺翼翚飞，照耀林壑。盖地当风气之会，而岩姿川艳，扶揖拱卫，夐然仙圣之清都也。工既讫功，日和以为兹观挟其占胜，曾不数年而丹甍翠桷与龙泉、长春诸琳馆相望于烟云晻霭之间，诚亦不易，不可无纪述昭示来者。以今行在道录司右演法邵公以正者有同门之谊，驰书走介而求识于予。[3]

---

[1] 按：据张宇初《岘泉集》等言，刘渊然之师赵宜真（原阳）曾游武当、龙虎诸山，师事清微派曾尘外（贵宽）并"嗣诸法要"。而《玄天上帝启圣灵异录》中《元赐武当山大天一真庆万寿宫碑》又记，元代武当山南岩宫曾因主持张守清应诏祈雨而得赐额"大天一真庆万寿宫"。今昆明真庆观仍奉真武大帝、崇清微雷法，则其名或亦与武当山有着某些关系？待另文再考。

[2] 《明史》卷一六一《应履平传》，中华书局，1974。

[3] 金问：《真庆观兴造记》，见陈垣编纂《道家金石略》，第1256～1257页。又见萧霁虹编《云南道教碑刻辑录》，第32～33页。碑石现存昆明真庆观内。

这篇碑文的记述内容，更与前两篇有所不同。由该《记》可知，真庆观在明代的修葺与扩建大致经历了两个阶段：一是永乐间"郡人发心同募，众作新之"并"构真庆阁于后"的阶段，二是刘渊然奏请改"祠"为"观"后，蒋日和"既承奖异，益思有以自效"而大兴土木，以致"像设尊严，器用周备"的阶段。值得注意的是，第一个阶段于"真武祠"之后新建的"真庆阁"，乃是供奉真武"圣父圣母"之处，是为后来"真庆观"之名的滥觞。在这一阶段，主持修建工程者实为"云南前卫镇抚"刘志，道士蒋日和乃是在后期才被"迎致"的。由前述宣德《重建真庆观记》碑末有"建亭信官赵琰，梓匠裴琳，镌匠萧清、秦贤，石匠潘贵、胡兴，董工卫镇抚刘志"字样，可知刘志确实曾为该项修建工程的官方主持者，甚至所谓"真庆阁"可能只是一座"亭"而已。至于刘渊然奏请改"祠"为"观"后的第二阶段，由"攻石累土，大其前殿，夹以两庑，障以重门，像设尊严，器用周备，而四帅伦藏，各安其所，跂翼翚飞，照耀林壑"等词语，可知"真庆观"在此时方具备了"宫观"的格局与规模。由此，亦可窥刘渊然在京师奏请改"祠"为"观"之事，对于真庆观发展的巨大推动作用。

以上三篇碑文所述细节不尽相同，有如下两个问题颇值玩味：一是"重建"、"重修"与"兴造"究竟有何区别？二是真庆观究竟是如《重修真庆观记》所言"落成于洪熙乙巳"（1425），还是如《真庆观兴造记》所言在"洪熙改元"（1425）后才开始大规模地"攻石累土"？笔者以为：《重建真庆观记》与《重修真庆观记》所谓"重建"或"重修"，应该是针对此地原有"真武祠"而言，并非对"改祠为观"后的"真庆观"之重新修建；而《真庆观兴造记》所谓"兴造"，则并非指开始从无到有的建造，而可能是指包含历次"重修"或"重建"之改造。至于真庆观究竟是"落成于洪熙乙巳"，还是在"洪熙改元"后才开始大规模"攻石累土"，这个问题颇为关键。虽然所谓"落成"与"攻石累土"之具体对象可能不同，如《重修真庆观记》述"落成"之具体内容为"建佑圣殿于其中，崇上皇阁于其后，左翼以星垣宝藏，右辅以雷殿天神，以及廊庑山门，方丈斋庖"等，而《真庆观兴造记》所谓"攻石累土"则是指"大其前殿，夹以两庑，障以重门"以及"像设尊严，器用周备，而四帅伦藏，各安其所，跂翼翚飞，照耀林壑"等，但是，《真庆观兴造记》所述在"攻石累土"之前却仅提到蒋日和有"建阁之功"，而未谈及其他修建事项，这就不能不令人觉得《重修真庆观记》与《真庆观兴造记》的说法是相互矛盾的。

二　刘渊然的策略与蒋日和的情怀

　　除了上述颇显矛盾的问题之外，笔者对明代真庆观的修建还有一个疑问，即：蒋日和等人为何在十余年间三次请人撰写有关修建的碑记？而解释这一疑问，或亦有助于回答前面的"矛盾"问题。

　　综观上述三篇明代碑文，可以发现其有这么一个特点，即关于真庆观修建情况之叙述，随着撰写时间的推后而逐渐详细和丰富。也就是说，越早撰写者之叙述越简略，越晚撰写者之叙述越详尽。例如宣德《重建真庆观记》有关真庆观的叙述，仅言黔国沐公等权贵"思新而大之"，以及众谓"非得奉玄教者不可"，其叙述修建过程的"凡门庑藏殿之制，一时具举，穿崇磊砢，翼翼巍巍，丹碧鬃垩，照耀远迩"数语，显得颇为简略和含糊。相比之下，正统六年《重修真庆观记》详细罗列佑圣殿、上皇阁、星垣宝藏、雷殿天神、廊庑山门、方丈斋庖诸建筑物，并说明该观"创始于永乐己亥，落成于洪熙乙巳"，碑文内容显得更加丰富和详尽。正统九年的《真庆观兴造记》，则不仅详述了真庆观修建的两个阶段，更指出其在第一阶段不过是"郡人发心同募"而新建之"阁"（亭），其主事者实为"云南前卫镇抚"刘志而非道士蒋日和。需要指出的是，对于尚作为"祠"或"阁"（亭）之真庆观的修建情况，当时身在昆明的刘渊然、邵以正不会不知，但他们赴京后却不将这些具体情况告诉帮助撰写碑文的"翰林修撰"周叙，应是属于为了成功奏请"真庆观"之名而使用的一种"含糊其辞"的策略。[1]　毕竟，区区一所尚显简陋的"祠"或"阁"（亭）要想升格成"观"并非易事，最好的策略或者是张大其词，或者是含糊其词。可以想象，刘渊然在当面向仁宗皇帝奏请"改祠为观"时，应该也是这种心态和策略。

　　刘渊然和邵以正是明代道教的领袖，对道教的发展有过巨大贡献，[2]《明史》以及各种地方志书、道教文献多载其事。《明史·方伎列传》言：

---

[1]　按：明代对佛道二教新增寺观的名额管理颇严，详请参阅罗卡《试论明王朝对道教的管理》，《宗教学研究》1999 年第 1 期。

[2]　有关刘渊然的事迹和贡献，详请参阅拙文《赵宜真、刘渊然与明清净明道》（《世界宗教研究》2011 年第 1 期）。此外，作为刘渊然的高足与继任者，邵以正不仅主持了编纂明代的《正统道藏》，而且精通道教科仪法术，如《龙泉观通妙真人祠堂记》言"凡朝廷有大修建、大禳祈，必命真人主之"（见陈垣编纂《道家金石略》，第 1265～1266 页）。

刘渊然者，赣县人，幼为祥符宫道士，颇能呼召风雷。洪武二十六年，太祖闻其名，召至，赐号"高道"，馆朝天宫。永乐中，从至北京。仁宗立，赐号"长春真人"，给二品印诰，与正一真人等。宣德初，进"大真人"。七年，乞归朝天宫，御制山水图歌赐之。卒，年八十二。阅七日，入殓，端坐如生。渊然有道术，为人清静自守，故为累朝所礼。其徒有邵以正者，云南人，早得法于渊然。渊然请老，荐之，召为道箓司左元义。正统中，迁左正一，领京师道教事。景泰时，赐号"悟元养素凝神冲默阐微振法通妙真人"。①

明代吏部尚书王直撰《长春刘真人祠堂记》更对刘渊然的师承、事迹与贡献做了详细叙述，其有关云南这一段言：

……未几，谪居龙虎山，寻徙滇南，居龙泉观。滇南之民有旱疫，求祷无不应，化大行。仁宗即位，遣内臣召还，封"冲虚至道元妙无为光范演教真人"。真人顿首辞，不许。寻赐诰，加"庄靖普济"四字。有"辍侍于九重，徃化导于南服，亦使息劳于闲寂，实将遗朕于今兹"之语。赐以银章，领天下道教事。以制词观之，则真人之被命于南者，意有在也。宣德之初，眷待益隆，赐之剑，问曰："此剑当谁传？"对曰："臣法得之浚仪赵元阳，继者惟邵以正耳。"即遣中使召还，使继其后。乃请立道纪司于云南、大理、金齿，以植道教。②

作为长期在云南生活的道教领袖，刘渊然与邵以正对云南应该抱有感情，并试图推动云南道教的发展；这种情感和努力，从刘渊然向明宣宗奏请"立道纪司于云南、大理、金齿，以植道教"的举动中便可窥出。而在这种心情支配下，刘渊然不仅可能在向明宣宗奏请将"真武祠"改名"真庆观"时夸大其词，而且可能授意邵以正在向翰林修撰周叙"具道大兴造之由与易名之故"时含糊其词，甚至有意回避当时的真庆观不过是"郡人发心同募"而修建之简陋小阁（亭）这一点。于是，我们在宣

---

① 《明史》卷二九九《方伎列传》。
② 王直《长春刘真人祠堂记》，见《抑庵文后集》卷五，《四库全书》本。按：明户部尚书、文渊阁大学士陈循也曾应邵以正邀请撰写《龙泉观长春真人祠记》，文字与王直撰《长春刘真人祠堂记》颇为近似，但稍显简略，见陈垣编纂《道家金石略》第1260～1261页，又见萧霁虹编《云南道教碑刻辑录》第36～38页，碑石现存昆明龙泉观内。

德《重建真庆观记》碑文中看到的，多属对外围环境或道教义理的描述，而对于真庆观本身的修建情况，亦仅有上述显得简略和含糊的寥寥数语。

宣德《重建真庆观记》虽然对推动真庆观乃至云南道教的发展起到了很好的作用，但其文字内容对于记录真庆观之修建情况来说却是不足的。或许正是对这种"不足"有所不满，故后来作为真庆观主持的蒋日和又两次请人撰写碑文，以图如实地记录历史。关于蒋日和，以上三篇碑文皆有描述，不过也有详略之分，如《重建真庆观记》仅有"刘真人久寓云南，日和尝得法于座下"一语，《真庆观兴造记》又言："长春刘真人在云南，日和尝得法于座下，由是道日以滋，行日以茂，而于建阁之功，条件规画，劳勤居多。"而时任"云南等处承宣布政使司左布政使"的应履平撰写之《重修真庆观记》，则不仅说明了蒋日和前来面请撰文之缘由，而且详述了其生平事迹、传承关系、处事风度等，如言：

> 节斋（蒋日和）世家江陵，洪武中受学朝天宫提点谢师玄，后云游滇南，寻主持长春观，复师事刘真人为弟子，而继续法派，人阐玄真，功行圆满，扬宗风，簪观屡麻，克成宏规盛事，真所谓无忝于教门之二师者矣！节斋之徒弟曰李道如者，锐志进修，真实可嘉，遂得传授心，且就继述其事。节斋乃得退闲逍遥，遂来薪文刻石，以垂无极。①

由上，可知蒋日和是一位谦和处下、心胸无碍的道士，不仅能以"主持长春观"② 的身份师事刘渊然，而且能在后继有人的情况下，以真庆观主持的身份"退闲逍遥"。此外，正统九年《真庆观兴造记》又述蒋日和第三次请撰之缘由曰：

> 工既讫功，日和以为兹观挟其占胜，曾不数年而丹甍翠桷与龙泉、长春诸琳馆相望于烟云晻霭之间，诚亦不易，不可无纪述昭示来者。以今行在道录司右演

---

① 按：此处"人阐玄真"疑应作"大阐玄真"，"扬宗风"疑脱一字。
② 按：长春观原为元梁王宫所在，不仅修建历史较真庆观悠久，且是明清时期云南府道纪司所在。如乾隆《云南通志》卷十五《祠祀》载："长春观，在城东，元至大初建，本元梁王宫，明初即其地为岷王宫。后废，因改为观。"隆庆间李元阳纂《云南通志》卷十三《寺观》又言："习仪道纪司长春观：在云南府治南。景泰二年，右佥都御史郑颙、总兵官沐璘合议创建殿宇，翼以两庑，仪以重门，每遇庆贺，习仪即焉。"并附明萧镃撰有关重建长春观之《记略》详述其事曰："云南长春观，旧在府城崇正门东，《图经》不载其所始，正统己巳春毁于火……"（民国二十三年，昭通龙氏灵源别墅铅印本）。

法邵公以正者有同门之谊，驰书走介而求识于予。①

这种"不可无纪述昭示来者"的心情，实际上是蒋日和作为一位谦和处下、心胸无碍的道士，对于客观记录历史真相之基本诉求。由此，我们就不难理解为何蒋日和在邀请应履平撰写《重修真庆观记》三年之后，又再委托邵以正请人撰写《真庆观兴造记》，并且在后者明白地指出：真庆观在第一阶段不过是"郡人发心同募"而建之小阁（亭），其主事者实为"云南前卫镇抚"刘志，其尊重真相、不居人功的情怀显而易见。这种谦下包容的情怀，还可从蒋日和在为宣德《重建真庆观记》立石时，不忘在碑石末尾刻上该观"开山道人沈昭得"②的举动中窥出。

那么，蒋日和在正统六年（1441）亲自请"云南等处承宣布政使司左布政使"应履平撰写《重修真庆观记》时，为何不当面将情况彻底说明？并且，该《记》所谓"落成于洪熙乙巳"（1425）与"建佑圣殿于其中，崇上皇阁于其后"等描述，为何不同于后来正统九年（1444）《真庆观兴造记》所谓"洪熙改元"（1425）后才开始大规模"攻石累土"？究其原因，只能有二：一是蒋日和隐瞒实情，二是应履平叙述有误。以前述蒋日和之为人和情怀，及面对本地父母官的场景，窃以为"隐瞒"的可能性不大。至于应履平的叙述有误，倒是很有可能的。如前曾述，应履平《重修真庆观记》的内容与宣德《重建真庆观记》并无抵牾，甚至有些地方颇显类似（如沐氏家族首倡、蒋日和主事、朝使往来之地等），故笔者认为应文可能参考了宣德《重建真庆观记》。至于应文所谓"落成于洪熙乙巳"（1425），并不一定是误说，因为"真武祠"或"真庆阁"之建成确在此时；但是，此语以"建佑圣殿于其中，崇上皇阁于其后，左翼以星垣宝藏，右辅以雷殿天神，以及廊庑山门，方丈斋庖"等为所指内容，却可能是将撰文时的正统六年（1441）之景象，混淆成为"洪熙乙巳"（1425）之状况了。考真庆观之主体建筑的修造，多在"洪熙乙巳"（1425）以后进行，如民国时期"营造学会"于1938年测绘该观紫微殿时，曾发现其脊檩下有"大明宣德十年（1435）重建"诸字样。③而"宣德"之年号，恰在"洪熙"与"正统"之间。这也就是说，应履平有关洪熙时真庆观"落成"状况的描述，是根据他

① 金问：《真庆观兴造记》。
② "开山道人沈昭得"几字，见于现存真庆观的《重建真庆观记》碑石末尾。有关沈昭得与真庆观（真武祠）的具体关系，尚待今后进一步研究。
③ 详请参阅王海涛《昆明文物古迹》（云南人民出版社，1989），第46页。

对于正统年间真庆观之"印象"来进行的，颇有"张冠李戴"之嫌。正是因为应履平的描述有误，颇不合乎"洪熙改元"时真庆观的建筑格局，所以蒋日和才又于正统九年（1444）第三次请人撰写碑记。

当然，蒋日和在十余年间三次请人撰写碑文的原因，除了他本人"不可无纪述昭示来者"的尊重真相之情怀外，还应该与真庆观建设的不断发展有关。如前所述，真庆观在这十余年间的建筑是不断增多的，不仅如此，这一时期蒋日和的徒裔也在不断繁衍。由宣德六年（1431）的《重建真庆观记》碑文末落"明真显道弘妙法师本观住持提点蒋日和立石"、正统六年（1441）的《重修真庆观记》碑文末落"真庆观住持提点蒋日和，徒弟李道如、张道宏立石"，而正统九年（1444）的《真庆观兴造记》则落"真庆观住持提点蒋日和，徒弟李道如、张道宏、徐道广、金道清立石"，可证宣德间真庆观初得"改祠为观"时仅有蒋日和一名道士，而后来十多年间蒋日和在真庆观的徒裔则日渐众多。真庆观的迅速发展壮大，以致能够"与龙泉、长春诸琳馆相望于烟云晻霭之间"，应该也是蒋日和有底气将修建过程之真相昭告天下的重要原因。

三　沐氏家族与地方官员的作用

明代真庆观的兴建发展，除了有刘渊然、邵以正、蒋日和等道教领袖的努力推动，还与云南地方的各级官员、广大信众之参与有关系。这其实也是道教宫观发展的常见模式，从中可窥当时云南道教的影响之一斑。

对真庆观兴建具有关键推动作用之云南地方官员，当以《重建真庆观记》与《重修真庆观记》提到的统治云南之沐氏家族为最。这两篇碑记叙述他们倡议新建真庆观之过程大致相似，如前引所言：

> 太傅黔国沐公偕弟都督公以世勋镇云南，绥怀夷落，民物丕阜。顾瞻东廊长春真人谪滇南栖息之处，朝廷诏命之颁布皆于是奉迎，朝廷使节之临莅皆于是出入，非有崇宫邃室，岂无洞天？郡城之巽位，乃即真武旧祠，思新而大之而难其人。询谋于众，谓非得奉玄教者不可。遂命领天下道教事渊然长春刘真人弟子、道士蒋日和主之……①

---

① 周叙：《重建真庆观记》。

（真庆观）原系玄武专祠，朝使节钺之往来，蕃阃方岳之出入，咸于是乎迎送焉。先太傅黔国忠敬王与令总戎都督公议，欲廓而大之，遂遴选长春观炼师蒋日和号节斋者，以主其事……①

这里所谓"太傅黔国沐公偕弟都督公"或"太傅黔国忠敬王与令总戎都督公"，是指明代西平侯沐英的两个儿子沐晟、沐昂。沐英曾随傅有德平定云南而留镇滇中，颇有功于滇民，卒后"追封黔宁王，谥昭靖"。沐英长子为沐春，嗣其爵而镇云南，卒后无子而弟沐晟嗣之。沐晟于建文元年（1399）嗣侯，永乐间因征交趾有功而被封为"黔国公"，仁宗时又得"加太傅，铸镇南将军印给之"，卒后"赠定远王，谥忠敬"。沐昂乃沐晟之弟，初为"府军左卫指挥佥事"，后随沐晟南讨有功而累迁至"右都督"，卒后"赠定边伯，谥武襄"。沐晟卒后，因其子沐斌尚幼，沐昂曾得"代镇"云南一段时间。② 乾隆《云南通志》录有《定远忠敬王庙碑》文一篇，述黔国公沐晟事迹甚详，并有评语曰：

王文武忠孝，克缵先王令绪，而在镇既久，敷布天子仁义之泽以绥靖一方。凡其言行，施于父子兄弟、宾友僚佐之间，未尝违乎道德。隆位重禄，好贤容众，记人之善，忘人之过。蛮夷干法，不忍加诛。若用兵行师，非遇有罪，不轻戮一人，信赏必罚，咸行惠施，是以将士用命，所向有功。至于讲武事，修戎器，理屯田，治城戍，勤恤民隐，兴利去害，建学立师，以教导其人，使归于善，尤孳孳不倦。公事之暇，手不释卷，进退从容，有典有则，凛然仁人君子之风！盖所谓说礼乐而敦诗书者也。至于薨，人无贵贱愚良，莫不哀慕。③

这样一位重视"说礼乐而敦诗书"的地方官员，为了"敷布天子仁义之泽以绥靖一方"，而热衷于在云南做一些有益于礼俗、教化的工作，是非常可以理解的。需要指

---

① 应履平：《重修真庆观记》。
② 以上所引见《明史》卷一二六《沐英传》。有关统治云南的沐氏家族之各方面情况，详请参阅李建军著《明代云南沐氏家族研究》（辽宁人民出版社，2002），并可参阅李建军撰写的一系列文章（兹不赘列）。
③ 《定远忠敬王庙碑》，见乾隆《云南通志》卷二十九《表》，又见《抑庵文后集》卷二十四《碑》，《四库全书》本。

出的是，沐晟之父沐英本是明太祖朱元璋的养子，曾"从朱姓"[①]，而朱家则曾得道教相助并大力尊崇之，[②] 因此沐家后来也对道教多有扶持，在云南各地修建了不少宫观。[③] 所以，其首倡对真武祠"新而大之"或"廓而大之"，也是情理中事。而这种以云南地方统治者身份的倡议，对于推动真庆观的发展无疑是有着积极作用的。

值得注意的是，与前面两块碑文的说法不同，正统九年的《真庆观兴造记》并未提及沐氏家族倡议新建真武祠之事，仅言"永乐初，郡人发心同募，众作新之"。再从前述《重建真庆观记》与《重修真庆观记》提及沐氏家族之倡议时，多是渲染其以为真武祠所在城东地区与"朝廷诏命之颁布，皆于是奉迎，朝廷使节之临莅，皆于是出入"有关，则似乎沐氏家族之初衷乃是为了新修这一片朝廷使节往来出入的地区，并非真正出于信仰的原因而专门下令新建真武祠。换句话说，当时真武祠的新建乃是受益于新修城东地区建筑的"面子工程"，而非地方官员单纯为了推动道教的发展。由此，更可证明前述蒋日和第三次请人撰写碑记之目的，可能是为了"匡正"有关说法而将修建真相昭告天下。

不过，从宣德《重建真庆观记》碑石末尾落有"建亭信官赵琰""董工卫镇抚刘志"等字样，而《真庆观兴造记》亦言"云南前卫镇抚刘志与（郡）中耆士，鸠资僝材"，可知当时云南地方官员确实参与了其事，而这种参与应该是得到了作为云南统治者的沐氏家族之认可的。再从《重建真庆观记》碑石尾部还落有"募缘道人叶润英、金守清、冯道善"字样，可知这次修建并非完全由官方拨款，而是有民间募集的资金，这也证明《真庆观兴造记》所谓"郡人发心同募"并非虚言。而民间募资之所以取得成功，当与宋元以来中国各地兴建真武庙的风气有关，[④] 尤其与明代以来真武信仰在云南各地的流行有关。考光绪《续云南通志稿·祠祭志》，可知云南"真武观各州县俱有"，且各地多有农历三月三庆祝"真武诞"的习俗，甚至有远赴湖北武当山进香捐款之举。[⑤] 这种信仰真武大帝的群众基础，乃是昆明"真武祠"乃至"真庆观"得以发展之根本原因。

① 《明史》卷一二六《沐英传》。
② 详请参阅卿希泰主编《中国道教史》第三卷（四川人民出版社，1996），第 384～420 页。
③ 萧霁虹、董允著《云南道教史》附《云南道观一览表》显示，云南各地曾有不少道教宫观属于沐氏家族捐造。详请参阅该书第 97～98 页，第 322～353 页。
④ 详请参阅周晓薇《宋元明时期真武庙的地域分布中心及其历史因素》，《中国历史地理论丛》2004 年第 3 期。
⑤ 参阅并转引自梅莉《明代云南的真武信仰——以武当山金典铜栏杆铭文为考察中心》，《世界宗教研究》2007 年第 1 期。

除了这些参与修建工程的地方官员，后来帮助撰文、书写和篆额的周叙、应履平、金问以及郑颙、俞本、黄养正、程南云等，① 也同样对真庆观的发展起到了推动作用。这些人物，实际上皆是身居要职的官员或名声显赫的文人，在当时社会上有着很大的影响，例如：为《重建真庆观记》撰文的周叙，有《唐诗类编》《石溪集》等著作见录于《明史·艺文志》，并曾"历官侍读，直经筵"，于正统年间（1436~1449）上疏获"帝嘉纳焉"②；而为该碑篆额的郑颙不仅"尤善属文"，还曾任云南"按察副使"③，并在景泰间（1450~1456）担任"巡抚"时为昆明庙学建坊。④《重修真庆观记》的作者应履平，曾为"吏部郎中""常德知府"，后迁云南"左布政使"⑤，《千顷堂书目》亦录有其著《东轩集》。⑥《真庆观兴造记》的作者金问，亦曾"制授翰林修撰，备顾问，论时政得失，悉见奖纳"，并于宣德（1426~1435）末"擢太常少卿，兼翰林侍读学士"，又于正统年间"迁礼部右侍郎"。⑦ 也正是因为看到了这些身居要职、影响颇大的人物对于道教发展之推动作用，真庆观主持蒋日和才乐于邀请他们撰写碑文。究其目的，乃是借这些显赫的人物而提高真庆观的地位、扩大云南道教的影响。

结　论

通过以上考察，我们可以对明代昆明真庆观的兴建得出以下几点认识。

1. 昆明真庆观最初只是一所"不知其创始"的专祀真武神的"祠"，明永乐年间（1403~1424）郡人曾在此处增建"真庆阁"（亭）。不过，刘渊然在向明仁宗奏请将"真武祠"（真庆阁）改称"真庆观"时，却采取了含糊其词的策略，未将当时该"祠"（阁或亭）的简陋情况上告，究其目的，乃在于更好地推动云南道教的发

---

① 按：《重建真庆观记》署"赐进士出身翰林修撰庐陵周叙撰并书""赐进士出身奉政大夫河南等处提刑按察司佥事四明郑颙篆额"，《重修真庆观记》署"中奉大夫云南等处承宣布政使司左布政使四明应履平撰""甲辰进士文林郎行在江西道监察御史云间俞本书并篆额"，《真庆观兴造记》署"中宪大夫太常少卿兼翰林院侍读学士□郡金问撰""奉政大夫修正庶尹礼部郎中直文渊阁永嘉黄养正书""中顺大夫太常少卿兼经筵侍书广平程南云篆额"。
② 《明史》卷一五二《周叙传》。
③ 乾隆《云南通志》卷十九《名宦》，《四库全书》本。
④ 乾隆《云南通志》卷七《学校》。
⑤ 《明史》卷一六一《应履平传》。又见乾隆《云南通志》卷十八《秩官》。
⑥ 《千顷堂书目》卷十八，《四库全书》本。
⑦ 《姑苏志》卷五十二《人物·名臣》，《四库全书》本。

展。与此相应，宣德六年（1431）周叙撰写的《重建真庆观记》有关修建过程之具体描述也非常简略。

2. 由于对宣德《重建真庆观记》描述的修建情况感到不满意，住持蒋日和曾于正统六年（1441）再次邀请云南官员应履平撰写了《重修真庆观记》。这篇碑记对真庆观的修建过程做了详细描述，但应氏"创始于永乐己亥，落成于洪熙乙巳"的说法与"建佑圣殿于其中，崇上皇阁于其后，左翼以星垣宝藏，右辅以雷殿天神，以及廊庑山门，方丈斋庖"的描述，与洪熙元年（1425）真庆观的建筑情况并不相符，可能是"混淆"了正统六年（1441）的景象所致。

3. 随着真庆观的日益发展，退闲逍遥、谦和处下、心胸无碍的蒋日和怀着"不可无纪述昭示来者"的心情，于正统九年（1444）第三次请人撰写《真庆观兴造记》，并在这篇碑记中将有关修建过程的真实细节昭告天下。由此，而有了《真庆观兴造记》与前面两篇碑记叙述情节的不尽相同。

4. 无论是刘渊然、邵以正、蒋日和等道教领袖，还是叶润英、金守清、冯道善等信道民众，还是沐晟、沐昂以及其他各级官员，皆不同程度地对真庆观之修建发展有过推动作用。因此，考察明代真庆观的修建过程，有裨于我们深入认识云南道教的发展状况。

（本文曾于 2017 年 3 月在"首届老子与道教文化国际学术研讨会"宣读）

东明观与唐代长安道教

刘康乐

摘要：唐代尊崇道教，在皇室崇道之风的推动下，各种官方和民间建造的道观林立，京城长安更是道观最为集中的地方。东明观是高宗时期敕建的一所地位不同寻常的皇家宫观，当时一大批道门精英都曾驻锡过此观，如张惠元、李荣、孙文俊、冯黄庭、王仙卿、王虚真、张因、茹法师等，而陕西新发现的一批唐代道士墓志铭，详细记载了东明观大德孙文俊、范元、郭玄远、郭超俗等人的道行事迹，揭开了东明观与唐皇室之间密切而复杂的关系，也反映了道教在京城长安的社会影响以及由此带来的唐代社会的信仰风尚。

关键词：东明观　长安　唐代道教　政教关系　佛道论衡

作者简介：刘康乐，长安大学哲学与社会发展学院副教授。

唐代皇室尊崇道教，追尊老子为始祖，上尊号为"玄元皇帝"，上至宫廷下至民间，都弥漫着浓郁的崇道之风，都城长安更是全国道教文化的中心，不仅汇聚了来自四方的道门大德，还创建了数量众多的道教宫观，东明观就是长安最有影响力的皇家宫观之一，也是当时佛道斗争最活跃的宫观之一。千年前的东明观早已踪迹无觅，东明往事也只在历史的只言片语中若隐若现。近年来，在西安新发现的几方唐代道士墓志铭，补充了唐代东明观史料之不足，揭开了东明观一段兴衰沉浮的往事，勾勒了一副唐代长安的道教风尚与市民生活交相辉映的精彩画卷。

一　高宗宠爱太子与东明观的创建

东明观是创建于唐初的长安十大道教宫观之一，据唐韦述《两京新记》所载，普宁坊"东南隅东明观，显庆元年孝敬升储所立，规度仿西明之制，长廊广殿，图画雕刻，道家馆舍，无以为比。"① "孝敬"是唐高宗李治追赠太子李弘（652～675）的谥号，李弘是高宗与武皇后所生的长子，自幼孝顺仁德，深得高宗的宠爱，显庆元年（656），李弘以代王升立为太子。然而不幸的是，李弘自幼体弱多病，② 升储当年，高宗就敕命在长安造观、寺各一（即东明观和西明寺），为太子祈神荐福，③ 并敕命天下道士为太子写经祈福，远在敦煌的冲虚观、神泉观的道士都来长安为太子写经。高宗李治以仁孝著称，先后在贞观二十二年（648）和显庆元年，分别为追荐文德皇后和太宗皇帝而建造了慈恩寺和昊天观、罔极宫，此次建造东明观和西明寺则专为太子荐福，其为子之孝、为父之慈，由此可观。而以"东明""西明"这样一组对称而又富含深意的名称来命名新建的道观和佛寺，也表达了高宗李治对太子李弘的宠爱和厚望。

关于东明观的建造经过，据《大唐大慈恩寺三藏法师传》载："（西明）寺于（显庆）元年秋八月戊子十九日造。时有敕曰：'以延康坊濮王故宅为皇太子分造观、寺各一，命（玄奘）法师案行其处。'还奏地窄，不容两所。于是总用营寺，其观改就普宁坊，仍先造寺。"④ 高宗本敕命在位于延康坊（今西安市白庙路一带）的濮王（李泰，620～652）故宅上同时修建东明观和西明寺，但玄奘法师考察后上奏高宗，认为地方过于狭窄，难以同时容下两所寺观，于是就只用其地来建西明寺，东明观则改建在普宁坊（今西安市开远门桥附近）东南隅。⑤ 普宁坊位于皇城之西、外郭城西北角的开远门内，居长安城之较为尊崇的乾位，坊内还建有其他寺庙以及贵族官僚的府宅，如西北隅有太宗为来自西域的祆教所建的"波斯胡寺"，街东之北有隋朝所建的灵化寺、北门之西有司农卿韦机宅、西南隅有太尉英国公李勣宅⑥等。

按照高宗李治的敕命之意，东明观的规制与同时开建的西明寺相同，《大唐大慈

---

① 陈子怡校《校正两京新记》卷一，西京筹备委员会，1936，第42页。宋王溥《唐会要》、宋敏求《长安志》和清徐松《唐两京城坊考》皆沿用此条史料。

② （后晋）刘昫撰《旧唐书》卷八十六"孝敬皇帝弘传"，中华书局，1975年，第2829～2830页。

③ 另据（唐）杜光庭《历代崇道记》言："乾封初又为太宗及文德皇后造东明观于京师。"（《道藏》第11册，文物出版社、上海书店、天津古籍出版社，1988）当系记载有误，以《两京新记》所载为是。

④ （唐）慧立、彦琮撰《大慈恩寺三藏法师传》卷十，中华书局，2000，第214页。

⑤ 敦煌遗书P3417号《十戒经盟文》有："大唐景云二年太岁辛亥八月生三月景午朔廿四日己巳，雍州栎阳县龙泉乡凉台里男生清信弟子王景仙，年廿七。……景仙虽昧，愿求奉受，谨赍信如法，诣雍州长安县怀阴乡东明观里中三洞法师中岳先生张泰，受十戒十四持身之品，修行供养，永为身宝，您盟负约，长夜地狱，不敢蒙原。"此处所提到的"雍州长安县怀阴乡东明观"是否即普宁坊东明观，存疑待考。

⑥ （宋）宋敏求撰《长安志》卷十，《景印文渊阁四库全书》第0587册，台湾商务印书馆，1986，第0148页上。

恩寺三藏法师传》描述"其寺（西明寺）面三百五十步，周围数里，左右通衢，腹背塵落，青槐列其外，渌水亘其间，亹亹耿耿，都邑仁祠，此为最也。而廊殿楼台，飞惊接汉，金铺藻栋，眩目晖霞，凡有十院，屋四千余间，庄严之盛，虽梁之同泰、魏之永宁，所不能及也。"① 东明观之建筑今虽不可考，其规制亦可由相仿的西明寺而知。按唐制三百步为一里，则寺观面宽达580多米，周围数里，大概占据了1/4坊之地。作为高宗为爱子敕建的一座饱含深情的皇家宫观，东明观在长安有着非同寻常的神圣地位，神迹感应颇多，据民间传说，当时东明观附近居住的一位神策军将军素不通道，因妄在东明观中取土修宅，最终受到了神灵严厉的惩罚而悔过自首。②

高宗上元二年（675），年仅二十三岁的太子李弘在洛阳不幸去世，高宗悲痛不已，破例追赠太子李弘为"孝敬皇帝"，武后令写《一切道经》三十六部，并亲撰《一切道经序》③ 以展哀情，此时的长安东明观也成为祭祀孝敬太子的专门道场，许多道士奉命来此写经以求亡人之"冥福"，如"大周长寿二年（693）九月一日，沙州神泉观道士索玄洞，于京东明观为亡妹写《本际经》一部。"④

二　东明观道士的宗教生活和政治参与

东明观因其特殊的皇家宫观的地位而在唐代长安有着重要的影响力，在东明观建成之初的高宗和武则天时代，就有张惠元、冯黄庭、李荣、寇义待、曹策、张知常、周彦云、孙思、茹法师等许多道门大德在此居住过，观内之冯黄庭碑、巴西李荣碑、茹法师碑，⑤ 惜皆不存。冯黄庭和茹法师的事迹皆未有更多的记载，而东明观道士寇

---

① （唐）慧立、彦琮撰《大慈恩寺三藏法师传》卷十，第214页。
② （宋）张君房编：《云笈七签》卷一百一十七"灵验部"："刘将军者，隶职右神策军。居近东明观，大修第宅，于观内取土筑基脱墼，计数千年。功用既毕，剧忽得疾沉绵，旬日稍较，忽如风狂，于其堵庭之中，攫土穴地，指爪流血，而终不已。骨肉扶救之，似稍歇定，又须匍匐穴上，似有驱迫之者。时闻为物捶击痛楚之声，但流泪呜咽而已，问之竟无所答。日又沉困垂命，巫医弹术，略无征应。偶召瞽者筮，云求道法救之。刘素不通道，未尝有道士过其家。妻子既切，因诣金仙观请符理之，置符于床前，又焚数道，和水饮之。刘乃言曰：'我以无知，犯暴道法。'"（中华书局，2003，第2582～2583页）。
③ 敦煌遗书S1513号，《藏外道书》第21册，巴蜀书社，1992，第526页。
④ 敦煌遗书上图181号《太玄真一本际经卷第二》题记，参见叶贵良著《敦煌本〈太玄真一本际经〉辑校》，巴蜀书社，2011，第37页。
⑤ （宋）陈思撰：《宝刻丛编》卷七引《京兆金石录》："唐东明观道士茹法师碑，长安四年（704）立。"《景印文渊阁四库全书》第0682册，第0305页中；（清）徐松撰、张穆校补《唐两京城坊考》："观内有道士冯黄庭碑，又有道士巴西李荣碑，永乐李正己为其文也。"中华书局，1985，第123页。

义待则曾参与过皇家的建斋活动和整理道经的工作。据《混元圣纪》卷八载，高宗仪凤三年（678）四月，"敕遣郑元隐于洛阳北邙山清庙，与罗务先等二十四人建斋行道，至五月一日丑时至殿东门，乃见老君乘白马朱骏，并二青衣童子降于坛上，祥光映照，顾道士寇义待语良久乃隐。"① 从中可以看出寇义待应是一位颇通神灵的神奇道士，当然他也是一位学养良好的大德，玄宗初年，太清观主史崇玄奉命整理《一切道经》，为之音义的大德中就有"东明观寇义待"②。高宗时期，东明观道士周彦云还与当时的宰相苏瑰（639～710）素相往来，③ 亦可见东明观道士与贵族士人之密切关系。

东明观道士孙思（652～713）则与武则天有着难解之缘。据《大唐故东明观孙法师墓志铭并序》载："法师讳思，字文俊，乐安人也，徙居鄂焉。……昔在眇年，爱慕仙范，服勤至要，少选无忽。年甫十六，以干封二年奉敕入道，住东明观焉。"④ 东明观建成之初，高宗就挑选了许多有德行的道士入住其中，如巴西李荣等。乾封二年（667），年仅十六岁的孙思奉敕入道，被选住在东明观中。孙思生于高宗永徽三年（652），与太子李弘正好同庚，孙思奉敕入道入住东明观，有可能是被选作太子李弘出家的替身而入道。皇帝王公贵族以替身出家早有先例，南朝时候就有一位智藏法师，也是在十六岁的时候被选为宋明帝刘彧出家的替身僧，奉敕住于都城建康（今江苏南京市）的兴皇寺。⑤ 太子李弘自幼体弱多病，高宗和武后敕命同龄的孙思作为太子替身入道，也是期待通过焚修功德来为多病的太子祈福。

孙思原籍在青州乐安郡（今山东山东省惠民县南），后迁居至京兆府鄂县（今西安市鄂邑区），其"父积，并枕仁籍义，果行育德，不事王侯，高蹈林薮"。孙思自小就喜爱老庄之书，入道之后，深受皇室的器重。虽然孙思的入道焚修并没有最终挽救太子的性命，但其与太子之母武则天的关系却更加密切了，"以长寿年中（692～694）于蜀郡青城山，受三洞具法"。此时刚满四十岁的孙文俊，在蜀郡青城山完成了三洞经法的授受，成为享誉朝野的玄门大法师，武则天即位后，遂成为宫中的座上

---

① （宋）谢守灏撰《混元圣纪》卷八，《道藏》第17册，第857页。
② （唐）史崇玄撰《一切道经音义妙门由起序》，《道藏》第24册，第723页。
③ （唐）郑处海撰《明皇杂录》卷上，收入（五代）王仁裕等撰《开元天宝遗事十种》，上海古籍出版社，1985，第16页。
④ 墓志铭录文见贾梅《唐〈东明观孙思墓志〉考释》，刊于《碑林集刊》总第10辑，三秦出版社，2004，第50～51页。
⑤ （唐）道宣撰《续高僧传》卷五"梁钟山开善寺沙门释智藏传"，《大正藏》第50册，第467页。

宾，"万岁通天元年（696）四月，奉敕观明堂，对御开讲"。当年武则天于洛阳建新明堂，孙文俊奉敕往观并为武则天开讲道法。

次年四月，孙文俊又奉敕往泰山祈请行道，此事在墓志铭中并未记载，而《岱岳观碑》有载："大周万岁通天二年岁次丁酉，东明观三洞道士孙文俊，奉天册金轮升神皇帝肆月五日敕，将侍者姚钦元诣此岳观祈请行道，事毕敬造石天尊像一躯，并二真夹侍，庶兹景福，永集圣躬。聊纪其年，用传不朽，专检校博城县主簿关彦博、录事张则、上护军涂雨钧□□□□勒石纪年。"① 在武则天去世以后，孙文俊又连续多年参与中宗朝和睿宗朝的皇室崇道活动——御前阐讲、投龙简及建金箓斋等，"以景龙二年（708）四月奉敕于甘露殿激扬法教，法师清词骏发，雄辩霜飞，寨林上士，自然从听；奈苑名僧，于兹杜口。景龙三年（709）二月奉敕于太白山及昆明池等投金龙玉璧，景云元年（710）八月奉敕于嵩岳及北邙山老君庙等建金录宝斋。"

玄宗初年，孙文俊参与了太清观主史崇玄组织的《一切道经音义》，朱越利先生认为这项工作的真正推动者当为奉道的太平公主。② 序中称之为"太清观法师孙文俊"③，似乎此时孙文俊已经迁到了东明观附近金城坊的太清观中居住。太清观是景龙四年（710）睿宗改安乐公主宅所建，先天二年（713）七月观主史崇玄因系太平公主党羽谋逆伏法，太清观遂废。④ 令人惊奇的是，此时居住在太清观的孙文俊也在这一年的十月九日子时迁化，年仅六十三，门人将其安葬在长安的马祖原。作为唐初声名显赫的道门大德，孙文俊与高宗、武后、中宗、睿宗各朝都保持非常密切的关系，然而却在玄宗铲除太清观主史崇玄之后悄然离世，而皇室却并无任何的追悼和封谥的举动，不能不令人联想孙文俊可能也参与了安乐公主和太平公主的政治活动而受到牵连。贾梅认为孙文俊的墓志铭没有提到他参与东岳祭祀和音义《一切道经》，二事其中必有隐情⑤，便可能是其门人弟子在其入葬之时竭力避免提到孙文俊与武则天和太平公主的密切关系。

早在景龙四年（710），李隆基在铲除安乐公主、太平公主的叛逆活动中，东明观的另一位道士就积极参与了皇室的权利斗争，据《册府元龟》载，"时帝侍相王在

---

① （清）王昶撰《金石萃编》卷五十三，第4页，中国书店，1985。
② 朱越利：《道经总论》，辽宁教育出版社，1991，第137页。
③ （唐）史崇玄撰《一切道经音义妙门由起序》，《道藏》第24册，第723页。
④ （宋）宋敏求撰《长安志》卷十，《景印文渊阁四库全书》第0587册，1986，第146页中。
⑤ 贾梅：《唐〈东明观孙思墓志〉考释》，第51页。

藩邸，韦温宗楚客附会安乐公主，将圖剪覆，设兵潜备，内外阻绝，幽求与嗣宗崇晔广布腹心，画策于外，令东明观道士冯处澄微服诣藩邸通意。"① 在东明观道士冯处澄、实昌寺僧人普润等人士的鼎力支持下，玄宗得以顺利铲除安乐公主和太平公主的叛乱党羽，冯处澄受到玄宗的赞赏，而曾经风光于皇室的东明观道士孙文俊，却在这场激烈的皇室政治斗争中凄然而逝，令人感叹唏嘘。

稍晚一点的东明观道士郭玄远（660～740），则有着截然不同的修道人生和政治生活。据陕西新发现的《唐故东明观三景大德郭尊师墓志铭并序》所载，郭玄远原籍太原，后迁居京兆，先是博通儒书，后弃儒入道，"弘道年（683）中出家，隶东明观。长寿年于凌空观王尊师讲正一之文。景云中于景龙观叶尊师授上清之法，寻有诏为南岳使者，杖羽节而行，登紫盖于中峰，投金龙于洞穴，然后巡庐岭，游茅山，历四明五岳，炼玉英云粉，殆十数年矣。"② 凌空观在东都洛阳，景龙观在长安崇仁坊，都是当时的皇家宫观，郭玄远二十四岁在东明观出家，先是从王尊师学习正一经，后受叶法善的上清法，不久受睿宗之敕命往南岳投龙，此后十多年间一直在各地名山洞府云游，避开了此时宫廷内部激烈的权力斗争，直到"开元十五年（727）还京，又居东明观"。

开元二十四年（736），郭玄远应玉真公主之请，前往河南王屋山设金箓大斋。开元二十八年（740）十一月十六日迁化于东明观，葬于长安马祖原，受法弟子"张升同等二百余人，咸道门之冠"，墓志铭为"右司员外郎刘同升撰，内供奉道士骆詹尹书"。两位法师虽同葬马祖原，但对比孙文俊无署名的墓志铭，远离世俗名利和宫廷政治旋涡的郭玄远似乎更受到朝野的普遍尊崇。同时期住在东明观的另一位三洞法师郭超俗（682～741），同样也是祖籍太原，久居京兆，可能与郭玄远来自同一个家族（叔侄关系？）。据新发现的《大唐故东明观三洞郭法师墓志铭》③ 载，武则天万岁登封元年（696），郭超俗奉诏入道，一直在东明观焚修，此外并无更多的事迹记载，开元二十九年（741）迁化于东明观，春秋六十，也同样安葬在长安之马祖原。郭氏两位法师以出尘之志、淡泊之心同住东明观精修上道，令人敬佩。

作为皇家宫观，东明观的道士多奉敕命而来，如武则天万岁登封年间，道士范元

---

① （宋）王钦若等撰《册府元龟》卷二十，凤凰出版社，2006，第198页。
② 此方墓志铭系首次披露，此前未见著录。
③ 此方墓志铭系首次披露，此前未见著录。

敕度住东明观，神龙、景龙年间先后于观主曹策、升选先生张知常和大洞法师寇义待门下受老子十戒、正一法和上清箓等，开元二十五年（737）敕授为肃明观观主，二十九年（741）迁化葬于长安马祖原，东明观道士王趋庭为其撰墓志铭。① 以此来看，东明观汇聚了京城道流之精英，而修学道士授箓之次第、道阶之升授也要经历很长的时间，也可见唐代受箓制度之严格。以上几位东明观道士皆安葬在长安马祖原，据李举纲等人的考证，可能是东明观道士的公共墓地，如《唐李义珪镇墓石拓本》记有"东明观上清三洞三景弟子李义珪灭度五仙托尸太阴，今于京兆府长安县务道乡马祖原界安宫立室。"② 可知马祖原大致在京兆府长安县务道乡，"其范围位于唐代长安城西长安县龙泉乡、神泉乡、务德乡、务道乡等乡境域内，即今西安莲湖区土门以南，雁塔区山门口乡以北一带"③。

李隆基崇道更甚，在两京创建了许多新的宫观，而东明观始终受到皇室特别的尊崇，而开元中东明观发生的一件牵扯宫廷美人的丑闻，却让玄宗皇帝大为恼火，而东明观道士的形象也因之大为减损。④ 开元中（713～741），来自峨眉的道士王仙卿入京，受到李隆基的重视，被任命为东明观主，奉敕在大圣祖玄元庙、黄帝坛、青城山等处修醮。⑤ 天宝中（742～756），东明观道士王虚真以符箓受到玄宗的重用，升任道门威仪，掌管京城的道门事务，天宝十年（751），"奉为五圣写《一切道德经》五本，于太清宫、兴唐、东明、龙兴观各置一本，仍各赐绢五百匹，以申斋庆"⑥。此时东明观仍为京城的重要宫观之一，天宝十四年（755），王虚真羽化，玄宗十分悲痛，谥曰"洞微先生"⑦。天宝年间，有长安尉张因解职入道，"诏许之。居东明观三十余年，受毕法，道行峻异，得众真秘书诀录，聚经籍图史，侔于麟阁"⑧。德宗贞元中，张因之弟张回因降职封州（治今广东封开县封川镇），兄弟情深不忍分离，遂

---

① 李举纲、张婷：《新见〈唐肃明观主范元墓志〉考疏》，《华夏考古》2011 年第 1 期，第 107 页。
② 王建荣：《〈唐女青文五岳镇墓刻石〉考释》，《碑林集刊》第十五辑，三秦出版社，2009，第 84 页。
③ 李举纲、张婷：《新见〈唐肃明观主范元墓志〉考疏》，《华夏考古》2011 年第 1 期，第 111 页。
④ （唐）郑綮撰《开天传信记》载："上所幸美人，忽梦人邀去。纵酒密会，任饮尽而归。归辄流汗，倦怠忽忽。后因从容尽白于上，上曰：'此必术人所为也，汝复往，但随宜以物识之。'其夕熟寐，飘然又往。半醉，见石砚在前，乃密印手文于曲房屏风上，寤而具启上。上乃潜以物色之。异日于东明观得其屏风，手文尚在，道士已遁矣。"收入（五代）王仁裕等撰《开元天宝遗事十种》，第 58 页。
⑤ 《全唐文》卷九二七"张尊师遗烈碑"、《全唐文》卷九三二"青城山记"、《唐文拾遗续拾》卷三。
⑥ 《全唐文》卷九百六十二"贺写道德五本表"，中华书局，1983，第 9993 页。
⑦ 《册府元龟》卷五十四，第 570 页。
⑧ （唐）柳宗元撰《柳河东全集》卷十一，世界书局，1935，第 118 页。

同往封州，第二年张回之子张袭去世，张因悲痛而病笃，于贞元二十一年（805）卒，时贬谪永州（今湖南永州市）的柳宗元应其徒之请而作《东明张先生墓志》，赞其为"不能忘情者也"。

三　东明观与唐代长安的佛道斗争

唐代的都城长安是一个各种宗教都充分自由发展的黄金时代，佛教、道教以及来自西域的景教、祆教、摩尼教等，都在长安的舞台上尽情展演各自的文化魅力，而以道教和佛教的社会影响力最为深远。虽然唐朝的三教关系基本上确定了道先佛后的次序，但为了争夺信众和皇室的实际支持，佛道两教人士常常展开激烈的论争活动，皇室为了调和三教矛盾，也经常在宫廷召开三教辩论的活动，东明观作为最为重要的皇家宫观，在唐代的佛道论衡中显示了其深厚的学术实力。

据《集古今佛道论衡》载，"显庆三年冬十一月，上以冬雪未零忧劳在虑，思弘法雨零祈雪降，爰构福场故能静处中禁，广严法座，下敕召大慈恩寺沙门义褒、东明观道士张惠元等入内，于别中殿讲道，论始于斯时也，内外宫禁咸集法筵。……时道士李荣先升高座，立本际义。"[①]"本际"是初唐佛道论衡的主要论题之一，也是李荣道教学术思想的主旨。作为唐代重玄学的代表人物之一，李荣著有《老子真经注》阐发重玄之意。在此之前，李荣就多次参与了宫廷组织的佛道论辩，如显庆元年（656）与慈恩寺僧慧立论，李荣立"道生万物义"；显庆二年（657）西明寺工竣，李荣与慧立论"六洞义"等。

李荣号任真子，系蜀地绵州（今四川绵阳）人，学冠巴蜀，声名远播，高宗初年应诏入京，先后住玄都观、东明观等，才思敏捷，道学精进，为京城道流之冠。李荣与初唐四杰的卢照邻和骆宾王都有交往，卢照邻曾作有一首《赠道士李荣》的诗作，以华美的辞藻盛赞了李荣的道行之高妙，而骆宾王的一首《代女道士王灵妃赠道士李荣》，则谴责了李荣抛弃昔日情人的薄情寡义，堪为玄门怨情诗的典范之作。虽然李荣在爱情上颇有不专之嫌，但其在道教思想史上的地位不可磨灭。显庆五年（660）李荣被放还故里，龙朔三年（663）复诏还京，又与大慈恩寺灵辩论"道玄义"。高宗末年，李荣仍在长安，与罗道琮等儒生多有往来。

---

① （唐）道宣：《集古今佛道论衡》卷四，《大正藏》第 52 册，第 389 页。

李荣在京城多年参与佛道论辩，又常过于才华显露，不可避免地走过了头，据《大唐新语》载："京城流俗，僧道常争二教优劣，递相排斥。总章中（668～670）兴善寺为火灾所焚，尊像荡尽。东明观道士李荣因泳之曰：'道善何曾善，云兴遂不兴。如来烧亦尽，唯有一群僧。'时人虽赏荣诗，然声称从此而减。"① 佛道论辩本属学术讨论，李荣之讥诮佛教似乎也有点过了头，声望大不如从前了。不过这种道士和尚之间的相互戏谑，也是当时流行的社会风尚，据《启颜录》卷下称："唐有僧法执，形容短小，于寺开讲。李荣往共议论。往复数番。僧有旧作诗咏荣，于高座上诵之云：'姓李应须李，言荣又不荣。'此僧未及得下句，李荣应声接曰：'身材二尺半，头毛犹未生。'四座欢喜，伏其辩捷。"② 此虽属和尚道士之间的戏谑，但足见其才思敏捷。

在李荣之后，东明观再无出现过辩才道士，京城佛道论衡亦不如唐初如此频繁和激烈，佛道二教争夺信徒的方式也在发生着变化，道士和尚多通过俗讲和法术来吸引信众，正如韩愈在《华山女》中所描绘的那样，长安各大佛教寺院都讲佛经，吸引了许多的民众，而道士座下寥寥无人，有女道士"华山女"装扮若仙女临凡，升座演法，一下把佛门弟子都招过来了。韩愈反对皇室崇信佛教，而此诗以戏剧的手法描写，将宗教神圣的外衣撕去，揭露了当时佛道两教趋于世俗化的面貌。为了获得皇室的特殊待遇，长安的和尚和道士之间常常争宠斗法，据《道教灵验记》载，开元七年（719），玄宗遣人迎奉蜀州新津县的一尊木文天尊像，于京城东明观安置，当时就有僧人抗议说此是维摩诘像，非道门所有，"乃雇有力之士，使于东明观道场中窃之"③。然而负像的力士被众人发现擒拿归案，审讯后才知道是西明寺僧所为。代宗年间，又有太清宫道士史华与密宗僧惠崇斗法，据《宋高僧传》："大历三年（768），太清宫道士史华上奏：'请与释宗当代名流角佛力、道法胜负。'于时代宗钦尚空门，异道愤其偏重，故有是请也。遂于东明观坛前架刀成梯，史华登蹑如常蹑道焉，时缁伍互相顾望推排，且无敢蹑者。"④ 佛道两教的斗法，在早期的佛道论衡中就时有发生，初唐时期的道士叶法善、叶静能等都是道法高妙的法师，与和尚斗法总能以取得胜利，而中晚唐以来颇通神异的密宗僧人在斗法中屡屡胜过道士，令道士在佛道论衡

① （唐）刘肃：《大唐新语》卷十三，"唐宋史料笔记丛刊"，中华书局，1984，第190页。
② 曹林娣、李泉辑注《启颜录》，上海古籍出版社，1990，第58页。
③ （宋）张君房纂《云笈七签》卷一百一十八，第2592页。
④ （宋）赞宁：《宋高僧传》卷一七"唐京师章信寺崇惠传"，中华书局，1987，第425～426页。

中往往处于下风，不过这些中晚唐的斗法故事多是佛教经典所载，可能有自高己方的偏颇之意，但从另一个角度也显示出佛教发展势头日趋强盛。

附图 1　唐故东明观三景大德郭尊师墓志铭并序

附图 2　大唐故东明观三洞郭法师墓志铭

论蒙古族萨满教文化的传承、发展与保护

色 音

内容摘要：蒙古族萨满教信仰历史悠久，在外来宗教的冲击以及社会历史变动的影响下蒙古族萨满教文化以改头换面的变异形态残留至今。萨满教文化和成吉思汗祭奠是蒙古民族非物质文化遗产的重要载体，是蒙古民族传统信仰民俗的集中体现。建立在萨满教观念基础上的成吉思汗祭奠已登上第一批国家级非物质文化遗产名录。在今后的非物质文化遗产保护工作中各地各级政府以及有关部门应根据不同的情况和条件，采取灵活多样的保护方式和策略，将传统的保存方式和新型的保存方式有机地结合在一起，并在实际的运作过程和工作实践中根据具体情况不断地调整和改进保存方式和保护模式，这样才能够达到既要保存和保护，又要创新和发展的最终目的。

关键词：蒙古族　萨满教文化　非物质文化遗产　传承保护

作者简介：色音，中国社会科学院民族学与人类学研究所民族文化研究室主任、研究员。

一　蒙古族萨满教的形成与发展

蒙古族萨满教信仰历史悠久，在古代社会，生产力水平低下，人们对天、地、日、月、星辰、山川、湖泊等自然物和风、雨、雷、电等自然现象缺乏科学的理解和解释，认为这些都是某种神秘力量在暗中主宰，对这些物体和现象产生了崇拜。萨满教信仰是在万物有灵论基础上产生的原始宗教形态。

萨满教是基于万物有灵论的一种自然宗教形态。信仰萨满教的民族之观念中，认为宇宙万物、人世祸福都是由鬼神来主宰的。自然界并不是一个客观的、自在的体系，而是由某种超自然的东西在支配它，它是神灵的创造物，依神灵的主观意志而发展、变化。自然的每个部分都是由某个特定的神灵所管理的。

在蒙古族萨满教的天体崇拜中，天地和日月崇拜是较重要的内容。天地滋养着万物，日月温暖着世界。这种自然的伟大而神秘的力量往往被人们所神化，变成人们所信奉、崇拜的对象。首先被称为"万物之父"的天得到了特殊的意义和地位。因为不管是对农业民族也好，还是对游牧狩猎民族也好，天是"具有最巨大的生产意义的自然因素"①。在蒙古族生活的草原地带，一旦天下大雪或刮大风，牧民的牲畜会大量死去，帐房会被刮走。因此，天在蒙古族的萨满教信仰中成为诸神中之第一位神。古老的蒙古民族，"最敬天地，每事必称天"②，"有拜天之礼"③。据《黑鞑事略》载，古代蒙古人，每年"正月一日必拜天，重午亦然，……无一事不归之于天。凡饮酒先酹之。其俗最敬天地。每事必称天。闻雷声则恐惧不敢行师。曰天叫也"，天可以主宰人的一切命运，所以"其所战宜极寒，无雪则磨石而祷天"④，希望天神给下大雪。天可以赐予幸福和胜利。据文献记载："成吉思汗出征金国阿勒坦汗时，依俗登一高山，解带至项后，敞襟跪祷曰：'长生之天有灵，阿勒坦汗挑起纷争，他无故辱杀我父弟兄斡勒巴尔合黑和我曾祖弟兄俺巴孩罕，……我欲复仇讨还血债。天若许我，请以臂助，并命上天诸神及下界人类辅我成功。'"⑤ 蒙古语称天为腾格里，蒙古萨满教认为腾格里天神有九十九个，西方的五十五个天是善的天，东方的四十四个天是恶的天。这表明蒙古萨满教是从明显的功利目的出发去解释"天"的，因而给它涂上了一层伦理的色彩，把它分成以善恶为代表的两个互相敌对的阵营。几乎在所有民族的萨满教观念中天神居首要的地位。在赫哲族萨满巫俗中，萨满所领诸神有几十种，有鸟类、兽类、人形偶像、爬虫、器物、鱼类等。普通人家供奉许多神像，其中赫哲人最崇敬的神，为"伏尤亥玛法"（意即天神），供在大树上。大树如被雷劈或被风刮断，都被认为是有天神栖附其上，对其加以崇拜。赫哲人认为遇有灾难得保平安、患病得愈、渔猎业得丰收等，都是天神的保佑，因此，常许愿祭天神。祭祀之日，宰牛、猪、羊、鸡等做祭品，主持人率领全屯的男人为陪祭者，在"神树"前集合，焚"僧其勒"香草，由"弗力兰"祷告，参加者叩头、并献供物。⑥

---

① 〔俄〕柯斯文：《原始文化史纲》，张锡丹译，人民出版社，1955，第177页。
② （南宋）孟洪：《蒙鞑备录》。
③ 《元史》，卷一二三《祭祀一》。
④ （南宋）彭大雅：《黑鞑事略》，第27页。
⑤ 〔波斯〕拉施特：《史集》第一卷第二册，商务印书馆，1983，第263页。
⑥ 刘忠波：《赫哲人》，民族出版社，1981，第57~60页。

萨满教所理解的天从某种意义上来说已经失去了它的物质性，变成一种代表神灵的精神实体。作为物质体的同一个天在萨满教观念中分化成不同的天神，为了管理不同事物的需要，天神内部也产生了不同的分工，其结果塑造出许多性格不同、形象千差万别的天神。

土地神是各民族萨满教所信奉的另一主要对象之一。对于信仰萨满教的大多数游牧民族来说，土地虽然不如农业民族那么重要，但在逐水草放牧畜群时，选一个好的地方放牧也是一件很幸运的事情，因此土地神在以游牧民族为中心的萨满文化圈中也占有一席之地。据旅行家马可波罗记载，古代蒙古人信奉一种叫"纳蒂盖"的土地神。《马可波罗游记》载："他们还信奉一种名叫纳蒂盖的神，它的神像用毡子或其它布匹盖着，家家户户都供奉这种神。他们还替这种神塑造妻儿子女，左边摆妻子，前边摆儿女，俨如一家"。

在蒙古族萨满教的观念中除了自然界的事物之外，一些自然现象，如风、雨、雷、火等自然界的现象也被神化了，每种现象几乎都有各自的神灵。《多桑蒙古史》载，蒙古人"尊敬和崇拜太阳、月亮、火、水和土地"。他们不仅把太阳、月亮等自然事物当作神灵来加以崇拜，而且把火这一自然现象也当作神来崇拜了。火的使用是人类进化过程中最重要的一环。对于生活在高寒地带的蒙古人来说，火尤其重要。他们可以用火来驱赶猛兽、烧烤生肉、烧火取暖等。正因为火对古代蒙古族的生活有着如此巨大的作用，因而他们特别敬奉它，甚至把它看作美的化身，是一种神圣不可侵犯的东西，一切祸根都可以用它消灭，一切污垢都可以用它净化，它"具有清除肉体和精神上一切恶习的本性"。班札洛夫在《黑教或称蒙古人的萨满教》一文中指出："蒙古人虽然认为女神斡惕（意为火）是幸福和财富的赐予者，但它的特点是纯洁，它具有使一切东西纯洁的能力，它具有把自己的纯洁传给别的东西的能力。"[①]古代蒙古人送到宫廷里的一切东西，事先都要通过两堆火净化以后才能送到可汗手里，火几乎变成了无所不能的神灵。我们还可以从下面一段祭火祝词了解火在蒙古族原始信仰中占有的重要地位："火神米荣扎啊！用神仙法术脱生，你性格磊落光明。火神米荣扎呀！把坚硬化为松软，把黑暗变为光明。祈求你赐予最大的福分，让我们在这幸福中永生！"

蒙古人为了得到火的帮助，往往"把高山一样多的食物，把大海一样多的饮料，

---

① 道尔吉·班札洛夫：《黑教或称蒙古人的萨满教》，《蒙古史研究参考资料》第 17 辑，第 13 页。

祭献给威严的火汗"①。布里亚特蒙古萨满神歌中，火神的形象往往被描写成红老人或穿红衣的老人。类似这种拟人化的火神形象在其他民族的萨满巫俗中也较常见。如，果尔德人的观念中，火神是穿红外套的老太婆；萨摩亚人的传说中火神也是红色的，或穿红衣的；而雅库特人的火神则是灰色的。② 在鄂伦春族的萨满巫仪中，火是比较神圣的东西。火神叫作"透欧博如坎"。每当腊月二十三日送火神上天时，人们须向它供祭一次，春节早晨还要供祭一次，禁止在火上倒水，或用刀子、木棍在火中乱捣，认为这样会触怒火神。③ 萨满跳神时必须有一人拿一团烧红的火炭在萨满前边引路，否则萨满的神灵不能附体。赫哲族萨满巫俗中，称"佛架玛法"为火神爷爷。对火有许多禁忌：不能跨过火堆；在用水灭火时，要说："请火神爷爷把脚挪一挪"。烧草做饭时，要从草梢顺着烧到草根，不能乱七八糟地烧；熄灭灶火时，不能敲打或脚踏；女人不能向灶门蹲着架火；猎人见到火堆要叩头。④ 对火的禁忌是萨满教火神信仰的主要表现形式之一。如古代蒙古族的萨满巫俗中，拿小刀插入火中，甚至拿小刀以任何方式去接触火，或用小刀到大锅里取肉，或在火旁拿斧子砍东西，这些都认为是罪恶。据旅行家鲁布鲁克报道，他们相信如果做了上述事情，火就会被砍头，并且禁止从火上跨越。鄂温克族对火的信仰更是出于虔诚。解放前，有些鄂温克人对火的崇拜非常认真，在吃饭和饮酒的时候，常常举行简单的祭火仪式，把一些饭菜酒肉投入火中，然后进餐。他们在搬家时也不敢扑灭火种，甚至对危害性很大的山林野火也不敢扑灭，因为他们认为那是由火神放的，是火神在驱除恶魔。⑤

打雷被认为是天在叫。《黑鞑事略》记载古代蒙古人"每闻雷声，必掩耳，屈身至地，若躲避状"。杜尔伯特蒙古族认为龙生气后发出巨声，从而引起雷鸣。这一古老信仰在近代科尔沁萨满的祭雷活动中仍有残留。科尔沁有些地区，遇有雷击人畜或蒙古包，便请萨满来禳除。到了雷击处，萨满拿出蓝色旗供上，然后念咒祭旗，使那个地方"清洁起来"。当地人认为，一经萨满念经祭雷，就可免遭雷击。祭雷活动在古代就有。

蒙古族对神山和山神的崇拜古来有之。《蒙古秘史》载，三篾儿乞惕部落来侵

---

① 莫力根葛根：《火的祝词》（手抄本）。
② U·哈儒瓦：《萨满教－阿尔泰系诸民族的世界相》，三省堂，1971，第223页。
③ 秋浦：《鄂伦春社会的发展》，上海人民出版社，1980，第160页。
④ 刘忠波：《赫哲人》，1981，民族出版社，第60页。
⑤ 朱天顺：《原始宗教》，上海人民出版社，1964，第26页。

时，铁木真向不而罕山去躲避。三篾儿乞惕走后，成吉思汗对着不而罕合勒敦山感谢道："于合勒敦不而罕上，遮护我如蚁之命矣。我惊惧极矣。将不而罕合勒敦山，每朝其祭之，每日其祷之，我子孙之子孙其宜省之。言讫，向日，挂其带于颈，悬其冠于腕，以乎椎膺，对日九跪，洒奠而祷祝焉。"① 这种爬上山顶祷告的信仰习俗在古代蒙古族中间较普遍。据波斯史学家拉施特的《史集》记载，当花剌子模王杀死成吉思汗派去的商人时，成吉思汗得知后"愤怒地独自上山头，将腰带搭在勃子上，光着头将脸帖到地上"，祈祷三天三夜。② 蒙古族自古以来把蒙古地方的孛格多山、查苏凸海日罕、杭爱山等山脉当作神山来崇拜并祭祀过。尤其不而罕合勒敦山是蒙古族祖祖辈辈祭奠下来的神山。据策·达赖博士的《蒙古萨满教简史》载，位于蒙古国霍布图艾玛克的查苏凸海日罕山被当地的扎卡沁氏族人当作救命恩神来祭祀，祭祀时山两侧设敖包进行大规模的祭典活动。另外，位于蒙古国库布斯库勒艾玛克的名叫"达岩多日黑"的山洞也被当作神灵居所崇拜过。这一山洞里有一块像乳房一样的石头，当地萨满把这一块石头当作"萨满之母"来祭祀。

蒙古族萨满教中具有图腾崇拜的痕迹。原始时代的人没有把人类自身从动物界划分出来，在他们心目中，人与动物之间还没有明显的界限。在这种观念的前提下，先民们以为本氏族的祖先是某种动物的化身或转世，从而把相应的动物当作自己的同胞兄弟，或认为本氏族与该动物之间存在着联盟关系。于是，这一氏族对相应的动物实行崇拜，这一动物则成了该氏族的"图腾"。

值得提出的是，并非所有的动植物信仰现象都是图腾崇拜。萨满教研究专家科索克夫在他的《萨满教研究》一文中指出，动物崇拜主要基于两个原理，一是为了防止有害的凶猛动物（如熊、鲸、蛇、狼等）的侵犯，二是基于死者或死去的祖先萨满的灵魂变成某种动物的观念。而图腾的主要特点是相信某个人间群体同其他的动植物或无机物有着某种血缘联系。图腾动物要保护该群体的全体人员，而单纯的动物崇拜就没有这一特征。③ 在我们的观察中，萨满巫仪中并非所有的动物都是作为图腾动物出现的，有些动物在萨满巫仪中只是扮演着辅助灵的角色，不能把这种动物同图腾动物混为一谈，必须要认真辨别之后才能确定是否是图腾崇拜。辅助灵和萨满之间的关系只是保护和被保护以及合作关系，并没有血缘关系。辅助灵不是作为萨满的祖先

---

① 道润梯步：《新译简注〈蒙古秘史〉》，内蒙古人民出版社，1979，第59页。
② 〔波斯〕拉施特：《史集》第一卷第二分册，商务印书馆，1983，第189页。
③ 《蒙古》（日文），昭和17年1月号，第9卷第1号。

出现，而只是以萨满的伙伴或合作者的身份出现。并且辅助灵越多，萨满的法力也越强。萨满和辅助灵的关系就是一种保护和被保护的关系。辅助灵除了保护萨满之外，还可以帮助萨满飞上天上界，也可以使它降入地下界。通古斯萨满的辅助灵往往是一条蛇，所以巫仪过程中经常出现模仿爬行动物的动作，也有模仿动物声音的怪声，这种模仿行为都是获得辅助灵之援助的一种方式，并且萨满为了和辅助灵合一或达到和谐往往戴动物面具或披动物皮等来表示自己已变成动物。埃利亚德认为"辅助灵是萨满的第二个自我"①。

图腾崇拜的对象不是指某一个别的个体，而是该物类的全体，也就是说"类动物"或"类植物"。以熊图腾为例，指的是所有的熊类，而不是某一个个别的熊。在世界各民族的萨满教、特别是在阿尔泰－西伯利亚系萨满巫仪中，动物常常作为萨满的补助灵而出现。作为萨满之补助灵（或救助灵）的动物有各种各样。有熊、狼、雄鹿、野兔等四肢动物，也有各种鸟类等飞禽以及蛇等爬行动物。这些救助灵在萨满遇到困难时帮助萨满渡过难关。据《蒙古秘史》记载，铁木真九岁时，其父也速该阿秃儿领他去到舅家聘女，途中遇见翁吉刺部落的德薛禅。"德薛禅语曰：……我今夜得一梦，梦白海青握日、月二者飞来落我手上矣。我将此梦语人曰：日月乃仰望之者也。今此海青握来落我手上矣。正意白海青之落，主何祯祥？也速该亲家，我此梦，却主汝之携子而来乎！梦得好梦，所以有些梦者，盖汝乞牙惕百姓之神灵来告之也。"②

蒙古族对树木的崇拜可能是基于对它的生命力的崇拜。据拉施特《史集》记载，有一次成吉思汗出去打猎，有个地方长着一颗孤树。他在树下下了马，在那里心情异常喜悦。他遂说道："这个地方做我的墓地倒挺合适！"就这样，成吉思死后，把他的灵柩埋葬在那里。③ 这可能跟萨满教对活树之生命力的崇拜有关。另据旅行者普兰尼·加尔宾的记载："窝阔台汗遗留下一片小树林，让它生长，为他的灵魂祝福，他命令说，任何人不得在那里砍伐树木。"④ 这也同样表明，古代蒙古族崇拜活树的生命力，往往视其为死者灵魂栖息之处。蒙古族对活树的信仰具有很古老的传统，据《蒙古秘史》载："全蒙古，泰亦赤兀惕聚会于斡难之豁儿豁纳黑川，立忽图刺为合

---

① 埃利亚德：《萨满教——古老的昏迷方术》（日文），冬树社，1974，第112页。
② 道润梯步：《新译简注〈蒙古秘史〉》，内蒙古人民出版社，1979，第30页。
③ 〔波斯〕拉施特：《史集》第一卷第二分册，商务印书馆，1983，第189页。
④ 〔英〕道森编《出使蒙古记》，吕浦译，中国社会科学出版社，1983，第13页。

罕焉。蒙古之庆典，则舞蹈筵宴之庆也，即举忽图剌为合罕，于豁儿豁纳黑川，绕篷松茂树而舞蹈，直踏出没胁之奚，没膝之尘矣。"① 那棵篷松茂树就是古代蒙古所崇拜的神树。在后来的萨满教唱词或一些酒祭仪式诗文中则提到："但愿它繁殖得能够布满迭里温字勒答黑，但愿它繁殖得象蓬松树那样繁茂。……"

这种崇拜和供祭独棵树或"萨满树"的观念与中亚地区蒙古各部族认为自己祖先诞生于树木的神话观念有着密切联系。据《卫拉特史》记载，卡尔梅克蒙古人中的绰罗斯部族认为，他们的祖先是一个"以玲珑树做父亲，以猫头鹰做母亲的，柳树宝东（大力士）太师"。卡尔梅克蒙古史诗《那仁汗胡勃棍》中也把主人公说成诞生于树木的人。在布里亚特蒙古神话中，不但有许多类似树木崇拜的描述，而且在布里亚特萨满唱词中还常常提到"柳树母亲"②。

蒙古族萨满教中的祖先崇拜传统有着悠久的历史。忽必烈建立元朝，登基皇位后，在北京举行大规模祭祀祖先的盛典。《元史》卷七十七载，元朝每年 8 月 28 日在大都（北京）举行祭典，跪拜呼唤成吉思汗名。祭祖活动是蒙古萨满教祭祀仪式的重要内容。据古代文献记载，祭祖"由珊蛮（即萨满）一人面向北大声呼成吉思汗及诸故汗名，洒马乳于地以祭"。这一古老的信仰习俗，在今天的内蒙古地区祖先崇拜活动中仍有遗踪可寻。传至今天的蒙古族祭祖活动中，成吉思汗祭典比较完整地保存了古老传统的祭祖形态。成吉思汗祭典的成例，自窝阔台汗时代即已开始。到了忽必烈建立元朝，登基继承皇位以后，在大都（今北京）举行大规模的祭祀祖先盛典，并规定了祭祀成吉思汗的"四时大祭"。《元史》等古代文献中都记有成吉思汗祭典的内容。成吉思汗祭典包括平时的瞻仰性祭祀，每月的礼祭、正月（春节）大祭以及四季祭典等祭祀仪式。举行祭典的主要场所是成吉思汗陵，成吉思汗陵位于内蒙古伊克昭盟伊金霍洛旗阿拉腾甘德尔。除了成吉思汗祭典之外，内蒙古西部地区的祭祖活动还有托雷祭典，托雷是成吉思汗第四子，以前在内蒙古杭锦和鄂托克两旗之间的道伦湖都克长期祭祀着托雷的像，1955 年把它搬到新建的成吉思汗陵，从此就和成吉思汗陵的其他祭典合在一起来祭祀。据考察，托雷祭典中出现的祭苏勒德仪式属较晚期。托雷的朝木朝克宫最初是双的，后来逐渐变成单朝木朝克。托雷祭典有月祭和季祭两种形式，月祭一般每月初三举行。萨满教以各种形式渗透到蒙古族的社会

---

① 道润梯步：《新译简注〈蒙古秘史〉》，内蒙古人民出版社，1979，第 27 页。
② 仁钦道尔吉、郎樱编《叙事文学与萨满文化》，内蒙古大学出版社，1990，第 127 页。

与文化，如今已成为内蒙古的重要文化遗产。

蒙古族的萨满教信仰已进入了衰落的阶段，但衰落并非意味着很快就要消亡。蒙古族萨满教在外来宗教的冲击以及社会历史变动的影响下，在由盛变衰的过程中采取了一些灵活多样的生存策略，以改头换面的变异形态残留至今。我们可以把蒙古族萨满教的历史变容归纳为以下四点。

（一）复合化变容：萨满教以与其他宗教相复合的方式存续了下来。藏传佛教传入蒙古地区之后，蒙古族萨满教发生了较大的变化。首先，萨满队伍发生分化，分成了亲佛派和排佛派。亲佛派蒙古语称"查干主根博"（意为白萨满），排佛派称"哈日主根博"（意为黑萨满）。亲佛派萨满主动吸收了很多藏传佛教的因素，而排佛派萨满则顽固地保留了萨满教的古老传统。亲佛派萨满的法服法器、祷词神歌以及仪式活动等都明显地受到了藏传佛教的影响。如，藏传佛教传入蒙古地区后在蒙古族萨满的唱词中渗透了不少歌颂喇嘛教、向佛祖祈祷的内容。甚至有些蒙古萨满还穿上喇嘛服、改用喇嘛所用的法器。

（二）科学化变容：萨满教在发展演变的过程中吸收了一些科学因素，使萨满医术得到了充实和完善。以科尔沁蒙古族的整骨医术为例，来源于萨满医术的蒙医整骨学现已成为中国医学宝库中独立的一门科学。现任内蒙古哲盟蒙医整骨医院党支部书记兼副院长、蒙医骨伤科主任医师的包金山就是清代著名女萨满娜仁·阿柏的曾孙。娜仁·阿柏，别号"神医太太"，内蒙古哲盟科左后旗人，1790 年出生，卒于 1875年，享年 85 岁。相传，娜仁·阿柏是成吉思汗时代阔阔出萨满的后代的徒弟，科尔沁萨满首领郝伯格泰的后裔，是整骨术的"巫都干"（蒙古语称女萨满为"巫都干"），她是科尔沁近代蒙医整骨史上最早的继承者和发展者。包金山作为"神医"娜仁·阿柏的曾孙，在继承她的萨满医术的基础上，使其更加完善，更加科学化，结合多年的临床实践写出了《包氏祖传蒙医整骨学》等医学专著。目前，他的整骨医术虽然从萨满医术分离出来成为纯粹的医学技术，但仍然保留了一些萨满医术的神秘色彩。他在一份工作汇报中写道："1990 年，首届中医骨伤学国际学术研讨会在深圳召开。来自澳大利亚、日本、新加坡、中国台湾等 10 多个国家和地区，以及国内 20 多个省区市的各路高手纷纷登台表演整骨绝技，来自草原土生土长的医生，一个在国际国内医学界没有任何头衔而能参加这样盛会的我感到非常激动。登台的表演者一个个的过去了。没有什么惊人的场面，也没有激动人心的时刻，只有几分得意和几分遗憾。当大厅里的广播用英语和国语点到我时，我非常自信地登上了表演台，我面对的是一个左肱骨髁上骨折的患者。当我的第一口白酒随着功力的喷出，一声尖利的啸响后，大厅里象开了锅一样，人们好像嘲弄般地笑了。这时有几个外国人抢先拍照、录像，在他们眼里，我似乎根本不是个医生，而是一个玩幽默的滑稽演员，或许有一天他们又要展示一下中国医生的洋相。随着我用奇特祖传蒙医正骨手法，经过9分钟治疗，这个12岁的少女康复如初，从表演台上下来，自如地在大厅前走了起来，寂静的大厅顿时爆发出了长久的掌声，人们离开了坐位拥了上来，一睹这神奇的医术。"

类似包金山一样从萨满医术中吸收合理因素，使其以更加科学化的方式继承下来的蒙古整骨医师为数不少，他们目前仍然活跃在农村或城市。

（三）艺术化变容：有些民族的萨满教音乐、舞蹈、神话传说等经过一段艺术化的过程变成了民间文学和民间艺术，以民间艺术作品的形式流传于后世。以蒙古族萨满的"安代"音乐为例，它现在已成为一种民间歌舞形式。"安代"最早是萨满治病的跳神仪式之一，几经变迁虽游离于宗教音乐之外，成为独立的音乐形式，但它与萨满音乐仍有着不可分割的联系。有人认为"安代"作为民间歌舞，其音乐、舞蹈及演唱形式都与古代狩猎歌舞有许多相似之处，而萨满音乐的最初来源就是狩猎音乐。由此可见，古代歌舞艺术被萨满吸收并保存下来，之后又送还于民间，"安代"就是一证。

（四）民俗化变容：萨满教的部分禁忌、祭祀、仪式等渗透到民间民俗生活中，成为民俗文化的有机组成部分。在信仰萨满教的民族中，类似这种通过民俗化的途径保留下来的萨满教遗俗并不罕见，如蒙古族的祭敖包习俗就是从萨满教的祭祀山神地神的自然崇拜传统演变过来的。我于1999年8月5日晚在蒙古国首都乌兰巴托郊外观看了一次由萨满主持的祭敖包仪式，该仪式尽管被称作"札林敖包祭"（意为男萨满的敖包祭），但参加仪式的大多数都是普通市民和牧民，可见该宗教仪式已带有明显的民俗仪式特征。

总之，古老的萨满教信仰通过复合化变容、科学化变容、艺术化变容、民俗化变容等改头换面的形式延续至今，并成为蒙古族传统文化的有机组成部分。所以我们必须认真地对待它，不能够简单地把它当作宗教迷信消灭掉。

在我国，经历了几次政治运动之后，人们几乎在萨满教和迷信之间画上了等号。不仅在一般民众的观念中是这样，就是在政界官员甚至一些老一辈学者的头脑中也把萨满教看作一种愚昧、落后、需要破除的迷信。然而，根据我们调查研究的结果，萨满教和蒙古族的文化艺术、道德法律、政治哲学、民俗风情、医药卫生之间关系很密切，甚至蒙古族的一些文化传统就建立在萨满教宇宙观和哲学观念基础之上。如果将萨满教定位为需要破除的封建迷信，那么我们有可能将蒙古民族代代传承下来的传统文化统统看作封建迷信而消除掉。

蒙古族的萨满教哲学是在少数民族先民们认识自然、改造自然、适应自然的生活实践中自发产生的带有直观性、混沌性、类比性等特征的综合思维体系，正是在这一点上萨满教哲学有别于佛教等高级形态的宗教哲学。然而作为一种萌芽状态的哲学形态，萨满教哲学自有它的文化意义和思想价值。正如黑格尔在《哲学史讲演录》中所讲的："在文明初启的时代，我们更常会碰见哲学与一般文化生活混杂在一起的情形。但是一个民族会进入一个时代，在这时精神指向着普遍的对象，用普遍的理智概念去理解自然事物，譬如说，去要求认识事物的原因。于是我们可以说，这个民族开始作哲学思考了。"[1] 由于萨满教综合体系中"哲学与一般文化生活混杂在一起"，所以我们在研究萨满教与蒙古族民族文化间的关系时必须以对其哲学思想的探讨为切入口或敲门砖。这正是笔者在绪论中用相当长的篇幅"大谈"萨满教哲学问题的本意所在。

有人曾提出："在宗教意识控制人们思想和行为的时代，文化的综合凝聚体是宗教。人类的一切文化表现，如社会组织、生活方式、艺术、世界观、观察自然现象的眼光，力图征服环境的巫术活动等，都与宗教意识，宗教活动发生有机联系。"[2] 在萨满教得以产生的那个历史时代，信仰萨满教的民族集团的思维模式和世界观遵循着宗教和神话合二为一的混沌律规则。在这种世界中，自然知识、宗教观、艺术形象、道德法律规范、民俗惯制、文学创作、政治理想以及医学知识的萌芽以奇特的方式交织在一起，它建立在对世界感性形象的认识基础上，建立在把人和社会关系的特性挪用到自然界、把人本身与自然事物相类比这样的基础上，它是人对周围世界的关系的前理论形式。如果没有这种文化内核及哲学探求精神的话，萨满教不会在历史上发挥如此巨大的作用，也不会那样深刻地影响如此众多的民族。哲学是萨满教的重要基础，萨满教也可以说是一种独特的哲学思想体系，是对宇宙人生所持的一种独特态度和观念。在萨满教哲学世界观的意识形态背景下，信仰萨满教的各少数民族都创造出一整套与其生存环境相适应的物质和精神文化体系，并从中细分出文学、艺术、医学

---

① 〔德〕黑格尔《哲学史讲演录》，第三卷，商务印书馆，1981，第258页。
② 谢选骏：《神话与民族精神》，山东文艺出版社，1986，第350页。

等具体的文化形态。由于萨满教的综合思想体系中隐藏着生命力较强的一套哲学思想，所以它和信仰该宗教的各少数民族的政治、经济、文化等各种社会文化体系发生了紧密的联系。

日本著名学者大间知笃三先生针对达斡尔族萨满的传承问题曾指出："一提到巫教，人们马上只想到迷信、邪教，一提起巫人们马上想起弄作诈骗术、说谎言的卑贱之徒……我认为，在民族固有传承中发现将来应该发展的诸种要素的态度是可行的。当然在治病巫中有许多迷信，这是应该纠正的。作为弊害需要清除的东西也不少。就治病巫术而言，这是朴素的，使宗教、文学、音乐、舞蹈融为一体的综合体。各种氏族祭祀是包含优秀而美丽的艺术的宗教仪礼。如果达斡尔族将来发展其固有文化，要忽视这些要素，到哪里去寻找其发展的基础呢？"[①]

我们研究萨满教必须要一分为二地看待它，否则很容易得出一些极端而片面的结论。萨满教中既有封建迷信的糟粕，又有民族文化甚至民间科学的精华。取其精华去其糟粕才是我们对待萨满教的正确态度。在萨满教的庞杂体系中确实蕴含着不少值得挖掘的民间民俗文化财富。

目前，我们把非物质文化遗产分为民间文学、民间音乐、民间舞蹈、传统戏剧、曲艺、杂技与竞技、民间美术、传统手工技艺、传统医药、民俗十个部分，在民俗一项中必然要包括一些信仰民俗。大凡民间习俗无不有信仰的成分，因此信仰民俗实可算一个大类。但这里所说的信仰民俗，是侧重于具有信仰观念且有崇拜心理和祭祀活动的部分民俗。信仰民俗是"在长期的历史发展过程中，在民众中自发产生的一套神灵崇拜观念、行为习惯和相应的仪式制度"[②]。原始信仰与崇拜密切联系着，原始阶段的人类信仰很广，他们信仰各种天神、社稷神，信仰图腾，信仰山川日月风雨雷电，信仰各种精灵、鬼魂，并且加以崇拜。后世信仰的佛教、道教、城隍土地神、门神、灶神、财神、喜神、龙王、马王、药王、关帝、鲁班、河神、海神、窑神等也都属信仰民俗，它们的形成历史很复杂。这些信仰民俗贯穿在各种民俗活动中，有的是全民信仰，有的局限于某一地区某一民族，还有的局限于某一种行业和集团。此外，崇信巫鬼、迷信前兆，以及在婚丧礼俗中的命相、风水、择吉、祭魂、驱煞、禁忌、烧纸、诵经及相信天堂、地狱等也都是信仰民俗之表现。

---

① 大间知笃三：《达斡尔族巫考》，《建国大学研究院学报》第 41 卷，1944。
② 钟敬文主编《民俗学概论》，上海文艺出版社，1998，第 187 页。

信仰民俗属于心理民俗，是以信仰为核心的反映在心理上的习俗。① 信仰民俗是在民众中自发产生并始终保持着自然形态的神灵崇拜。它没有完整、系统的哲学、伦理体系，但有着与民众世俗生活联系密切的形形色色的信仰观念，这些信仰观念往往借助于神话、传说、故事、史诗、谚语以及习俗等而得以世代传承；它没有系统的神灵谱系，却有着涉及天地万物、宽广无边的崇拜对象，如自然神、图腾、祖先神、行业神以及万物之灵等；它没有严格的教规教仪，却有着与崇拜对象相配套的民俗行为与仪式制度。每一种信仰民俗都有其特定的信仰对象，亦有信仰该对象的相对固定的群体。钟敬文先生在《民俗学概论》中指出，精神民俗是指在物质文化与制度文化基础上形成的有关意识形态方面的民俗，它是人类在认识和改造自然与社会过程中形成的心理经验，它是人类在认识和改造自然与社会过程中形成的心理经验，这种经验一旦成为集体的心理习惯，并表现为特定的行为方式世代传承，就成为精神民俗。②

原始时期，万物有灵观念成为各种信仰和崇拜的思想基础。除了崇拜天神之外，具体的则多表现为自然崇拜、图腾崇拜、动物崇拜、祖先崇拜等。所崇拜的对象，有的是想象物，有的是实有的自然物、动植物，有的是人类的先祖和神话传说中的祖先。祖先崇拜常与仪礼结合，人们相信通过各种祭祀手段，祖先的灵魂可以保护他的族系，维护族内的团结和利益。祖先崇拜，在氏族社会末期已经出现，主要是崇拜氏族或部落的头领、酋长等共同的祖先或古史传说中的始祖神。在家庭分立之后，则崇拜与奉祀各自家庭、家族的祖先。家庭体制的确立使祖先崇拜分化为许多小的个体，国家有宗庙，民间各有祖先堂，通过祭祖，强化族权的统治。

在信仰民俗中，萨满教是一种具有原始宗教性的信仰，它曾盛行于我国北方鄂温克族、鄂伦春族、达斡尔族、蒙古族以至满族中，它是以万物有灵观念为基础的，并与狩猎、捕鱼经济的巫术活动相结合，它的发生发展和消亡与原始公社向阶级社会过渡的经济基础变化息息相关。这种意识形态在旧石器时代中晚期和新石器时代北方各部落中产生和变化着，它是母权制氏族公社形成和发展起来的一种原始宗教。各族早期的巫师萨满多为妇女，最典型的例子是陈巴尔虎旗的鄂温克人，萨满以妇女为主，只传女儿和妹妹。古代每个母系氏族都要有一名自己的女萨满。由于女萨满在生产、

① 张紫晨：《中国民俗与民俗学》，浙江人民出版社，1990，第123页。
② 钟敬文：《民俗学概论》，上海文艺出版社，2005，第5页。

生活中占据重要地位，实际上就成为母权制氏族社会的酋长，到父系氏族社会以后，萨满转为男性，但也是萨满与酋长的合一体。[①] 萨满在后世，既是医生，又是巫师。徐梦莘所著的《三朝北盟会编》说："珊蛮（萨满）者，女真语，巫妪也。"后世萨满的宇宙观，把宇宙分为上、中、下三界。上界为天堂，诸神所在；中界为净地，是人类繁殖之地；下界为地狱，是恶鬼的住所。萨满立于三者之间，通过他们的宗教祭式与巫术，向神祈祝，为人"消灾求福"。萨满为了得到"神灵的告示"，必须举行巫祭，先迎主神及诸灵，次奏诉愿望，并乞求神灵对此下宣托命令，最后对神谢恩，进行防鬼、退鬼及各种符咒巫术祈禳活动。萨满要穿上沉重的神衣，手执神鼓（单鼓）；祭神堂后，击鼓拜四方，然后点香，诵咒语，坐屋内中央板凳上，上身左右摇摆，击神鼓十数遍后，将神鼓抱于肋下，开始摇晃身体，颤动双腿，如神附体，呈现异常状态。突然猛击神鼓，站起身进行舞蹈，旋转，神衣上的神镜碰击，神铃抖响。这个过程均有助巫（东北称助巫为二神，主巫为大神）帮助配合。神衣为野牛皮制成，挂有神镜、铜铃各六十个，还有许多贝壳、飘带，神帽前面还有金属的鹿角形物，这是达斡尔族的萨满跳神的情景。满族的萨满教与此又有些不同，其神具、跳神法都各有所异，入关后逐渐淡漠。蒙古族的萨满教信仰具有悠久的历史，成吉思汗祭奠就是在萨满教灵魂信仰和祖灵观念基础上产生的信仰民俗。

我们对传统文化的保护与继承意识，体现了我们对传统文化的重视程度，但是对传统文化的保护不应该只局限于保护历史文物等有形文化遗产及一些精英的文化，对于各种民间文化及无形的非物质文化遗产也应给予关注与保护。2005 年 3 月，国务院办公厅公布的《关于加强我国非物质文化遗产保护工作的意见》的附件《国家级非物质文化遗产代表作申报评定暂行办法》中，界定非物质文化遗产是"指各族人民世代相承担、与群众生活密切相关的各种传统文化表现形式（如民俗活动、表演艺术、传统知识和技能，以及与之相关的器具、实物、手工制品等）和文化空间。"[②] 蒙古族萨满文化作为人类文明进程中的一种精神文化表现形式，它不仅反映着人们对客观物质世界的认识，还反映着人们早期时代的审美意识和审美追求，是我们探索蒙古族先民及后代审美心理和艺术特征的线索之一。

蒙古族的萨满教信仰具有悠久的历史，成吉思汗祭奠就是在萨满教灵魂信仰和祖

---

① 张紫晨：《中国民俗与民俗学》，浙江人民出版社，1990，第 125 页。
② 王文章主编《非物质文化遗产概论》，文化艺术出版社，2006，第 10～11 页。

灵观念基础上产生的信仰民俗。通过祭祀成吉思汗的活动，表达了"蒙古民族的一种寄托、希望和祈求的心理，最具民族个性。"萨满教和成吉思汗祭奠是蒙古民族非物质文化遗产的重要载体，是蒙古民族传统信仰民俗的集中体现。建立在萨满教观念基础上的成吉思汗祭奠已收入第一批国家级非物质文化遗产名录。

任何民族对待自己传统文化和文化遗产的态度往往都是较复杂的。既想保存传统文化，又想发展传统文化，是各民族中普遍存在的矛盾心理。然而所谓的"传统"都是在社会历史发展的过程中逐渐形成的，任何民族的传统文化都是在不断创新的过程中逐步地累积而形成的。将传统文化视为停滞不前、一成不变，本身是一种错误的观念，在文化遗产保护的实践中应不断克服这种顽固观念，用发展的观念来对待"活态文化遗产"，不能够以"保存""保护"的名义来阻挡或阻碍一些民族和相关族群的传统文化的合理发展。所以在今后的"活态文化遗产"保护工作中各地各级政府以及有关部门应根据不同的情况和条件，采取灵活多样的方式和政策，将传统的和新型的保存方式有机地结合在一起，并在实际的运作过程和工作实践中根据具体情况不断地调整和改进保存方式和保护模式，这样才能够达到既要保存和保护，又要开发和发展的"一举多得"的最终目的。

蒙古族萨满文化的保护方面我们应该采取以下几个方面的措施。

（一）萨满文化实物保护

建蒙古族萨满文化博物馆，收集、抢救、保存萨满鼓、萨满服饰、萨满法器、萨满神偶等与蒙古族萨满文化有关的民间民俗文物。与萨满文化实物保护同等重要的是对传统制作工艺的保护。

（二）萨满文化传承机制的保护

传承是民俗文化遗产保护中一个非常重要的问题。民俗文化是人们在长期的社会生活中逐渐积累起来的文化，经历了世代的传承和发展才具有了我们今天所看到的形态，而这一过程又是通过人们口头的、行为的方式来进行的。因此，这种以人为主体的世代传承的机制就成了民俗文化生存和发展的内在动力。一旦民俗文化离开了这一传承机制，它也就丧失了继续存在下去的力量。现任的联合国教科文组织驻北京办事处，文化遗产保护专员杜晓帆在他《无形的根枝——文化多样性与无形文化遗产的保护与传承》一文中指出："由于口头和无形文化遗产的特殊性，我们必须注意，有形文化遗产的保护方法不能用于无形文化遗产的保护。对这些特殊的人类文化遗产的保护来说，我们所能做的就是，第一，通过音像媒体或文字把它们的当前状态记录下来；第二，通过对传统艺人的帮助，把技艺传给后代，使遗产得以存活。"① 从长远意义上来说，后者对于民俗文化遗产的保护更为重要。

1. 家族传承

家族传承，就是指在一个具有血缘关系的家族内部进行传承的方式。这是中国传统的民俗文化传承机制中最为原始，也是最典型的传承方式。

2. 行业传承

行业传承就是指在一个行业内部进行民俗文化传承的方式，最主要的表现形式就是师徒制，即由掌握一定技艺的师傅通过选拔和考验招收学徒，向徒弟传授知识和技艺，若干年后徒弟学满出师，继续招收下一代的徒弟，这在传统社会中是和家族传承同样普遍的传承方式。传统社会中，行业之间甚至行业内部都是存在激烈竞争的，因此，行业传承是有很多规矩的，涵盖了师徒传承从收徒到出师的方方面面，无论是师傅还是徒弟都要严格地遵守。

3. 社会传承

社会传承主要是通过学校、培训机构等，向社会公开招收学员，系统地介绍相关知识，传授技艺，达到民俗文化技艺的传承和延续。社会式传承是近年来才出现的新型的民俗文化传承模式，比家族传承和行业传承更加广泛，它打破了家族传承和行业传承的局限性，扩大了传承人的选择对象，也让更多的人能有机会了解传统的民俗文化。

（三）创新性保护

萨满信仰是蒙古族文化意识的载体，反映了不同历史时期的社会政治、经济、文化、风俗状况，是研究蒙古族历史和社会文化的有重要价值的第一手民间文化资料。记录、收集和整理工作，对各种民间文化的保护来说，是最基本的也是必要的保护方式，但是从严格意义上来说，这也是一种最被动、最初级的保护方式。它的主要缺陷

---

① 杜晓帆：《无形的根枝——文化多样性与无形文化遗产的保护和传承》，《北京国际博物馆馆长论坛论文集》，2004。

在于：第一，保护形式单一；第二，保护手段落后，主要还是依靠传统的文字记录作为其工作的手段；第三，保护理念滞后，在社会飞速发展的今天，传统的民间文化如何适应时代继续生存，需要的不仅仅是记录式的保护，而且是一种与现代文化和谐发展的创新性保护。

（四）影视纪录与数字化保护

在晚近的发展过程中，人类学的民族志记述方法除传统的文字记录方式之外，还采取了录音记录、影视记录等方式。这对一些民族的"活态人文遗产"的记录、留存和保护方面起到了积极的作用。20世纪50年代，中国境内进行了大规模的少数民族社会历史调查，当时在云南做田野工作的学者看到独龙族、怒族、佤族、景颇族、傈僳族等民族中保留和遗存了种种"原始社会文化现象"，于是呼吁用影视的手段及时记录，得到文化部的批准以及政府在财力、设备和人员上的支持。到1965年以前，仅以云南民族为题，共拍摄专题纪录片20余部。当时并无国外民族志电影理论的信息，然而我国学者和电影工作者良好的合作摸索，确定了"如实记录"的基本拍摄原则，并将这类影片称作"少数民族社会历史科学纪录片"。

我们应充分利用摄影、录像、电影等影视人类学的技术和手段，全面、系统地记录整理和保存各个民族的具有较高历史学、美学、人类学以及民俗学价值的民间文化遗产，这是目前抢救和保存民族文化遗产很好的方式之一。尤其是对于防止由于工艺技术和民间文学保持者的死亡而有可能失传的一些无形文化遗产的保存来说，这一手段是目前较理想的方法。目前，中国社会科学院民族学与人类学研究所影视人类学室、云南大学东亚影视人类学研究所等科研机构已经着手这类工作，但由于经费、人才等方面的原因发展较缓慢，有关部门应关注和支持这类工作，并投入相应的人力和物力来加快用影视人类学手段记录和保存民族文化遗产的工作。

从神圣修炼到世俗救治

——唐代女道胡愔医道思想浅析

申　琛

内容摘要：胡愔，道号见素子，又称素女或见素女子，为晚唐时期颇具盛名的女道医，著有《黄庭内景五脏六腑补泻图》传世。《黄庭经》为六朝时期上清派修炼经典，上清派以自体修炼从而达到生命飞升为主要修炼目标。胡著《黄庭内景五脏六腑补泻图》融合大量传统医学理论，主要内容包括对人体内脏器生理功能及病理机制论述以及由此展开的修养方式探讨。本文从胡愔的生平、唐代《黄庭经》系列文本在道门修行中的地位、《黄庭内景五脏六腑补泻图》的医疗思想三方面内容讨论入手，对胡愔的医道思想进行浅要分析。

关键词：胡愔　黄庭经　五脏六腑

作者简介：申琛，北京大学儒学院在读博士研究生。

一　学术回顾

学界对于胡愔的研究以《黄庭内景五脏六腑补泻图》为主，着重对胡愔的学术价值进行评述，国内外研究相对比较匮乏，仅以大陆几位学者对此主题进行的讨论为主，如盖建民先生的《唐代女道医胡愔及其道教医学思想》、王家祐先生的《黄度碧简琅珠奇妹——胡愔及其〈黄庭内景五脏六腑补泻图〉》两篇文章，或有在关于气法修炼的论文中有所涉及，如《历代道医对"六字气诀"养生功法的贡献》。以上论文或深或浅对胡愔的修炼思想做了论述，但都没有结合当时的历史条件，对产生胡愔这样的思想原因进行分析探讨。本文从胡愔的生平、《黄庭经》在唐代的流传、医道共融视角下对胡愔修炼理论不同面向的讨论，得出为何在唐末会产生上述思想的原因，并进一步分析其与同时期修炼文本的异同。

二　胡愔的生平

学界对于胡愔生平的研究一般以其著作《补泻图》自序中所提到的年份与字号进行分析，在正史中对于胡愔的记载寥寥，多为类书中对其著作的收录所提及的生卒信息。①

《补泻图》的序言中提到成文年代为"大中二年戊辰岁述"，也就是唐宣宗大中二年（848），由此可以比较确切地断定，胡愔生活在中晚唐时期。探寻胡愔的生活范围，据《修真十书》中收录的《黄庭内景五脏六腑补泻图》有云："太白山见素女胡愔撰"。太白山的地理位置，在史书中有两种不同的说法，一说在陕西武功镇，另一说在浙江东阳。清代刘于义的《陕西通志》中记载太白山位于陕西省武功县，武功县的太白山历代被史书纳入官方祀典，是衙陵山的别称。而在葛洪《抱朴子内篇》卷四《金丹》中提及的太白山，则是位于东阳：

> 古之道士，合作神药，必入名山，不止凡山之中，正为此也。又按《仙经》，可以精思合作仙药者，有华山、泰山、霍山、恒山、嵩山、少室山、长山、太白山、终南山……今中国名山不可得至，江东名山之可得住者，有霍山，在晋安；长山太白山，在东阳；四海山大小天台山盖竹山括苍山，并在会稽。②

按《旧唐书》中的记载，唐代东阳属江南东道，为郡名，现为浙江省金华市下属县级市。《孙思邈传》中提到孙思邈的修炼之地同样在太白山。

倘若按照道教修炼传统的延续来看，东阳太白山更加有可能作为胡愔的修炼之地。首先东阳太白山作为道教洞天福地之一，有悠久的道士修炼历史，胡愔在《补泻图》的前言中专门引用孙思邈的著述作为自我理论建构的依据。很明显，胡愔的思想与孙思邈的思想有一以贯之处。胡愔曾于东阳太白山修行这一推测的确有一些

---

① 唐代同时期还有一个胡愔，出现在碑文铭记中，不过为开元间人，暂不知与《补泻图》胡愔是否有关联。
② 王明：《抱朴子内篇校释》卷四，中华书局，1985，第158页。

合理性，但在没有更多地方志的记载证明前，无法做出断言。

胡愔修炼思想主要体现在她对《黄庭经》的诠释中，根据胡愔在《补泻图》中所描述：“愔夙性不敏，幼慕玄门，炼志无为，栖心澹泊，览黄庭之妙理，穷碧简之遗文，焦心研精，屡更岁月，伏见旧图奥密，津路幽深，词理既玄，迹之者鲜。”①胡愔修炼的理论来源于《黄庭经》。《黄庭经》文本以七言句为表述方式，其中语词多晦涩难懂，胡愔以自己的修行实践，几经岁月研读，对《黄庭经》中的修炼思想进行了阐释。

综上所述，胡愔是晚唐时期一位依据《黄庭经》文本进行修炼的女道，大致活动范围为东阳太白山附近，其思想延续中唐时期孙思邈等人的思想脉络，注重将医学的理论与道教的修炼相结合，侧重于《黄庭经》中五脏六腑思想的阐发。晚唐时期道教的修炼方式开始摒弃魏晋时期以来以存思体内神为主的上清派修炼传统，转为以修内丹为主。胡愔正好活跃在这一个时间的转折点之间，透过她的思想研究可以对此转向略窥一二。

三　唐代时期《黄庭经》修行理论的发展

唐代道教发展最显著的一个促进因素，就是执政者对于宗教发展的影响，李唐王朝对于道教有大规模的培植，如若考虑道派的盛衰与经典传承的原因，须对政治因素进行考量。本节从官方编著与道士行为两方面来讨论《黄庭经》在唐代的流传情况。

唐代道教类书《三洞珠囊》中关于《黄庭经》在唐代初年的传承情况，反映了《黄庭经》经群文本在道教教义及其体系中的地位。从代表道士日常行为规范的《洞玄灵宝三洞奉道科戒营始》中所记载的内容来看，《黄庭经》在教团中地位并不突出。②《黄庭经》只是作为一部修炼经典出现，修炼方式延续了上清经群以通过诵经达到白日飞升的成仙途径，诵读《黄庭经》，特别是诵读《内景经》可得道成仙，如《三洞珠囊》卷十《叩齿咽液品》中记载：

---

① 《黄庭内景五脏六腑补泄图》，《道藏》第 4 册，上海书店、天津古籍出版社、文物出版社，1988，第835 页。

② 《洞玄灵宝三洞奉道科戒营始》与敦煌残本《科诫仪范》相对，学界对此研究认为其内容代表唐代宫观道士的日常行为。从官方写经的记录来看，以《度人经》《道德经》《本际经》最为重要。参见李平《晚唐五代道教修道历史》，清华大学博士学位论文，2010。

夫欲学道者，皆当不欲令人知见所闻每事尽尔。山世远受孟先生法，暮卧先读《黄庭内景经》一过乃眠，使人魂魄自制炼。恒行之，二十一年亦仙矣。是为合万过也，夕得三四过乃佳。北岳蒋夫人云：读此经亦使人无病。是不死之道也。注云：此二十一年夕一过，不得万遍。一，恐应为七或八字。不尔，夕则三四过也。①

这段《黄庭经》修炼的描述，在《真一法文修真指要》与《真诰》中有类似的记载，也可以看出初唐时期，上清派修炼方式在道士的日常生活中继续占有一定地位，与此同时，还有不少关于《黄庭经》修道技术的记载，如《三洞珠囊》第四卷引用《黄庭经》中的修炼技巧：

《黄庭经》云：仙人道士服气，非有神也。积精所致和气专也。人皆食谷与五味，我独食太和阴阳气，故能不死也。则休根食气为生道，阴阳还精为重宝，幸可修身至寿考，空但慕远谓无有，更反于愚自使老，千金送葬无益兆，悲悼哭泣自懊恼，不如长生最为好。②

这里主要针对《黄庭经》中的"服气论"论述，关于"服气论"，还有同时期司马承祯所著的《服气精义论》。

中唐以后《黄庭经》的地位因在对道士身份的考核中得到重视而有进一步的提升，据《唐会要》卷50中记载："长庆二年（822）五月敕：诸色人中，有情愿入道者，但能暗记《老子》经及《度人经》，灼然精熟者即任入道。其《度人经》情愿以《黄庭经》者亦听。宣令所司具令立文状条目，限降诞月内投名请试。今年十月内试毕。"③

而从文献记载中的数量来看，初唐与盛唐时期，教内与教外文献中关于《黄庭经》的记载都远远少于中晚唐时期，文人作品中同样有大量关于《黄庭经》修炼的内容，这也就说明《黄庭经》的流传与发展经历了一个峰值上升的过程，在晚唐到达繁盛。

---

① 《三洞珠囊》，《道藏》第25册，第296页。
② 《三洞珠囊》，《道藏》第25册，第296页。
③ 《唐会要》，卷50，上海古籍出版社，1991，第564页。

总结唐代对于《黄庭经》推崇的变化模式，可以清晰地看出有一个缓慢上升的过程，从类书中所引篇章内容比重可知，唐代气法的发展成为修道者群体扩大的基础。与此同时《黄庭经》注文的增加，也对《黄庭经》向大众阶层的推广起到了推动作用。①时代的潮流为胡愔注解《黄庭经》提供了理论背景，胡愔对《黄庭经》文本有如此深入的研究，与当时社会修炼风气的倾向性不无关系。

四 《黄庭内景五脏六腑补泄图》中的医学思想

在早期道教经典尤其是上清派的修炼文本中，出现的关于人体与疾病在生理和病理的诠释，主要表现在疾病观念与身体观念上。在道门修炼思想成熟化的过程中，身体的构成在修炼成仙过程中受到重视，道经中有许多关于身体观念建构、经络与脏腑功能性的探讨，比如出自汉末的经书《老子中经》中构建了翔实完整的不同层次身体观念。②《黄庭经》则在《老子中经》对于体内神的建构基础之上，提出成熟度较高的身神观念，建立了完整的三丹田二十四真的身神系统。上清经修炼的不同道法的理论基础也是基于此身神体系，作为身神观念的实践体现。

在唐代大一统的繁盛王朝治理下，官方医学发展兴盛，从官方道经中记载的对治病仪式的完备程度来看，唐代道士的治病技能更贴近传统医学的医疗路径，《历世真仙体道通鉴》收录了许多道士的医疗实践行为。

六朝上清派在自身宇宙观体系下所构建的身体观和通过服食与存思为主达到身体超越的修炼方式，到了隋唐继续延续。从《三洞珠囊》所引书目来看，包括服食、化身坐忘、存思、斋戒等。承继于上清传统的茅山派重视身体脏器的功效，司马承祯《服气精义论》强调精神与形体的不可分割，对于五脏与形神的关系进行了论证："夫形之所全者，本于脏腑，神之所安者，质于精气"③，并且在此基础之上，提出"五脏五行气法"：

---

① 梁丘子注解："《黄庭内景经》者，东华之所秘也，诚学仙之要妙，羽化之根本。余襞习未周，而观想粗得，裁灵万品，模拟一形；义有四宗，会明七字；指事象谕，内外两言。绌聪隳体之余，任嘘从咽之暇，舐笔磨墨，辄贻原签。"《黄庭内景经注》，《道藏》第 4 册，844 页。

② Lagerwey John，"Deux écrits taoïstes anciens" in：Cahiers d'Extrême – Asie，Vol. 14，2004，pp. 139 – 171. Iliouchine, Alexandre，"A study of the central scripture of Laozi（Laozi zhongjing）"，MA Thesis，Montreal：Mc Gill University Library, 2011.

③ 《道藏》第 18 册，第 447 页。

春以六丙之日，时加巳，食气二十，致于心，令心胜肺，无令肺伤肝，此养肝之气也；复以六戊之日，时加未，食气百二十以助脾，令脾胜肾，则肾不伤于心也；季夏以六庚之日，时加审，食气百二十以助肺，令肺胜肝，则肝不伤于脾也；秋以六壬之日，时加亥，食气百二十以助肾，令肾胜心，则心不伤于肺也；冬以六甲之日，时加寅，食气百二十助肝，令肝胜脾，则脾不伤于肾也。[1]

同时代梁丘子注解《黄庭经》，特别对第八章"心神章"中的心、肝、脾、肺、肾、胆的功能、颜色、主色，五行之关系进行了阐释，并且强调，保持所有脏腑功能的完备，存五脏之气，是去邪长生的修行之道：

心神丹元字守灵：内象谕也。心为脏腑之元，南方火之色，栖神之宅，故曰守灵也。肺神皓华字虚成，肺为心之华盖。皓，白也，西方金之色，肺色白。其质轻虚，故曰虚成色。肝神龙烟字含明，肝位木行，东方青龙之色也。于藏主目。日出束方，木生火，故曰含明。翳郁导烟主浊清，翳郁，木象也。得火而烟生，得阳而气生。清则目明，浊即目暗。有别本无此一句。肾神玄冥字育婴，肾属水，故曰玄冥。肾精为子，故曰育婴也。脾神常在字魂停脾，中央，土位也，故曰常在，即黄庭之官也。脾磨食消，神康力壮，故曰魂停。胆神龙曜字威明。胆色青黄，故曰龙曜。主于勇捍，故曰威明。外取东方青龙雷震之象者也。[2]

通过以上的讨论，不难发现从六朝到中唐时期道士医疗思想的几个特点：首先，均涉及治病与修炼两个面向；其次，道教经典关于存神修炼的部分与传统医学在理论上的交织多数以五脏六腑等脏腑脏器为主；再次，通过对比可以发现，从六朝的存思到唐代修炼文本中的服气、养神、炼形，越来越接近传统医学中所提倡的养生方式，笔者认为，这样的发展趋势，同样代表了唐代道教修炼体系的实践化与受众的世俗化。

在胡愔所在的晚唐时期，动荡的社会现状也无法抹杀唐朝盛世帝国繁华图景残留的思想碰撞与交流，这个趋势同样在《补泻图》中体现：文本浅显易懂，提供了通

---

[1] 《道藏》第 18 册，第 455 页。
[2] 《黄庭内景经注》，《道藏》第 4 册，第 844 页。

过方药治疗疾病的方式，并且有日常养生的实践功效。《补泻图》根据《太上黄庭内景玉经·心神章》提到肺、心、肝、脾、肾、胆六个脏器的顺序，对《服气精义论》《修真精义杂论》中的气论进行编纂，引用了《千金要方》中关于疾病治疗的内容。

《黄庭内景五脏六腑补泄图》于唐宋类书中均有收录，①《崇文目录》将其同时收入医家类与道书类别，说明其文本内容兼具医疗与修行的丰富性。对比年代与内容都比较相近的文本《上清黄庭五藏六府真人玉轴经》《黄庭遁甲缘身经》《四气摄生图》《服气精义论》中关于五脏六腑修炼理论的阐释，以肺为例（见附录）②，可以看出，《补泻图》的描述内容最为完备，对呼吸法、脏腑生理功能、病理特征、治疗原则和服气修炼方式均有阐释，相较于《玉轴经》，在病理特征方面，除了同样描述脏腑本身虚而致病的表现外，增加了外来邪气致病的表现，而《服气精义论》中缺少呼吸法与治疗原则，《太清道林摄生论》对生理功能以及治疗原则没有讨论。胡愔在《补泻图》前言中表明了以"五脏六腑"为主体建构修炼思想的原因："先明脏腑，次说修行，并引病源，吐纳除疾，旁罗药理、导引屈伸、察色寻证、月禁食忌，庶使后来学者，披图而六情可见，开经而万品昭然"③，她将脏腑作为修行的源头，建立了以脏腑为中心的治疗方式，然后并引病源，以吐纳与修行除疾，经过一系列的治疗方式，如用药、导引、观察声色、按照月令来看如何进行食物疗养。根据《道藏提要》与《道藏统考》中关于上述经典的断代和文本的主要内容来看，《上清黄庭五藏六府真人玉轴经》《黄庭遁甲缘身经》《四气摄生图》均成书于晚唐与唐宋之间，这些文本在成书先后上，与《补泻图》并无确切分凿，因此无法判断文本间存在明显传抄的问题，根据几部经书内容均有关于呼吸吐纳的修炼养生方式与五脏六腑的内容来看，推崇呼吸与五脏的修炼，极有可能是晚唐时期所流行修炼方式的一种指向。

明代医书类书《医方类聚》中专门以"五脏门"为一章节，将以往医家关于脏腑的理论进行收录，据《医方类聚》中所录，以"五脏门"为题的章节由五部分组

---

① 《唐书·艺文志》收录"女子胡愔《黄庭内景图》一卷"，《崇文目录·医术类》载"《黄庭内景五脏六腑图》，女子胡愔撰。"金锡进注云："《唐志》《通志》并作胡愔撰。一考医书类三有《黄庭内景五脏六腑图》一卷，亦胡愔所撰，或是一书。"另外，在《崇文总目》道术类中尚有"《黄庭外景图》一卷，女子胡愔传"，又《宋史·艺文志》道家类亦载："《黄庭内景五脏六腑图》一卷，太白山见素女子胡愔撰。"引自王家祐《黄庭碧简 琅嬛奇姝——胡愔及其〈黄庭内景五脏六腑补泻图〉》。

② 《四气摄生图》与《黄庭遁甲缘身经》中关于脏腑以及六气的描述相同，故省略。

③ 胡愔：《黄庭内景五脏六腑补泻图》，《道藏》第4册，第835页。

成，涉及各家对五脏六腑理论的阐发、五脏图的汇总、以五脏六腑为载体的病症、针对病症所用的药物。[①] 由此可见，五脏六腑在传统医学的视野下，同样是一个论述病因病机的重要载体。

《补泻图》上承魏晋道教上清派的传统，下开宋明著名的"八段锦"脏腑炼养的道教炼养体系。在以往对于《黄庭经》文本的注释中，并没有涉及对于疾病的治疗，而胡愔更加世俗化地诠释了道教的修炼路径。就文本本身的特点来说，《黄庭经》是一部拥有众多注释和思想表达的文本，对于身体基本结构进行的描述是非常难能可贵的，《黄庭经》背后的知识体系、文本的编纂意图，需要通过不同的阐释来理解，胡愔详尽地展示了《黄庭经》修炼思想的精髓，为以后的修炼，打下了坚实的基础。

---

① 唐以前关于五脏六腑注的医家主要收录张仲景《金匮要略》、葛巢甫《诸病源候论》、孙思邈《千金方》中的相关内容。参见《医方类聚》点校本，人民卫生出版社，1981。

田野调查

原始道教论：对新石器晚期文化遗址的分析与认知

内容摘要： 原始道教的重新提出，是基于对新石器晚期诸多文化遗址的分析与认知。那个时期是中华文明的初始阶段，其宗教的形态已经相当成熟，出现了对鬼神、祖先神的崇拜，有了举行宗教祭祀活动的祭坛，有了主持宗教活动的巫师教团，有了相当成熟的阴阳、太极理论，凡此种种现象，说明正是在这一历史的阶段，诞生了道教。

主题词： 原始道教　新石器晚期　太极图　鬼神崇拜　巫师

作者简介： 李黎鹤，四川传媒学院讲师；李远国，四川省社会科学院研究员。

一　探讨道教的起源

原始道教的重提，是为了进一步探讨道教的起源。

1941 年闻一多先生在《道教的精神》一文中，对道教的起源做过深入的探讨。认为自东汉以来，中国历史上一直流行着一种实质是巫术的宗教，但它却有极卓越的、精深的老庄一派的思想做它理论的根据，并奉老子为其祖师，所以能自称为道教。我常疑心这哲学或玄学的道家思想必有一个前身，而这个前身很可能是某种富有神秘思想的原始宗教，或更具体点讲，一种巫教。这种宗教，在基本性质上恐怕与后来的道教无大差别，虽则在形式上与组织上尽可截然不同。这个不知名的古代宗教，我们可暂称为古道教，因之自东汉以来道教即可称之为新道教。

后世的新道教虽奉老子为祖师，但真正接近道教宗教精神的还是庄子。《庄子》书里实在充满了神秘思想，这种思想很明显的是一种古宗教的反映。《老子》书中虽也带着很浓的神秘色彩，但比起《庄子》似乎还淡得多。就宗教思想的立场，可以说庄子的神秘色彩最重，与宗教最接近，老子次之，杨朱最切近现实，离宗教也最远，由杨朱进一步变为神仙房中诸养形的方技，再进一步，连用"渐"的方式来"养"形都不肯干，最好有种一服而"顿"即"变"形的方药，那便到了秦皇汉武辈派人求"不死药"的勾当了。庄和老是养神，杨朱可谓养生，神仙家中一派是养形，另一派是变形——这样由求灵魂不死变到求肉体不死，其手段由内功变到外功，外功中又由渐以至顿——这便包括了战国、秦、汉间大部分的道术和方技，而溯其最初的根源，却是一种宗教的信仰。

道家的全部思想是从灵魂不死的观念推衍出来的，以儒道二家对照了看，似乎儒家所谓死人不死，是形骸不死，道家则是灵魂不死。形骸不死，所以要厚葬，要长期甚至于永远的祭祀。所谓"祭如在，祭神如神在"之在，乃是物质的存在。惟怕其不能"如在"，所以要设尸，以保证那"如在"的最高度的真实性。这态度可算执着到万分，实际到万分，也平庸到万分了。反之，道家相信形骸可死而灵魂不死，而灵魂又是一种非物质的存在，所以他对于丧葬祭祀处处与儒家立于相反的地位。

我疑心墨家也是与道家出于那古道教的。《庄子·天下》篇的作者把墨翟、禽滑厘也算作曾经闻过古之道术，与宋钘、尹文、彭蒙、田骈、慎到、关尹、老聃、庄周等一齐都算作知"本数"的，而认"邹鲁之士，搢绅先生"所谈的只是"末度"，《天下》篇的作者显然认为墨家都在道家的圈子里，只有儒家当除外。他又说"道术将为天下裂"，然则百家（对儒而言）本是从一个共同的道分裂出来的，这个未分裂以前的"道"是什么？莫非就是所谓古道教吧！[①]

"原始道教"的提出，首见于韩秉方先生。他在《关于道教创立过程的新探索》一文中，从中国道教的创立过程，对道教发展三阶段说进行了全面论述，并详细地解说了什么是原始道教。他在征引了鲁迅和许地山对道教的论述之后，认为鲁迅先生是把道教当作解开全部中国历史之谜的钥匙，事实上把道教看作中国传统文化之根，中国精神境界之灵魂。许地山先生指出："道家思想是与汉族文化同时产生的。""道教的渊源非常复杂，可以说是混合汉族各种原始的思想所成的宗教。"又说："道教的成分非常复杂，我们从宗教与思想方面可以明白地回溯到它的许多根源。"实际上也就是说，是原始宗教的观念孕育了道教，道教是原始宗教当然的继承者。在原始宗教与道教之间并未横亘着一个漫长的无宗教阶段。

韩秉方先生认为：黄河与长江流域是中国古代文明的发祥地。在这里，早在远古

---

① 闻一多：《历史动向：闻一多随笔》，北京大学出版社，2008，第109～116页。

时代就生息繁衍着众多的民族，经过千百年的相互交往，逐渐融合汇聚成有共同文化纽带的华夏民族。关于华夏民族原始宗教的具体情况，虽然没有遗留下来实录性的文字记载，但我们却可以从先秦古籍中那些追溯历史源头的记述和如今仍保存有原始宗教遗风的少数民族，如彝、瑶等族的现状考察中，窥见其概貌。诸如图腾崇拜、祖先崇拜、巫术、驱鬼祛病、祷雨祝生、占卜预测、画符书咒，以及神话传说如盘古开天、女娲伏羲、夸父追日、东皇太一、西王母、黄帝炎帝等中窥探。所有这些基于万物有灵说而进一步升华出来的信仰，是原始社会中华夏民族共有的认识观念，形成共同的文化心理，构成思维模式，在其后漫长的历史时期里，左右着远古时期中国人的思维活动。至今，我们还可以从甲骨文和先秦诸多书契，特别是在 20 世纪 70 年代长沙马王堆出土的西汉初年的帛书、竹木简牍和帛画及其他文物中，找到它们的踪迹。马王堆出土的帛书、竹木简牍总计有十数万字，内容除黄帝、老子书、易经外，尚有养生、辟谷、导引、房中、医方、阴阳、符箓等，极为丰富，文物中则有死后升天的帛画等，这些都折射式地反映了原始宗教的影像。可是，当我们把这一系列出土文物加以综合分析时，就可以明确无误地认识到，所有这些帛书和其他文物所提供的资料总的思想内涵，皆属于道家文化范畴，与道教密切相关。

原始道教的上限，至少要追溯到春秋战国时期。所谓原始道教阶段，是指道教的宗教思想正处于逐渐形成，原始的道教活动尚处于散漫芜杂，方士、道士们仍在孤单零散地施术作法，而未结成系统组织的阶段。因此，今后写道教发生的历史，即原始道教史，至少是应从战国时期开始写起，民间道教阶段，则要追溯到西汉成帝甘忠可造作道书《天宫历包元太平经》时始，不应再像以往所写的道教史那样，仅仅从东汉末的五斗米道和太平道写起。[①]

詹石窗先生则提出"古典道教"的观点，他认为：以中国自己传统的解释来看道教，那么道教的历史传统可以追溯到将近五千年前的黄帝时期。道教形成与发展经历了漫长时间，概括地说，有三大形态。一是原初道教，肇端于黄帝铸鼎荆山炼丹的事件，因此原初道教以黄帝为代表。司马迁《史记·五帝本纪》记载的黄帝事迹，透露了这方面的许多信息，而《列子》《庄子》更有许多黄帝故事，从一些侧面提供了道教肇端于黄帝的佐证。二是古典道教，以老子为代表，形成于春秋时期。所谓"古典道教"就是把通常大部分学者认定的"道家"看作道教理论的奠基者。正是在

---

① 韩秉方：《关于道教创立过程的新探索》，《世界宗教研究》1999 年第 4 期。

上古遗训基础上，老子阐述了思想教化的义理，所以这种道教也可以说是以义理为核心的道教。三是制度道教。这是在古典道教基础上形成的具有宗教礼仪和组织系统的道教。以张陵为创始者的"正一盟威之道"因为有了比较系统的宗教礼仪和教派组织，意味着制度道教正式诞生，于此差不多同时的"太平道"也具有类似情况，因此可以看作制度道教形成的另一个标志。从这个情况来看，自东汉末以来，所谓道教也就是制度道教，以黄帝时期的原初道教为肇端，以先秦老庄为代表的古典道教为思想基础，融合多种因素而成，为中国道德文化的保存与发展做出了重要贡献。东汉以后，道教不断衍生出新的宗派，诸如金丹派、上清派、灵宝派、全真道等，都是制度化的，直到当今，道教延续着传统的神明信仰、组织体系和礼仪，因此称作制度道教。①

　　熊铁基先生指出：在中国古代历史上，"道教"和"道家"、"老教"等一样，是一种泛称、总称，实际的道教皆为"XX道"。"方仙道""黄老道"都是道教，开始没有创教主，反映原生性宗教的特点。道教的产生有极大的原生性，是在原神仙信仰、巫术等许多因素的基础上自然而然逐渐形成的，方仙道肯定没有创教主，这表明了它的原生性，但没有理由说它不是道教，而后来被认为是道教的各种名称的"XX道"仍然有这种原生性。例如黄老道、太平道、五斗米道、于君道等都是如此，有的同样没有创教人，有的不过是创"派"人物或者领袖人物如张角、张修等人，张道陵被奉为祖师，只是正一道或者道教正一派的祖师，而且是后来追认的，如同再以后的"五祖七真"之类的祖师一样，都是追认的。方仙道已经是相当完备的道教，其主要信仰就是道教的核心信仰——神仙，看来所谓魏晋以后才是神仙道教的说法也是值得再探讨的，道教一开始就是神仙道教，晋代葛洪只不过是对神仙信仰着重强调，并将其理论化、系统化。而最高信仰——道的确定则还应有一个发展过程。方仙道既已出现"道"这样的称谓，也绝非偶然。"道"字在战国秦汉人眼中有一种解释就是"神仙""仙术"，如《汉书·张良传》有"乃学道，欲轻举"之语，颜师古注云："道，谓仙道。"陈平是西汉初年人。一直到东汉王充也是这样的理解。在他的《论衡》书中有《道虚篇》，这篇就是批判修仙之道，主要讲黄帝、淮南王和汉武帝时李少军等人成仙之事。通篇所言之"道"，皆为"仙道"，而其中的几个"道家"显然与后世之"道家""道教"混称是一样的，不是讲道家学派之"道家"，主要内

---

① 詹石窗：《重新认识道教的起源和社会作用》，《中国道教》2013 年第 2 期。

容是批评"方仙道"之仙术、宗教之术、道教之术。方、仙、道三字以"仙"为核心，方仙道即神仙道教。[①]

从以上诸位先生对古道教、原始道教、原初道教、方仙道的探讨中，可以看到他们始终围绕的一个重大的问题，那就是道教的核心信仰是神仙信仰，换言之，神仙信仰是判断这个宗教团体是否为道教的重要依据。历史告诉我们，神仙信仰在前，"道"的信仰在后。正如熊铁基先生所言：道教一开始就是神仙道教，"而最高信仰——道的确定则还应有一个发展过程。"道与神关系的确定，应该是《想尔注》。《想尔注》将"道"演化为太上老君，于是"道"的人格化神圣化越来越强，最后被称为"道神"，成为道教的最高信仰。

二　原始道教的阴阳、太极图

原始道教的源头，始于新石器时期，保留着母系社会的痕迹。老子《道德经》曰："谷神不死，是谓玄牝。玄牝之门，是谓天地之根。绵绵呵！其若存存，用之不堇。"也就是说，生养天地万物的谷神（道）是永恒长存的，这叫作玄妙的母性。玄妙母体的生育之产门，这就是天地的根本。谷神、玄牝都是与生殖崇拜女性有关的生命意象，深藏在道教哲学的深层结构里，而与"道"的本体、特质与根源相互表里。

青海乐都柳湾出土。彩陶壶颈部略高，口沿外侈，在壶身彩绘之间捏塑出一个裸体人像。人像站立，头位于壶的颈部，五官俱备，小眼、高鼻、硕耳、大嘴，披发，双手置腹前，两脚直立，乳房微凸，乳头用黑彩加以点绘，在人像下腹处夸张地塑造出生殖器形象，在阴唇的中央，却包含着男性的阴茎，可知裸体人像所表现的是合男女为一体的阴阳人。陶壶背后绘有一只形体较大的简化的蛙类动物，表示的应是人的后背。这样我们看到的是一个奇特的画面，人像的正面是阴阳人，人像的背面是只蛙，人

阴阳人　彩陶壶　马家窑文化
马厂类型　中国国家博物馆藏

---

① 熊铁基：《略论道教的名与实——再论道教的产生问题》，《世界宗教研究》2015 年第 5 期。

蛙相融，合为一体。①

陶壶用夸张手法突出性器官，在阴唇的中央，却包含着男性的阴茎。这生动地反映了人类文明史上的生殖崇拜。老子讲"万物负阴而抱阳，冲气以为和"。阴阳负抱，同体共生。"冲气"，男女合和交媾之气，就是天地间的至和之气，这是对老子阴阳最为生动鲜活的诠释。说明道家阴阳互抱的思想，源于五千余年前的新石器晚期。在人像背后绘有一只简化的大蛙，应是阴阳人的后背。器身即是蛙身又是人身，人蛙相融，合为一体，表达原始先民追求子孙繁衍、生生不息的强烈愿望。

那么，由不死的"谷神"化生的"玄牝"，又是指什么？据郭沫若、徐梵澄等解释，就是指女性的性器官。郭沫若先生指出，"牝""妣"等指母性、雌性、女性的字，它的主干"匕"字指的是女性的生殖器，"盖以牝器似匕，故以匕为牝若妣"②。马叙伦先生指出，"匕"跟"也"实在是一个字，原为象形文，"牝"字指女阴就因为"匕"象"也"。吕思勉说："玄者，深远之意。牝，犹后世言女，言母，物之所由生，宇宙之所由生，故曰玄牝。"③ 徐梵澄先生说"玄牝"出于《黄帝书》，象征"阴"，"推至远古，则生殖崇拜也"④。张荣明强调这种联系的思想价值，他说："把原始、粗俗的生殖崇拜同孕育万物的天地挂起钩来"，使其"显得神圣庄重、高深莫测"；而这正是"人类思想史上的一种颇为奇特的返祖现象"⑤。由此亦可说明，原始道教的根柢是深深地扎在阴阳互抱的思想中。

原始道教所处的时期，阴阳的思想已经相当成熟。凌纯声先生说："古代崇拜性器不仅敬祀祖先，崇拜天神地神，亦以男女性器代表阴神阳神。中国人崇祀神鬼，祈求赐福保佑，能使阴阳调和，而得风调雨顺，五谷丰登，子孙繁衍，六畜兴旺。所以这一阴阳哲理是宗教信仰和社会生活的本源，且其影响及于整个太平洋区域。"⑥ 美国卡普拉博士说："这对阴和阳是渗透中国文化的主题并决定了传统中国的所有特点。中国是一个农业国家，中国人非常熟悉太阳和月亮的运动、季节的变化。他们从生物界生长和死亡的现象看到了阴和阳、寒冷黑暗的冬天与光明炎热的夏天之间的相

---

① 李仰松：《柳湾出土人像彩陶壶新解》，《文物》1978 年第 4 期。
② 郭沫若：《甲骨文字研究》上册，大东书局，1931，第 10 页。
③ 吕思勉：《辨梁任公〈阴阳五行说之来历〉》，顾颉刚《古史辨》第 5 册，上海古籍出版社，1982，第 374 页。
④ 徐梵澄：《老子臆解》，中华书局，1988，第 9 页。
⑤ 张荣明：《中国古代气功与先秦哲学》，上海人民出版社，1987，第 176 页。
⑥ 凌纯声：《中国的边疆民族与太平洋环文化》下册，台北联经出版公司，1979，第 1277 页。

互作用。"① 这就是说，阴阳具有深潜而强大的生命力，经过阴和阳的调和运化，生成万物。

从现有考古材料，我们知道早在新石器时代，人们就已经对阴阳观念有了完整的认识和系统的表述。据顾文炳介绍，甘肃境内曾出土过一件"双龙古太极图"陶钵，其年代测定为距今6000年左右，现藏瑞典远东博物馆。如果这件陶器不可靠，那么山东宁阳大汶口遗址出土的骨质梳子上的图案，却是铁证，证明当时已经有了阴阳观念。此外河姆渡遗址出土了当时建筑物木榫结构的实物，充分地说明当时就已有了明确的阴阳观念，并可以驾轻就熟地将其原理运用于各种物质文化的创造过程之中。②

 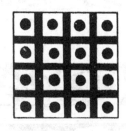 

阴阳图　马家窑文化马厂类型彩陶　采自张道一《中国图案大系》

阴阳对立即指世间一切事物或现象都存在相互对立的阴阳两个方面，如上与下、天与地、动与静、升与降、黑与白、男与女、生与死等，其中上属阳、下属阴，天为阳、地为阴，动为阳、静为阴，升属阳、降属阴。而对立的阴阳双方又是互相依存的，任何一方都不能脱离另一方而单独存在。如上为阳、下为阴，而没有上也就无所谓下；热为阳、冷为阴，而没有冷同样就无所谓热。所以可以说，阳依存于阴，阴依存于阳，每一方都以其相对的另一方的存在为自己存在的条件，这就是阴阳互感。

阴阳是古人对宇宙万物两种相反相成的性质的一种抽象，也是宇宙对立统一及思维法则的哲学范畴。道家思想家拈出"阴阳"二字，来表示万物两两对应、相反相成的对立统一，即《老子》所谓"万物负阴而抱阳"，《易传》所谓"一阴一阳之谓道"。阴阳，代表一切事物的最基本对立面。阴为寒，为暗，为聚，为实体化；阳为热，为光，为化，为气化。阴中有阳，阳中有阴，冲气以为和。阴阳的位置是不断变

---

① 〔美〕F.卡普拉：《现代物理学与东方神秘主义》，灌耕编译，四川人民出版社，1984，第83、84页。
② 林少雄：《人文晨曦：中国彩陶的文化读解》，上海文艺出版社，2001，第290页。

化、周而复始的。所有的事物都要符合阴阳的规律和结构，就像人出生，然后死亡，这就是阴阳的规律。

阴阳观念本起源于古代人们的空间观，后来逐渐发展演变为表示世界上互相对立、互相联系的两种力量或事物。这种观念早在彩陶文化中就有着直观的形象表述和具体的展现。人们的阴阳观念，与陶器产生有着密切的关系。这不仅表现在阴阳二字和陶器本身含有光的向背之意，而且在不同时代、不同彩陶的不同纹饰中，当时人们已经用不同的色彩表现出了阴阳观念。

阴阳图　彩陶　仰韶文化庙底沟类型　采自张道一《中国图案大系》

阴，古文作"会"，从今从云，意为"正在旋转团聚的雾气"。阴，《说文解字》曰："暗也，水之南、山之北也。"《说文系传》曰："山北水南，日所不及。"这是指背阴之所。金文中"阴"字，偏旁一竖三飘，似为"阜"；又用"今"或"金"表示读音。徐文珊《儒家和五行的关系》说："日在地上为阳，有云则日不见为阴，日出则暖，属于阳；有云则天阴而寒，属于阴。寒暖交错而万物生，天道成。这是人类对于自然界认识的第一步。"[1]

阳，甲骨文中已有，作"昜"。丁山先生说："昜者，云开而见日也。从日，一者，云也。"[2] 就字形而言，是太阳被某物托起，而照耀着山坡。所以"阳"联系太阳是毫无问题的。阳，《说文解字》曰："高明也。"《说文解字义证》："高明也，对

---

① 顾颉刚：《古史辨》第 5 册，上海古籍出版社，1982，第 677 页。
② 丁山：《中国古代宗教与神话考》，龙门联合书局，1961，第 364 页。

阴言也。"高者，天也；明者，日也。这是从天地这一宏观角度论阴阳。梁启超《阴阳五行说之来历》说："易，从日从一者，日在地上，即日出之意。从勿者，《说文》云：勿，州里所建旗……日出地上而建旗焉，气象极发扬，此其本义。故引申以表日之光彩，故日称太阳，朝日称朝阳，夕日称夕阳，日出则暖，故引申谓和暖之气为阳气，向日乃能见阳光，故又引申为正面或表面或南方之义。此阳字字义变迁之大凡也。"①

英国李约瑟博士曾综合诸说论述阴阳的起源。他说："从文字学的观点看来，阴阳二字定然各自与黑暗和光明有关。阴这个字可图解为山（之影）和云；而阳，如果它不是象征着一个人手中端着中央有孔的玉盘——此种玉盘乃是天的象征，众光之源，而且很可能原是最古老的天文仪器——那么，它就是表示斜斜的日光线，或在日光之下飞扬之旗帜。按 Granet 说，阴令人联想起寒、云、雨、女性，以及里面和黑暗（譬如贮冰以度暑之冰室）；阳令人联想起日光、炽热、春秋两季、男性，也许还会联想起祭典上踊舞者之雄姿。"②

尤其让人惊叹的是，黑白比例是如此完美，它不是展现在平面上，而是附载于立体的器物上，古人是怎样做到的？为什么他们要绘制如此标准的圆符？《易·系辞》曰："形而上者谓之道，形而下者谓之器。"③ 作为中国哲学中的"道""器"范畴的起源，首先产生于日常生活中的各种实用器物，由其最基本的实用功能逐渐升华，从而引导出形而上的超现实的意义。彩陶的圆形纹饰，正是形象地展示了虚与实、阴与阳、道与器的内在联系。阴阳法则的确立，说明原始道教已经摆脱了宗教巫术的束缚，进入了一个理论发展的新阶段，并产生了四象、八卦、太极等新的思想成果。

中国传统文化中，青龙、白虎、朱雀、玄武是四象的代表物，青龙代表木，白虎代表金，朱雀代表火，玄武代表水，它们也分别代表东、西、南、北四个方向。在二十八宿中，四象用来划分天上的星宿，也称四神、四灵。日月星辰为天之四象而分阴阳，水火土石为地之四象而分刚柔。就时令而言，则分春分、夏至、秋分、冬至。四象学说的出现，有助于古人认识客观世界。新石器时代的彩陶器中已出现大量的四象图，而且多组合于圆符之中。

甘肃永靖出土，粗细纵线彩陶网壶。壶身上绘制五条直纹，共五组，形象反映了

---

① 顾颉刚：《古史辨》，第 5 册，第 343、344 页。
② 〔英〕李约瑟：《中国科学思想史》，陈立夫等译，江西人民出版社，1999，第 344 页。
③ （清）阮元：《十三经注疏》上册，中华书局，1988，第 83 页。

四象图　陶器　河姆渡文化类型　采自张道一《中国图案大系》

五行图　马家窑文化类型彩陶　采自张道一《中国图案大系》

五行思想。同类的五条直纹，有的横绕绘制在壶胫上。说明五行思想已相当成熟，成为先民们绘画的一项题材。五行，指金、木、水、火、土五种物质，古代思想家用五行理论来说明世界万物的形成及其相互关系。《尚书·洪范》记述周武王与箕子的对话，其中谈道："五行，一曰水，二曰火，三曰木，四曰金，五曰土。水曰润下，火曰炎上，木曰曲直，金曰从革，土曰稼穑。润下作咸，炎上作苦，曲直作酸，从革作辛，稼穑作甘。"可以肯定，在战国晚期提出了五行相克相生的思想，且已把克、生的次序固定下来，形成了事物之间矛盾、统一的模式，体现了事物内部的结构关系以及整体把握的思想。行，又指运动，五行意味着物质运动，意味着万物之宗。古人基于这种认识，把宇宙间各种事物分别归属于五行，因此在概念上，已经不是金、木、水、火、土本身，而是各种事物、现象所共有的可相比拟的抽象性能。

仰韶文化遗址出土的彩陶罐，除了蛙纹、鸟纹外，还有大量的漩涡纹和波形纹。雁儿湾的彩陶罐经常使用旋转和中心对称的纹样。到半山类型和马厂类型，大量地采用漩涡纹、大圆圈纹等，其形象丰富，构图新颖，构成了一个"圆"符的世界。漩涡纹就是太极图的原始母型。从现有的考古发现看，史前时代的几乎所有创造，都莫不与圆形紧密结合在一起。仰韶文化的各种玉器，除了一些动物的造型外，其中绝大多数如环、佩、玦、琮、璜、璧等皆为圆形。而所有的陶器，或整体器形为圆形，或剖面为圆形，或纹饰为圆形，表现了先民们力图追求圆的意识，其造型在总体上呈现出圆形及其变体。因为圆所产生的圆满感和稳定感等因素，最易为人类所接受，这一点具有世界性。

圆符　彩陶纺轮　屈家岭文化　湖北省博物馆藏

从距今7000多年的老官台文化遗址，到仰韶文化遗址、大汶口文化遗址、大溪文化遗址、马家窑文化遗址、屈家岭文化遗址等出土的陶器，绝大多数都是圆形。可见"圆"是中国文化中的一个重要精神原型，它与中国人的宇宙意识、生命情调等具有十分密切的关系。老子说：道是"独立而不改，周行而不殆"。"周行不殆"就是围绕圆圈无休无止、无始无终地运动，这形象地说明了道的本质：其运行既没有起点，又没有终点，它不断地向前运行，又不断地返回自身，这种终而复始、无始无终的特性，正好就是圆的特性、道的基本特征。

太极图　彩陶纺轮　屈家岭文化　河南淅川出土

原始道教所处的时期，已经发现了多种图式的太极图。如在河南淅川出土的陶纺轮上的圆形纹饰，这是最古老的太极图，距今 5000 余年。图中由黑白二色构成的图案，阴阳互依，犹如两条活泼的鱼，头尾互动，正是阴阳契合、太极思想的完美演绎。类似的图案还有一些，它或由对鸟组成，或由双鱼构成，即为不同形态的古太极图，这正是最具特色的原始道教的文化符号。

十字形纹也是流行很广、非常古老的符号，许多学者倾向于它是卐字符号的亚形态或者祖形态。中国的十字形，多见于陶器的刻划符号和契刻文字，商代的青铜器装饰也有运用。丁山考证，契刻的"甲"字结体就是太阳的象形，商代先祖"上甲微"就是日神，商人把这一伟大的荣誉赋予了他们的先公，并当作日神祭拜。还认为中间的十字象征"钻燧生火"的工具及方式，而且这种工具还在今天木工手中使用。

卐字符是人类十分古老的符号之一。在世界各地的古代遗址中，在古代的苏格兰、爱尔兰、美洲的印第安土著、玛雅文明、阿拉伯、美索不达米亚、罗马和早期的基督教、拜占庭文化、古印度以及埃及等地都有发现，卍字符出现之广，已经被视为一种普遍的文化现象来研究，人类学家称之为"十字纹"或"太阳纹"，他们认为这与早期人类对太阳的信仰有关。7000 年前的新石器时代，欧洲东南部有了单体卐字符的踪迹。已知中国的万字纹，最早见于内蒙古敖汉旗小河沿文化与青海柳湾马家窑文化的陶器上，后来青铜器上有所延续。

十字形符号具有强大的再造功能。芮传明、余太山《中西纹饰比较》引用数据

卐字符　彩陶器　马家窑文化马厂类型　青海柳湾出土

卐字符　彩陶壶　马家窑文化马厂类型　采自张道一《中国图案大系》

称：十字形与其他视觉元素结合而再创制的新纹样，竟达385种之多。中国范围内，
十字形符号在黄河中上游比较流行，另一种出土在长江中下游及山东半岛的八角纹，

应该是十字形符号的属类。最典型的数湖南安乡大溪文化遗址出土的印纹白陶盘和山东大汶口文化八角星纹彩陶豆。大溪文化白陶盘的八角纹模印在陶盘底部，呈十字形，十字的四端，直线凹进为倒三角形，即每一端有两角外展，四端则有八角，中央再重复一十字。大汶口文化彩陶豆上的八角纹，为白色涂绘，中间留空，空为方形，四端八角以单独纹样环绕豆腹。

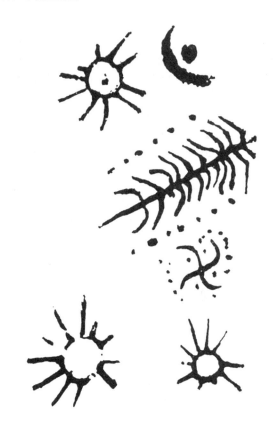

天象图　岩画　采自张道一《中国图案大系》

西藏日土县恰克桑山岩画。太阳有三个，并有一"卍"符号，即"雍仲"。雍仲之上有两排圆点，似为星辰。星辰所夹者拖着长长的尾巴，似为慧星。之上尚有月亮，俨然一幅天象图。"雍仲"是一种符号标志，与汉文称之为"万"字符的图案相同，即"卍"字符。藏文称"雍仲"，代表吉祥、永恒、妙善等。雍仲本教的《塞美经》云："雍"意为胜义空性，"仲"为自性自显然。从考证得知，"雍仲"表示的是太阳及其光芒。最初画一个圆圈，边上画几道光，逐渐演化之后，便演变为"雍仲"。"雍仲"在象雄语中，最初当为太阳永，或永恒的太阳之意，发展到后来，演变、引申为固、永恒不变避邪，以及吉祥如意的象征。象雄王朝时代人类最古老的象雄佛教"雍仲本教"，就以"雍仲"为该教派的标志。

卐字图　陶器　河姆渡文化类型　采自张道一《中国图案大系》

河姆渡文化遗址出土了一个陶盘，陶盘内由四鸟颈、鸟头、鸟喙按顺时针方向组成风车般图形，即卐字符号。不同的是，它由具象物组成，不是抽象的。但鸟即太阳，与卐字符号意义同一，故可推测距今 7000 年前的组合鸟纹，或许是中国万字符号的祖形。芮传明、余太山指出，卐字符号由中心点若伸出三条线，则指向一天中的三个时辰早、中、晚；若四条线，则指向一年中的四个季节春、夏、秋、冬。若将卐字符号支出的转折线柔化，就是见于陶器、玉器、青铜器上的涡纹，即"炅"纹，"岛夷"徽章上的图案，代表太阳的光芒。①

作为代表太阳的卐字符，其中亦包含了四季、四方、四象。《易传·系辞上传》："易有太极，是生两仪，两仪生四象，四象生八卦。"孔颖达疏："不言天地而言两仪者，指其物体；下与四象相对，故曰两仪，谓两体容仪也。"中国古代将天空分成东、北、西、南、中区域，称东方为苍龙象，北方为玄武象，西方为白虎象，南方为朱雀象，是为"四象"。《礼记·曲礼上》曰："行，前朱鸟而后玄武，左青龙而右白虎，招摇在上。"因此，四物象组成圆形的循环图案，也是陶器、青铜器常见的装饰构图。比如四人形组成的图案，常见于中原出土的商代青铜器上。类似的四鸟头形，既见于内蒙古伊克昭盟出土的青铜器，也见于长江下游河姆渡文化的陶盘。

八卦是中国文化的深奥哲学概念，就是八个不同的卦相。根据史料记载，八卦起源于三皇五帝之首的伏羲，伏羲氏在天水卦台山始画八卦，一画开天。八卦表示事物

---

① 芮传明、余太山编《中西纹饰比较》，上海古籍出版社，1995，第 82、83 页。

自身变化的阴阳系统，用"—"代表阳，用"‐‐"代表阴，用这两种符号，按照大自然的阴阳变化平行组合，组成八种不同形式，叫作八卦。八卦其实是最早的表述符号，是原始道教的文化符号。

八角符　陶壶　崧泽文化类型　上海博物馆藏

陶壶，上海青浦崧泽出土。圈足内压画一八角形符号。这种符号在长江中下流的原始文化中很流行，当为八卦形成的初形。

八角形纹在长江下游崧泽文化的陶器上有发现，长沙南托新石器文化遗址的陶器上也刻有八角形纹，这种纹饰还琢刻在安徽含山新石器文化的玉版上，玉器加工的难度证明，八角形纹饰对于原始先民来说有极为重要的意义。它的分布范围，与新石器时代玉器较为发达的地区有部分的吻合，这个现象或许能为揭示东方、南方的史前文化提供启示。关于八角纹，另有专家认为是远古的九宫图：十字纹指向东、南、西、北，中间为中宫，四个隐性的角为东南、西南、西北、东北，即一幅完整的盖天图。九宫图有一定道理，但也有比较勉强的地方，譬如八角的象征性，则缺乏准确合理的解释。

对于八卦不要有过多的神秘解释，它在中国文化中与阴阳五行一样是用来推演世界空间时间各类事物关系的工具。每一卦形代表一定的事物。乾代表天，坤代表地，

八角图　陶器　河姆渡文化类型　采自张道一《中国图案大系》

巽代表风，震代表雷，坎代表水，离代表火，艮代表山，兑代表泽。八卦就像八只无限无形的大口袋，把宇宙中万事万物都装进去了，八卦互相搭配又变成六十四卦，用来象征各种自然现象和人事现象。

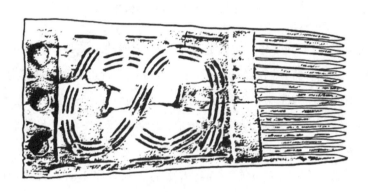

象牙梳　大汶口文化类型　中国国家博物馆藏

象牙梳，距今四五千年。1959 年在泰安大汶口发现了 100 多座大汶口文化中晚期的墓葬，在出土的大批珍贵文物中，就有两件象牙梳，其中 M26 号墓葬出土的象牙梳完好无缺，长 16.7 厘米，有繁复镂空雕刻图案，异常精美。这把象牙梳，背厚齿薄，整体略呈长方形，顶端有四个楔形开口，其下平行镂刻三个圆孔，梳身中部是用平行的三行条孔组成类似 "8" 字形的镂空装饰，内填 T 字形花纹，在 "8" 字形装饰的左右两侧刻出对称的三个条孔，上边刻出两个条孔，构成了一个长方形的装饰画面，条孔为刻刀一次刻成，刻痕明显，拙朴可爱，图案装饰性极强。梳身雕刻的 "8" 字形图案，似三爻所构成，而成两条 "〰" 线纹，即为阴阳交合之象，颇像后世的八卦图。

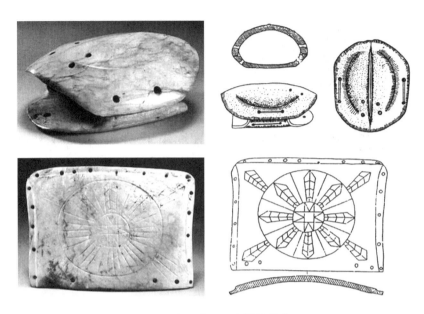

玉龟玉版　中国国家博物馆藏

　　玉龟玉版，距今约5000年。安徽省含山县凌家滩遗址墓地中，发掘出一件造型独特的玉龟和一块刻有特殊图案的长方形玉片。玉龟分背甲和腹甲两部分，上面钻有数个左右对应的圆孔，应是为拴绳固定之用。出土时，玉片夹在玉龟腹、背甲之间。玉片长11.4厘米，宽8.3厘米，厚0.7厘米，中部微隆起，边缘呈阶状凹下。玉龟是一种占卜工具。这件玉龟与长方形玉片叠压在一起同时出土，反映两者有紧密联系，应为占卜工具。在玉片的正面，围绕着中心，刻有同心的外大圆和内小圆各一个。在小圆里，刻方心八角形图案，内外圆之间有八条直线将其分割为八等份。在每一份中各刻有一个箭头（或称圭形纹饰），在外圆和玉片的四角之间也各刻有一个箭头。学者们认为此发现对应了"神龟负书"的传说，是八卦的渊源。或认为是上古之时的河图、洛书，或认为是文字产生前的八卦图像。

　　李学勤先生认为，玉版的图纹体现了中国远古的宇宙观念。玉版中心的八角星形符号是"巫"字。古代的"巫"字呈十字形，是两个"工"字以直角交叉重叠。而"工"即古代的"矩"，则"巫"就是操着"矩"测量天地者，故远古时代的巫，通晓天文术数，以沟通人神天地。以"巫"为中心的整个图案，表现的是一种天圆地方的宇宙观念。陈久金、张敬国则认为，玉版中心的八角形图案是太阳的象征。玉版上八方图形与象征着太阳的中心图形相配，符合我国古代原始八卦的理论。根据古籍中八卦源于《河图》《洛书》的记载，玉片图形表现的内容应为原始八卦。出土时玉片与玉龟叠压在一起，说明两者有密切关系，故推测玉龟和玉片有可能是远古的"洛书"和"八卦"。①

四　原始道教的鬼神造像

原始道教所处的时期，已有许多的鬼神造像。他们或者雕刻在玉器之上，或者琢成圆雕造像，显示了匠人的高超技巧，信徒虔诚的心态，成为最早的一批原始道教造像。

女神　石雕　兴隆洼文化类型

1989 年在内蒙古林西县白音长汗兴隆洼文化遗址的第 19 号房址内，在火塘北面约 0.5 米的地面上，出土一尊戳立着的高 35.5 厘米的石雕女神像，其特征是鼓腹凸乳，双臂抱腹，屈腿蹲踞，孕妇特征明显。除头部经过雕琢外，躯体部分皆敲击而

---

① 李学勤：《论含山凌家滩玉龟、玉版》，《中国文化》1992 年总第 6 期；陈久金、张敬国：《含山出土玉片图形试考》，《文物》1989 年第 4 期。

成，风格粗犷拙稚。供奉白音长汗女神的遗址，距今约 8000 年，很可能是目前发现的最古老的女神。

女神　石雕　赵宝沟文化类型

1983 年至 1989 年，河北滦平县后台子新石器遗址下层，采集到 6 尊石雕女像（残 2 尊），以辉绿岩雕成，属于赵宝沟文化类型，距今约 7000 年。6 尊石雕均为裸体孕妇形象，下肢或屈膝蹲踞，或两腿交叠在一起，盘腿而坐，显然都是为了安放在一定的底槽里或栽于土地上，便于人们作为神祇偶像供奉膜拜。宋兆麟说："这些神像的特点是：一多比较完整，不像巫术替身那样缺头少肢，经人为破坏。二制作精细，有些以石料雕琢，十分艰难，不像巫术替身那样随意，而且形态端庄，神秘含蓄。三都是女性，而且处于成年阶段，凸乳、鼓腹、巨臀，由于当时人类寿命较短，这种形象正是妇女的老年。四适于供奉，除了那种双腿盘坐形态外，其他石雕神像下呈尖锥状，便于插在地上或祭坛上……可以肯定它们是神像，至于属于哪种神像？应该是女祖先，由于当时正处于母系氏族时期，人类最早塑造的神偶首先是自己的祖先，所以上述神像可能是氏族或部落的始祖女神。"[1]

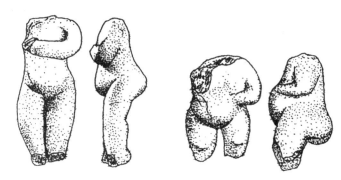

裸女　泥塑　牛河梁遗址博物馆藏

---

①　宋兆麟：《中国史前的女神信仰》，《中国历史博物馆馆刊》1995 年第 1 期。

1979 年辽宁喀左东山嘴红山文化遗址出土若干陶塑女裸像。两件小型立像残高5～5.8 厘米，孕妇塑像，均为裸体立像，头及右臂均残缺，腹部凸起，臀部肥大，左臂曲，左手贴于上腹，有表现阴部的记号。大型泥塑人物座像，上、下身各一块。上肢残缺，为手臂和胸腹部分，高 18 厘米、宽 22 厘米，胸腹上贴塑手臂，左臂残缺，只存贴痕，右臂存下部。双手交叉于腹部的中间，左手似攥拳，右手握住左手腕部，右手指修长。下身残块高 12.5 厘米、宽 22 厘米，为盘膝正坐式，右腿搭在左腿上，左足及足趾裸露，右足已残缺。下身的底部平，满饰席纹。以上各个部位的形态，如攥拳、握腕、左右手交叉、盘膝等，都塑得逼真自然，很有动感，大小约真人的二分之一。在石圈形台址附近，还发现其他同样姿态的上下身残块，可知这种盘腿正坐、双手交叉于腹部的形象，是一种特定的姿态。

辽宁建平牛河梁女神庙出土。头像长约 22.5 厘米、宽 23.5 厘米，塑泥为黄土质，黏性较大，掺草禾一类，未经烧制，内胎泥质较粗，捏塑的各部位则用细泥，外皮打磨光滑，颜面呈鲜红色，唇部涂朱。头的后半部分断缺，但较平齐，推测当时是贴在墙上的。在头后断裂面的中部可见一竖立的木柱痕，直径 4 厘米，由颈部直通到头顶部，上有包扎禾草的痕迹。此即塑像时所用的"骨架"。头像具有典型蒙古人种的特征，鼻梁低短、圆鼻头、无鼻钩、方圆形扁脸、颧骨突出、两眼斜立。尖圆的下颌、圆润的面部和小而纤细的耳部，又具女性的特征。耳前鬓角明显，

女神头像　牛河梁遗址博物馆藏

鬓角部位塑有细而长的竖带，应为与头饰或帽饰一类有关的系带。在眼睛的处理上犹为独具匠心，双眼内均嵌淡青色圆饼状滑石质玉片为睛，玉片直径 2.5 厘米，正面凸起，为睛面，迸发出炯炯有神的目光。在唇部的处理上，采用了夸张手法，使上唇外咧，嘴角圆而上翘，唇缘肌肉似掀动欲语，流露出一种神秘感。面颊随着嘴部的掀动而张开，瞬间的起伏感展现出人物的神韵气质，使得一个富有生命力而又神化了的女性面相更臻完美。整个头像将女神的动人容貌和内在情感完美地融合，塑造了一个艺术价值极高的女神头像，可见此时的雕塑技艺栩栩如生。这尊女神头像不过是女神庙中众多塑像中的一件。同时出土的至少还有 6 个个体女性塑像，体型有大小之分、老

少之别，小的与真人相当，大的则是真人的 1~2 倍，造型准确，形象生动，艺术水平较高。而在主室中心部位，还出土了相当于真人器官三倍大的大鼻、大耳，可见这尊女神头像并不是此座神庙的主神，在神庙主室的中心，很可能供奉有一尊更大的女神塑像。众多神像共祭于同一庙堂，说明这是一种围绕主神的多神崇拜，似已形成了有中心、有层次的"神系"群。同时还出土了五六个神像，皆为女性。这些精致小巧、上部有孔的偶像，便是可以随身携带的保护神。

石家河文化是分布于长江中游地区的新石器时代末期文化，其出土的玉器一直是学界关注的热点。由石家河文化遗址早年公布的资料和 2015 年底最新的考古发掘来看，所属石家河文化的遗址出土玉雕人像总计已达 23 件。其中，湖北天门石家河遗址 5 件，天门罗家柏岭遗址 11 件，肖家屋脊遗址 5 件，荆州枣林岗遗址 1 件，湖北钟祥六合遗址 1 件。关于玉雕人像的研究，杜金鹏先生将其称为"玉雕神像"，认为是用于冠冕之上的徽像，并对其使用方法、渊源和学术价值予以探讨。周光林先生对石家河文化各种材质包括玉质的雕塑进行了整体研究，总结出它们的分布范围，提出雕塑主要与原始宗教有关，属宗教用物，并分析出不同雕塑各自包含的内涵。叶舒宪先生认为石家河遗址 2015 年底出土的双面玉雕人像可命名为"双人首玉玦"、"双人首连体蛇身玉玦"或"双人首连体蛇身并珥蛇形玉玦"，并对其包含的丰富神话意象进行了研究。张绪球、刘德银、郭立新等先生在其对石家河文化的研究中也曾涉及玉雕人像的内容。[①]

刘亭亭、郭荣臻、曹凌子三位将这批人像分为三类并加以详细的论述。指出第一类为正面像，头戴冠，梭形眼，蒜头鼻，一般耳下部饰环。这类玉雕像又可以分为以下三种造型。

A 型。上下獠牙外露，头部有角，带有平冠，耳下部的环内穿孔。根据已发布的考古资料，这种造型仅见于肖家屋脊遗址瓮棺葬 W6:32，雕像布满白色土沁，整体为三棱形，正面前凸。嘴部上下伸出獠牙，头部饰有弯角为其最大特点，显然是人与

---

① 石家河考古队等：《肖家屋脊》，文物出版社，1999；石家河考古队等：《邓家湾》，文物出版社，2003；北京大学考古系等：《石家河遗址调查报告》，《南方民族考古》第五辑，1992；杜金鹏：《石家河文化玉雕神像浅说》，《江汉考古》1993 年第 3 期；周光林：《浅议石家河文化雕塑人像》，《江汉考古》1996 年第 1 期；叶舒宪：《石家河新出土双人首玉玦的神话学辨识〈山海经〉"珥蛇"说的考古新证》，《民族艺术》2016 年第 5 期；张绪球：《石家河文化的玉器》，《江汉考古》1992 年第 1 期；刘德银：《石家河文化的玉器》，《收藏家》2000 年第 5 期；郭立新：《石家河文化晚期的瓮棺葬研究》，《四川文物》2005 年第 3 期。

神灵　石家河文化类型

兽的结合体。石家河遗址 2015 年发掘的主要收获中也出现有这种造型的玉雕像，与肖家屋脊遗址瓮棺葬 W6：32 的造型大同小异，唯一不同的是新发现的这件尖角造型复杂，向两边伸出，平冠的两边也变窄出角。

神灵　石家河文化类型

　　B 型。无獠牙和角，带有平冠，近似于常人。大部分石家河文化的玉雕像都属于这一型，总计 13 件。包括石家河遗址出土的 1 件，肖家屋脊遗址瓮棺葬 W6：14 和 W6：41 的 2 件以及罗家柏岭遗址除 T20③B：16 外的 T20③B：1、T20③B：3、T20③B：18、T27③B：1 和 T7①：5 等 10 件为代表。

　　C 型。无獠牙和角，所戴冠的帽檐下弯。荆州枣林岗遗址 WM4：1、钟祥六合遗址 W18：1 和石家河遗址 W9 新出的 1 件玉雕像为代表。

　　第二类，浮雕于玉管表面，梭形眼，蒜头鼻，头部造像形似头发盘成圈状在脑后绾成发结或系于头部的装饰品。肖家屋脊遗址瓮棺葬 W7：4 和石家河遗址瓮棺葬 W8 中新出的 1 件为代表。

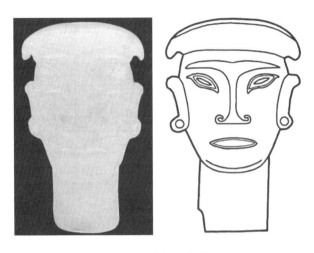

神灵　石家河文化类型

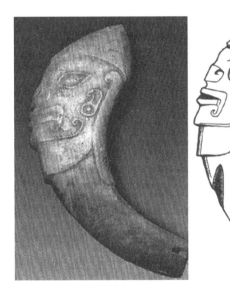

神灵　石家河文化类型　　　　　　　　神灵　石家河文化类型

第三类为侧面人头像，梭形眼，蒜头鼻，头部有冠。A 型。有一首侧面人头像，以肖家屋脊 W6∶17 和罗家柏岭 T20③B∶16 为代表。B 型。连体双首玉雕人像。以石家河遗址 2015 年发掘的主要收获中 W9 出土的连体双首玉雕人像为代表。

此外还见一类仅有眼睛没有其他五官的造像，张绪球先生将其定名为"抽象人头像"，亦归入玉雕人像之列，以肖家屋脊 W6∶38、W6∶9 为代表。但由石家河文化诸多玉雕造型来看，其为人面像的可能性不大，推测应为动物或其他造型。因为出土人面像的眼睛都为梭形眼，这些抽象造型仅有两个左右对称的眼窝，俱为圆形。石家河文化和枣林岗遗址发现的虎头像多为圆形眼，和此类雕像有相似之处。尤其是W6∶9造型更像是眼下部雕刻一长喙，接近于鸟形。同时玉雕像一般为片状和弧凸状，肖家屋脊W6∶38、W6∶9横切面为多边形的造型。综合这几个方面的差异，故将肖家屋脊W6∶38、W6∶9类玉雕像排除在玉雕人像之外。

关于石家河文化玉雕人像的身份考证，杨建芳先生认为："这种神像并非某一地区个别小人物的造型，而应是石家河文化居民及其后裔长期共同信奉的神祇或祖先崇拜的偶像。其性质与良渚文化玉器上的神人相似。"[1] 邓淑萍先生认为所有人面都是"神祖"[2]，"神祖"的形象取自现实中的人，加上一些表示神灵的符号如獠牙、鸟羽等。

神灵　石家河文化类型 上海博物馆藏

圆雕人面像，高6.2厘米、宽3.6厘米、厚3厘米，重0.073千克。玉呈黄绿色，间有赭红沁。头戴华冠，方脸大耳，双耳系戴耳环，巨口獠牙，犬齿交叉，蒜头鼻，臣字形眼睛，面部狰狞且威严，长颈，颈背琢有鸟形图案，作展翅飞翔状，用阳纹凸线技法琢成。头顶至颈下钻一通心孔。圆雕人首和浮雕鸟纹合雕一器者，可能是氏族崇拜的神人偶像与图腾神结合的产物。

---

[1] 杨建芳：《大溪文化玉器渊源探索——兼论有关新石器时代文化传播、影响的研究方法》，《南方民族考古》1987年第1期。

[2] 邓淑萍：《再论神祖面纹玉器》，《东南玉器》1998年第1期。

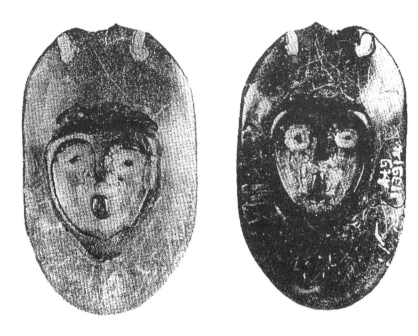

神人面　石雕　大溪文化晚期类型　四川省博物院藏

浮雕石刻神人面共发现 2 件。1959 年四川巫山大溪 64 号墓出土的一件，这是我国新石器时代石雕人面的首次发现。以质地细腻的黑色火山岩雕成，平面呈椭圆形，高 6 厘米、宽 3.6 厘米、厚 1 厘米，正反两面的中间位置采用阳刻手法雕凿出造型相似的人面形象，一面脸颊丰腴、圆润，另一面较为瘦削。鼻梁挺直，圆睁的大眼，张开成 O 形的嘴，似因极度紧张而惊恐不已。顶端有两个穿孔，这些精致小巧、上部有孔的偶像，便是可以随身携带的保护神。墓葬距今 5000 ~ 6000 年，属大溪文化的晚期阶段。

另一件于 1973 年出土于甘肃永昌鸳鸯池 51 号墓，石雕用白色带有褐色斑点的白云石料磨成，呈椭圆形，上部有一穿孔，制法为先刻浅槽，再镶以骨饰，眼圈镶白色骨环，眼睛为黑色眼珠，鼻、口镶大小不同的骨环，以表现人面的五官，神态与巫山大溪出土者相似，顶端有 1 个穿孔，当是随身携带的保护神。

此外，还发现两件玉雕人面：一件 1976 年出自陕西神木石峁龙山文化墓葬，以玉髓雕成，高 4.5 厘米，宽 4 厘米，作头顶束髻、鹰钩鼻、微张嘴的侧面头像，阴线刻成的眼睛巨大醒目，脸颊部位透雕一圆孔。另一件 70 年代中期采集于山东滕县岗上村，属大汶口文化中期的玉雕作品，人面高 3 厘米，宽 3.6 厘米，正面磨光而微鼓，用阴线刻出五官和脸部轮廓，双目有神，背面有带穿孔的凸脊。

神人面　石雕　马家窑
文化马厂类型

神人像　骨雕　仰韶文化北
首岭类型　陕西历史博物馆藏

1982 年出土于陕西西乡何家湾遗址，距今约 6000 年。高 2.5 厘米，头顶直径 1.6，颈直径 0.9 厘米。头像系用兽类肢骨的一部分，先将骨料磨成人头的形状，然后用坚硬带尖刃的工具雕刻而成。眼眉是用雕刻工具反复刻划而成的横于眼睛之上的两道凹槽，眉间相互连接；眼部刻划成周围凹陷、中间凸起的两个圆形眼睛；鼻子最为形象，鼻梁突出成三角立体状；嘴部隆起，下颏清晰，在凸起的嘴部刻划一横道即为口部；头部最宽处在耳部上端与人体头骨最宽部位相同，头顶部磨平，不像正常人头呈圆球体。整个头像雕刻技术古朴而粗犷，两道横眉即是眼眉，又显示出隆起的额部。圆形眼睛既显示出眼眶，又凸出眼球，使人感到炯炯有神。高高的鼻梁隆起于面部正中，显示出人面部的整个神态，头像写实性极强，粗壮的横眉、炯炯有神的眼睛、高鼻梁、小嘴巴恰当地分布在瓜子脸上。表现出一个闭目静思的形象，慈厚中透出庄严，慈祥而又让人敬畏。

彩陶中亦发现了一些神人的造像，如裴李岗文化陶塑人头，为迄今所知黄河流域年代最早的一件陶塑人像，于 1977～1978 年在河南密县莪沟北岗遗址发现，属距今 7000 多年的裴李岗文化遗物。头像用泥质灰陶制成，高约 4 厘米，颈下部分残缺；作扁头平顶、宽鼻深目、前额陡直、凸颏缩嘴的造型，具有老年妇女的形貌特征，可能是当时受人尊敬的氏族老祖母形象。其塑造技法比较稚拙，但是，从其信手捏成，略加锥划即现老妪特征的做法来看，不失为质朴传神的原始社会雕塑佳作。

1964 年甘肃礼县高寺头出土，少女头像，头像残高 12.5 厘米，用堆塑与锥镂相结合的手法制成，陶色橙黄，颈下部分已缺，原先可能是陶壶器口的装饰。

头顶锥刺着一个小孔，前额至后脑堆塑着半圈高低起伏的泥条，仿佛盘绕在额际的发辫。脸型丰满圆润，五官部位准确，神态优美。

少女像　圆雕　仰韶文化类型　　　　少女像　陶壶　仰韶文化类型

陕西商县出土，通高约 22 厘米，壶口部分捏塑着一个发辫盘顶、笑容可掬的女孩头像，人物造型堪与甘肃礼县高寺头出土的圆雕少女头像媲美，而形象的完整性过之。

甘肃秦安大地湾 1973 年出土的彩陶瓶，是距今 5600 年前的遗物。通高 31.8 厘米，细泥红陶质，直口，短颈，椭圆形下垂腹，平底。瓶口上有一立体圆雕的女性人头像。头像前额梳着齐整的短发，头的左右和后部均为披发。头像面目清秀，雕空的眼睛显得深邃，鼻梁挺拔，鼻尖呈蒜头状，鼻翼有生气地鼓着，口部微张，两耳各有一小孔，可能原来佩戴耳坠。该头像五官比例恰当，正侧体面分明，凹凸面舒服。鼻子、额部和脸部是塑成的，头发和嘴是雕刻而成的，都给人以适当、舒服的感觉。这是一位坚毅勇敢的女性形象。瓶身腹部上下排列三层用黑彩描绘的、由弧线三角和斜线构成的连续纹样，是一种较为抽象的植物的叶茎，仿佛是少女所穿的衣服上的纹样，与人头像极为协调。①

① 杜金鹏、杨菊华：《中国史前遗宝》，上海文化出版社，2000，第 117 页。

以上所讲的这批造像，早已摆脱了图腾崇拜的影响，是将崇拜的神灵人格化，意味着了原始宗教已经跨进了一个新的发展阶段，开始进入原始道教。原始道教所处的时期，已有专业的宗教职业者——巫师。史前时代的巫师，既是宗教活动的主持者，又是氏族人员的代言者。巫师不仅是巫术活动的主持者，也是当时科学文化知识的保存、传播和整理者，特别是在天文学、医学、文字、文学、历史、音乐、舞蹈、绘画等方面都有不少的贡献。

李约瑟博士说："中国人对 Shaman 有个特别的称呼，叫作巫。巫、舞，这些字的背后都有一个舞蹈的意念，这是很值得我们注意的。金章指出巫、舞在甲骨文中是一样的，都是表现一个男的或女的 Shaman 手持羽毛，或其他的法器，在起舞做法，有时在驱邪时还要戴上熊皮面具。'僊'（仙字另一种写法）字也有同样的意义，'僊'即四处跳跃，因为此处'僊'是指升到高空，我们不由得想起了英国乡野传说谓跳毛礼斯舞

人头　彩塑　陶瓶
马家窑庙底沟文化类型

（一种化装舞蹈）的人跳得愈高，收成就会愈好。巫有两种，巫的本字是女，男巫叫觋。鉴于（1）道家的理想社会与过去母系社会有着的关系。（2）道家推崇阴柔和玄牝的思想。（3）道家对性的技巧的强调等等，巫字所表现的女性地位的突出是不容忽视的。《说文》谓巫或觋都与祝相似，祝即以召鬼或诅咒为生的人。现在还剩下一个重要的名词是方士，有人解释作'具有法术之方之士'——我们认为方士就是道地的法师。""Shaman 教士主要法器是鼓、矛和箭，他们的主要职责是以法术治病（驱邪）和占卜（仍然使用龟策）。Shaman 是人鬼间的中人，他们借着一种不正常的精神状态（也就是癫痫状态）就能够自我催眠，以至于灵魂出窍。于是能够见神见鬼，然后再回人间，宣布他与神鬼谈话的结果。Shaman 的仪式中最重要的是歌舞，

此外有腹语、幻术和自缚束中解脱的法术。"①② 这就明显地肯定了巫师与原始道教的内在关系，巫师就是原始道教的道士。

四　原始道教的祭坛

祭坛是宗教文化的主要载体，是一种用于祭祀活动的台形建筑。祭祀制度起源于原始社会的自然崇拜和原始农业，祭祀对象为天地日月、社稷和先农等神。最初在林中空地上举行祭祀，后逐渐演变为用土筑台，再由土台演变为坛场、庙堂、宫殿等。新中国考古发现的成果，说明祭坛随原始宗教祭祀而产生。如内蒙古大青山莎木佳和黑麻板遗址，发现石块垒砌成的圆形圈祭坛，是新石器时代晚期的村落祭祀坛场③。甘肃永靖的齐家文化遗址，墓地中有固定的"石圆圈"祭坛，利用天然的扁平砾石排列而成④。浙江余杭瑶山遗址，有三重结构的祭坛，建坛的地点选择在山顶之上，是用以祭天礼地的祭坛⑤。

祭坛的发展是一个渐进的过程。从简单到复杂，从单一到多元，经历了一个相当漫长的历史演变。最早的祭祀场所为平地，这是最原始最简单的祭祀场所。古人认为，最重要的祭祀，祭祀场所反而最质朴，往往不用封土作坛，只把一块平地扫除干净即可祭祀，古人称之为"墠"。《礼记·祭法》说："是故王立七庙，一坛一墠。曰考庙，曰王考庙，曰皇考庙，曰显考庙，曰祖考庙，皆月祭之。远庙为祧，有二祧，享尝乃止。去祧为坛，去坛为墠。坛墠，有祷焉祭之，无祷乃止。去墠曰鬼。诸侯立五庙，一坛一墠，曰考庙，曰王考庙，曰皇考庙，皆月祭之。显考庙，祖考庙，享尝乃止。去祖为坛，去坛为墠。坛墠，有祷焉祭之，无祷乃止。去墠为鬼。大夫立三庙二坛，曰考庙，曰王考庙，曰皇考庙。享尝乃止。显考祖，考无庙，有祷焉。为坛祭之，去坛为鬼。适士二庙一坛，曰考庙，曰王考庙。享尝乃止，皇考无庙，有祷焉。为坛祭之，去坛为鬼。官师一庙，曰考庙。王考无庙，而祭之，去王考为鬼。庶士庶

---

① 〔英〕李约瑟：《中国科学思想史》，陈立夫等译，江西人民出版社，1999，第 154、155 页。
② 〔英〕李约瑟：《中国科学思想史》，陈立夫等译，第 152 页。
③ 包头文物管理所：《内蒙古大青山西段新石器时代遗址》，《考古》1986 年第 6 期。
④ 中国社会科学院考古研究所甘肃工作队：《甘肃永靖大何庄遗址发掘报告》，《考古学报》1974 年第 2 期。
⑤ 浙江省文物考古研究所：《余杭瑶山良渚文化祭坛遗坛发掘简报》，《文物》1988 年第 1 期。

人无庙，死曰鬼。"郑玄注："封土曰坛，除地曰墠。"①《尚书·金縢》曰："公乃自以为功，周公乃自以请命为己事。为三坛同墠。"注："因太王、王季、文王请命于天，故为三坛。坛筑土，墠除地，大除地，于中为三坛。"②《说文解字》曰："墠，野土也。从土，單声。"段玉裁注："野土也。野者，郊外也。野土者，于野治地除草。《郑风》东门之坛。坛即墠字。《传》曰：除地町町者。町町，平意。《左传》楚公子围逆女于郑，郑人请墠听命。楚人曰：若野赐之，是委君况于草莽也。可见墠必在野也。郑子产草舍不为坛。坛即墠字。可见墠必除草也。"③ 祭坛是古代用来祭祀神灵、祈求庇佑的特有建筑。先人们把他们对神的崇敬融入其中，升华到特有的理念，如方位、阴阳、布局等，无不完美地体现于这些建筑之中。祭祀活动是人与神的对话，这种对话通过仪礼、乐舞、祭品，达到神与人的呼应。

坛，即用土石堆砌成一个高出地面的祭坛。《说文解字》曰："坛，祭坛，场也。"段玉裁注："《祭法》注：封土曰坛，除地曰墠……师古曰：筑土为坛，除地为场。按墠即场也。为场而后坛之，坛之前又必除地为场。以为祭神道，故坛场必连言之。"④因祭祀对象不同，坛有不同的形状。坛的高度和宽度因时间、地点、等级而不同。坛和墠通常位于城郊，偶尔也有设于山上的。秦汉封禅礼，就是在泰山顶封土为坛以祭天，叫"封"，又在梁父山扫地为墠以祭地，叫"禅"，合称为"封禅"。

祭天用圆坛，古称"圆丘"。《礼记正义》曰："郑玄以《祭法》禘黄帝及喾为配圆丘之祀，《祭法》说禘无圆丘之名，《周官》圆丘不名为禘，是禘非圆丘之祭也。玄既以《祭法》禘喾为圆丘，又《大传》王者禘其祖之所自出，而玄又施之于郊祭后稷，是乱礼之名实也。按《尔雅》云：禘，大祭也。绎，又祭也。皆祭宗庙之名。则禘是五年大祭先祖，非圆丘及郊也。周立后稷庙，而喾无庙，故知周人尊喾，不若后稷之庙重。而玄说圆丘祭天祀大者，仲尼当称昔者周公禘祀喾圆丘以配天。今亡此言，知禘配圆丘非也。又《诗思文》后稷配天之颂，无帝喾配圆丘之文。知郊则圆丘，圆丘则郊。所在言之则谓之郊，所祭言之则谓之圆丘。于郊筑泰坛，象圆丘之形。以丘言之，本诸天地之性。故《祭法》云：燔柴于泰坛，则圆丘也。《郊特牲》云：周之始郊日以至。《周礼》云：冬至祭天于圆丘。知圆丘与郊是一也。言始郊

---

① （清）阮元撰《十三经注疏》下册，第1589页。
② （清）阮元撰《十三经注疏》上册，第196页。
③ （清）段玉裁撰《说文解字注》，成都古籍书店，1981，第730页。
④ （清）段玉裁撰《说文解字注》，成都古籍书店，1981，第733页。

者，冬至阳气初动，天之始也。对启蛰及将郊祀，故言始。"① 后魏孝文帝《议祫禘诏》曰："郑玄解禘，天子祭圆丘曰禘，祭宗庙大祭亦曰禘。三年一祫，五年一禘。祫则合群毁庙之主于太庙，合而祭之。禘则增及百官配食者，审谛而祭之。天子先禘而后时祭，诸侯先时祭而后禘。鲁礼，三年丧毕而祫，明年而禘。圆丘、宗庙大祭俱称禘，祭有两禘明也。王肃解禘，称天子诸侯皆禘于宗庙，非祭天之祭。郊祀后稷不称禘，宗庙称禘。禘、祫一名也，合而祭之故称祫，审谛之故称禘，非两祭之名。三年一祫，五年一禘，总而互举之，故称五年再殷祭，不言一禘一祫，断可知矣。礼文大略，诸儒之说，尽具于此。"② 这种祭天神的圆丘，后来就演变为天坛。

祭地用方坛，古称"方丘"。秦蕙田《方丘祭地》曰："《周礼·大司乐》以冬日至祀天于圜丘，夏日至祭地于方泽，此王者父事天母事地之正礼。稽之经传，凡坛壝圭璧瘗埋，乐舞祝词，皆与祀天迥别。"蔡德晋《礼图说》曰："大社稷坛，一名太折，一名方丘，一名方泽，其制于雉门之右，度方百二十步之地为泽宫。周之以垣，垣北正中为门，垣内为方泽。"③ 这种祭地祇的方丘，后来就演变为地坛。

祭坛　红山文化遗址　采自《文物中国史》

据考古资料，东山嘴祭坛是目前发现的最早的原始宗教祭祀遗址。遗址位于辽宁省朝阳市喀左县兴隆庄乡章京营子村东山嘴屯，遗址面积为 15000 余平方米，主要遗

---

① 《礼记·郊特牲》，（清）阮元撰：《十三经注疏》下册，第 1452 页。
② （清）严可均编《全上古三代秦汉三国六朝文》第 8 册，河北教育出版社，1997，第 226 页。
③ （清）秦蕙田撰《五礼通考》，《文渊阁四库全书》卷十七。

迹部分是一组以南北轴线布局的石砌建筑群址，包括北部的一座大型方形基址，南部的一座小型圆形台址和另两座较早的圆形台址。基址四边均砌石墙基，圆形台基也是用石片镶砌。这是一座人工修砌的面积达 240 平方米的高台，中间的前部是一个石砌的圆形祭坛，直径 2.5 米；后部是边长 10 多米的方形祭坛，坛上有三个石块垒筑的祭堆。显然这是一座公共祭祀中心，属于新石器时代晚期的红山文化，碳十四测定，距今 4895±70 年（树轮校正为 5485±110 年）。

在距此不远的凌源县和建平县交界的牛河梁一带，发现了分布面积达几十平方公里的红山文化墓葬群。为距今约 5000 年的大型祭坛、女神庙和积石冢群址，其布局和性质与北京的天坛、太庙和十三陵相似。5000 多年前，这里存在一个具有国家雏形的原始文明社会。这一重大发现把中国古代史的研究，从黄河流域扩大到燕山以北的西辽河流域。

女神庙　红山文化遗址　采自《文物中国史》

牛河梁红山文化坛、庙、冢等遗址和珍贵玉器的发现，以确凿而丰富的考古资料证明，早在 5000 年前的红山文化晚期，社会形态就已经发展到原始文明的古国阶段。这对中国上古时代的社会发展史、传统文化史、思想史、宗教史、建筑史、美术史的研究都产生了重大影响。

目前牛河梁遗址对外开放两处遗址点——女神庙遗址、祭坛和积石冢遗址。第一地点女神庙遗址位于牛河梁主梁顶部，海拔 631.1 米，庙的平面呈窄长形状，南北最长 22 米，东西最窄处 2 米，最宽处 9 米，方向南偏西 20°。庙分主体和单体两个单元。主体部分为多室相连。主室为圆形，左右各一圆形侧室。北部为一长方形室，南部从平面看为二圆形室，并与一东西横置的长方形室相连。庙的主体部分为七室相连的布局，南北总长18.4米。主体部分以南横置一单室，长6米，最宽处2.65米，主室与南单室间隔2.05米。庙为半穴式土木结构，从地下部分与地上部分交接处保留的弧形墙面观察，墙壁地下部分竖直，地面上呈拱形升起。从南单室四边成排分布的炭化木柱痕分析，地上原立有木柱，内侧贴成束的禾草，再涂抹草拌泥土形成墙面。墙面上做出多种规格的仿木条带，多为方形带，宽4~8厘米不等。从现有的标本看，以方木条为横木，与之相交的立木为圆木柱，其间以仿椎卯式相接。墙面为多层，为便于层层黏合，内层墙面上常做出密集的圆洞，密布如蜂窝状。墙面还有用朱、白两色相间绘出的几何形勾连回字纹图案，线条皆为宽带的直线和折线，并以两两相对的折线纹为一组。虽较为简单，应为国内目前所见时代最早的壁画。

　　遗址内的建筑群，中心部分有一个大型方形基址，是一座祭坛。四周有用石块堆砌的墙。祭坛南、北两翼还有石墙或石堆。祭坛的前端有石圈形台址和多圆形石砌基址；后端已遭破坏，情况不明。在遗址内出土了许多遗物，如陶器、石器、骨器等。女神庙中发掘出土的遗物中最重要的就是人物塑像，虽多为碎块残肢，但仍可从曲线圆润的肩头、手形较小及乳房等特征上判定其为女性塑像。她们受远古居民们的膜拜，那么她们是自然神还是祖先神呢？多数学者认为这是一群祖先崇拜的偶像，理由如下。其一，以女神头像为代表的这群女神像，是高度写实的。如出土的女神头像与真人大小一样，而且面部特征也与蒙古人种相同。女神像有可能是以现实中的人物为依据塑造出来的。所以，她们应是被神化了的祖先偶像。其二，可以从当时所处的社会历史背景加以分析。当时的红山社会正处于母系氏族社会，人口的繁殖与兴旺是氏族社会发展存亡的大问题。因此，原始先民很重视生殖，并通过膜拜生殖者以求巩固和发展氏族社会。在古人看来，祈求生育是为了嗣续先祖，所以生殖崇拜可以被称为早期的祖先崇拜，而被崇拜的女性实质上就是人类的祖先。确定了祖先，也就确立了氏族共同体的根本，而且为了对死去的氏族首领表示崇敬，缅怀和追念她的业绩，先民们创造了各种各样的偶像，并对其进行朝拜，这便是祖先信仰中的偶像崇拜。至此，原始宗教的主题由自然界、动物开始转向人本身，预示着祖先崇拜的时代来临。苏秉琦先生于1983年牛河梁遗址刚发现时，在将坛庙冢的组合与古代帝王举行祭祀的"郊""燎""禘"相联系之后，明确地指出："女神是由五千五百年前的红山人模拟真人塑造的神像（或女祖像），而不是由后人想象创造的神，她是红山人的女祖，也就是中华民族的共祖。"①

女神庙坐落在牛河梁主梁顶部，但本身并不建在高台之上，甚至也未建在地面以上，而是典型的半地穴式的土木结构。庙的地下部分向下深入的部分，竟然超过一般所见同时期的半地穴房址的深度。当然，这种半地穴近于居住址的建筑基本结构和多室又连为一体的布局形式，也显露出一定的原始性和过渡性，神庙的规模应该说也并不很突出，但在布局组合上就要复杂多了。它已不是一个单体建筑，在主体南侧布置了一个横长的单室，虽然它们只是两个单元的简单组合，然而它们之间一主一次，以南北轴线布局的建筑群体所具有的基本格局已经形成。主体建筑本身更非单一的单体建筑，而是已可明确分出主、侧、前后室俱全的多室，形成一种多室组合尚未完全分离出来的建筑群体。这种主次分明、左右对称、前后呼应的复杂结构和布局，其规模和等级都远非史前时期一般居住址单间、双间甚至多间房屋所能比，而是已开后世殿堂和宗庙布局的先河，正如《礼记·曲礼下》所记："君子将营宫室，宗庙为先，厩库为次，居室为后。"② 这亦符合《尔雅·释宫》"室有东西厢曰庙"的说法了。牛河梁女神庙所具有的围绕主神的群神崇拜，也表明当时已进入祖先崇拜的高级阶段。既然祭祀偶像具有祖先崇拜的意义，那么，这座女神庙就已具宗庙性质，或可称为宗庙雏形。

还要特别提到的是，女神庙作为先祖偶像所居之所，总面积不到 100 平方米，最窄处仅 2 米，以如此窄小的空间容纳以大型神像群为主、包括动物神在内的丰富而庞大的阵容，曾使人对它的功能产生怀疑：这是否是一座盛装神像的仓库，而对神像的祭祀是在另外的地方？其实，这种以窄小空间容纳众多神像的现象，恰恰显示出原始宗庙在当时具有很大的封闭性和神秘性，在使用上也具有很强的专一性，因为在这样窄小的空间内活动的只能是极少数人。既然有权进入庙中祭祖的人是神权和政权的垄断者或独尊者，那么这些人只能是从事祭祀职业的大巫师，因为只有他具有与天神和祖先进行通话的能力。而且，如此规模宏大的祭祀活动，一定有各种神职人员来操控，并且可能已经作为特殊的阶级而存在了。

神庙，又称"宗庙"，是祭祀祖先神灵的专门场所，其建造有着严格的规定。《礼记·祭法》："天下有王，分地建国，置都立邑，设庙祧坛墠而祭之，乃为亲疏多

---

① 苏秉琦：《写在"中国文明曙光"放映之前》，《中国文物报》1989 年 5 月 12 日。
② 〔清〕阮元撰《十三经注疏》上册，第 1258 页。

少之数。是故王立七庙，一坛一墠。曰考庙，曰王考庙，曰皇考庙，曰显考庙，曰祖考庙，皆月祭之。远庙为祧，有二祧，享尝乃止。去祧为坛，去坛为墠。坛墠，有祷焉祭之，无祷乃止。去墠曰鬼。……大夫立三庙二坛，曰考庙，曰王考庙，曰皇考庙，享尝乃止。显考祖，考无庙，有祷焉。为坛祭之，去坛为鬼。适士二庙一坛，曰考庙，曰王考庙。享尝乃止。皇考无庙，有祷焉，为坛祭之。去坛为鬼。官师一庙，曰考庙。王考无庙而祭之，去王考曰鬼。庶士庶人无庙，死曰鬼。"① 可见三代时期宗庙制度非常严格，宗庙成为祭祀祖先神灵、家族血脉传承的圣地。

唐代史学家杜佑指出："昔者先王感时代谢，思亲立庙，曰宗庙（庙，貌也。宗庙者，先祖之尊貌也）。因新物而荐享，以申孝敬。远祖非一，不可遍追，故亲尽而止……王立七庙，一坛一墠。曰考庙，曰王考庙，曰皇考庙，曰显考庙，曰祖考庙：皆月祭之。远庙为祧，有二祧，享尝乃止。去祧为坛，去坛为墠。坛墠，有祷焉祭之，无祷乃止。去墠曰鬼（王、皇，皆君也。显，明也。祖，始。名先人以君明始者，所以尊本之意。祧之为言超也，超然上去意也。封土曰坛，除地曰墠）。"② 后世道教宫观的建制，完全承袭了三代宗庙的制度，强尊卑主次、神圣空间，成为人们信仰世界的精神高地。

积石冢群是牛河梁遗址第二地点，海拔高度约625米，北距正北方牛河梁遗址第一地点女神庙遗址1050米。所在的山岗地势平坦开阔，略呈北高南低，有约5度至负8度的自然坡度。遗址范围东西长130米，南北宽45米，共占地5853平方米，是牛河梁目前发现范围最大的积石冢群。积石冢一般都是用高30厘米、长40厘米、宽20多厘米，经过打制的大石块砌成的，有方形和圆形两种。每座冢的占地面积都相当大，一般有三四百平方米，最大的达1000余平方米，平均的垒石高度在1米以上。每座积石冢内，一般都有数十人列"棺"而葬。他们可能因为身份的不同而被分别安置在大小各异的石砌棺材之中。

第二地点积石冢内的墓葬已经体现出等级形式，墓葬规格已有高低之分，随葬玉器的多寡与规格也各不相同。可以说已经形成了"一人独尊""王者之上"的思想理念。陶筒形器是当时极具特色的一种陶祭器，上无盖、下无底，摆放在冢界周围，在祭祀时起到上通天、下通地的作用，也可以理解为祖先的灵魂可以出入自由。第二地

① 〔清〕阮元撰《十三经注疏》下册，第1589页。
② 〔唐〕杜佑撰《通典》，《文渊阁四库全书》第四十七卷。

积石冢　红山文化遗址　采自《文物中国史》

点一号冢 4 号墓出土两件玉猪龙，一青一白，背对着头向下摆放，双腿交叉，考古界称之为天地交泰，亦为阴阳之和，代表的是风调雨顺，头下枕着典型玉器玉斜口筒形器。三件玉器的发现，证实第二地点乃至整个牛河梁遗址群是属于红山文化的大型祭祀遗址。第二地点一号冢 21 号墓是红山文化领域单个墓葬随葬玉器最多的一座墓葬，共随葬 20 件玉器。玉器一般放置在死者的头下、胸前和身边，种类有作为原始宗教信仰之物的玉猪龙，有挂于胸前的双联、三联玉璧，有勾云形玉佩、扁圆形玉环、圆桶形玉簪，有作为艺术品的玉鸟、玉鸽、玉龟、玉鱼、玉兽等，工艺精美，造型上追求神似，别具风格。其中以玉猪龙为代表的玉器，已经成为红山文化的代表器物。[①]

　　牛河梁第十三地点是一座金字塔式巨型建筑遗址，是牛河梁遗址群中规模最大的单体建筑，海拔高度 564 米。整个建筑为正圆丘形的土石结构，中央部分为夯土土丘，土丘外围包砌石。中央土丘直径 40 米。从山岗基岩面到现存土丘顶，残高约米。土丘外包砌石范围在直径 60～100 米之间，总面积近 10000 平方米；如此巨大的金字塔，其性质和内涵如何呢，是陵墓、祭坛，还是冶炼址？这些还有待于进一步确定。但它的发现无疑是牛河梁遗址群中最重大的发现之一。从所处位置和建筑规模看应是与女神庙具有同等价值的中心建筑。

---

① 　方殿春、魏凡：《辽宁牛河梁红山文化"女神庙"与积石冢群发掘简报》，《文物》1986 年第 8 期。

金字塔　牛河梁　红山文化遗址　采自《文物中国史》

于锦绣、杨淑荣指出，牛河梁女神庙与积石冢群，可以视作"天神合一"的第一座展馆，主要内容有以下几项。

1. 平台：南北长 175 米，东西最宽处 59 米，边沿发现几段"石墙"，我们推断可能是祭祀天地诸神、社神与祖先的祭坛，也许是部落联盟的"社"。

2. 女神庙：位于平台南侧下面的坡地上，庙址由一个多室和一个单室两组建筑物构成，从庙中出土的大小不一的神像来看，可以设想此庙就是供奉天地诸神和祖先神的"万神庙"。

3. 泥塑人头像：位于主室两侧，相当于真人大小，面涂红彩。据孙守道、郭大顺研究，此神应为祖先神。

4. 泥塑大鼻、大耳：出土于主室中心部位，大小相当于真人的三倍，就应是主室主神的塑像残件，其傍还有猪龙和禽的塑像残件。此神像很可能是天神的偶像，而作陪的猪龙和禽亦应为天神之下属神灵。

5. 泥塑猪龙：已残缺，出于主室北侧。吻长 11.5 厘米、宽 8 厘米、高 10 厘米。推测应是神兽之一，为天神之下属神。

6. 泥塑禽像：出于主室北角，仅余二爪残，分别长 14.5 厘米、13.5 厘米，体型相当巨大，也应是神禽之类，为天神之下属神。

7. 积石冢群：环绕女神庙，距离远近不等。已发现 6 处（尚待开发）。女神庙南面 900 米处，为东西一行排列四座大型积石冢，总长 900 米。其中一号冢，东西长 26.8 米，南北宽 19.5 米。冢内墓葬排列密集。二号冢内中央为一大型石椁墓，每一冢内有众多东西排列的小墓。可能是一个父系大家庭的成员。环绕女神庙的冢群，可能是一个部落联盟或一个大氏族的公共墓地。[1]

祭坛　良渚文化　浙江瑶山　采自《文物中国史》

瑶山祭坛，位于浙江余杭下溪湾村瑶山，先民在较平缓的顶部修建了方形祭坛。中央是方形红土台，四周为灰色土围沟，最外部为砾石面，外围边长约20米。祭坛经过精心设计，堆筑于海拔35米的小丘上，近方形的漫坡状，边长约20米，面积约400平方米，由内外三重组成。最内重为方形红土台，南北长7.65米，东西宽约6米。第二重为沿红土台四周挖成的宽约2米、深不足1米的围沟，内填疏松的灰斑土。外重为黄褐斑土筑成的土台，有砾石铺面遗迹。此处曾多次举行燔柴祭天仪式，中心祭坛已呈红烧土状，坛周沟内填满的疏松灰土亦可证明。这座祭坛由多色土构成，衬托了祭祀场所的神秘色彩，开创了后世多色土祭坛建筑的先风。瑶山发掘简报说："12座墓葬全部打破土坛，表明建坛早于埋墓。但从砌于石磡之上的护坡内和打破护坡土的墓葬中出土的陶鼎、篮纹夹砂陶缸等遗物，却具有同一时期的特征……建坛和埋墓先后相隔不久，因而可能出于同代人之手。这一点也说明两者存在某种联系。"

瑶山墓地是一个三重的"回"字形土台，从内到外依次是赤色土方、灰色土框和黄褐色土框。瑶山墓地发掘者说："在历年的发掘中我们曾试图在遗迹表面寻找建筑遗迹，结果一无所获。除叠砌的石坎外，也没有发现相关的具有特别意义的遗迹现象。因此，根据已有的考古学现象，尚无法判断瑶山遗迹除墓地之外是否有其他用

---

① 于锦绣、杨淑荣编《中国各民族原始宗教资料集成·考古卷》，中国社会科学出版社，1996，第43页。

途。当然，联系到较为平整的中心区域及其以南宽阔的漫坡台面，不能排除该遗址建成后或埋墓前后存在祭祀活动的可能性，只是我们目前无法从考古发掘中得到确认。""从现有的发掘情况看，墓葬均排列在地势最高且十分规整的中心区域内，而且有明确的分布规律，分成东西向的南北两行墓列。墓葬的陶器组合及器形一致，这表明它们大致处于同一时期。在墓葬排列中，遗迹中心区域的红土台被个别墓葬打破，但'红土台'仍基本保存完整，显然，这处墓地与'红土台'遗迹有着密切的联系。"①

除瑶山外，目前发现的良渚文化反山遗迹与高台土冢、祭坛墓地，还有浙江余杭汇观山、海宁大坟墩、余墩、上海青浦福泉山、江苏昆山赵陵、常熟罗墩、武进寺墩等地，几乎遍布太湖地区。而与大型高台土冢、祭坛墓地相应规模的大型建筑遗址，是发现于浙江余杭良渚遗址群中心部位的莫角山遗址。在莫角山大型台址周围约12平方公里范围内，分布着各类大小遗址40余处，其中瑶山、反山、汇观山等都是围绕这个中心遗址而存在。

这一切说明，当我们的先人创造了灿烂的史前文明之际，原始道教的根柢已经顽强地吐露出新芽。作为中国本土诞生的宗教——道教，它与中华文化同根同源同始同本，这亦是"中国根柢全在道教"的内在依据。

---

① 浙江省文物考古研究所编《瑶山》，文物出版社，2003。

民乐藏佛教水陆画和道教黄箓图：
两种超度亡灵的宗教仪式[*]

戴晓云

内容摘要：民乐馆藏宗教画分为两堂，均为明清佳作，一堂是佛教水陆画，另一堂是道教黄箓图。本文对部分水陆画的佛像进行了定名，确定了康熙三十五年绘制的64轴水陆画现存50幅，黄箓图不晚于乾隆三十三年，最初可能在明代绘制，乾隆三十三年、同治十年和十一年补修了三次，现存62轴，和题记吻合。水陆画和黄箓图，是中国宗教和中国丧葬习俗相结合的产物，均以超度亡灵、引魂升天为仪式的主要目的，是佛教不断中国化和道教不断与传统文化融合的产物。两种宗教超度亡灵的仪式尽管在超度的目的、程序和神祇图像的形制以及艺术上有极大的相似性，相互均有借鉴和吸收，但两者性质完全不同，一个是佛教，一个是道教，两者代表两种不同的宗教文化，图像中的神祇完全代表了各自的宗教文化内涵，体现了各自的信仰和思想。

关键词：明清 民乐 水陆画 黄箓图 超度亡灵

作者简介：戴晓云，中国文化遗产院研究员、人民大学特聘研究员、甘肃民族师范学院特聘教授。

　　研究河西地区博物馆藏甚或民乐馆藏的学者不少，成果有谢生保《河西水陆画与敦煌学——甘肃河西水陆画调查研究简述》[①]、陈之伟、张秀莲《水陆画及水陆法会——兼论民乐县博物馆馆藏水陆画》[②]、王振武《民乐佛画瑰宝——水陆画》[③]、

---

　*　本文系国家社科基金冷门"绝学"和国别史等研究专项项目"佛教水陆斋和道教黄箓斋仪式和图像研究"（2018VJX054）的阶段性成果。
　①　《陇右文博》2004年第2期。
　②　《丝绸之路》2012年第6期。
　③　《丝绸之路》2012年第3期。

《河西走廊的水陆画》①、李慧国《河西走廊水陆画中的"无主孤魂图"略论》②、沙武田、王登学《河西走廊明清佛道绘画的奇葩——民乐水陆画研究的问题和意义》③、《民乐水陆画研究》④。

民乐县文物局、民乐县博物馆编的《民乐水陆画》收录了全部馆藏116幅作品，公布了全部相关的图像文字材料，为本文研究奠定了基础。

本文在完整的图像材料基础上，对其馆藏116幅宗教画进行定名和年代鉴定，分清绘画作品的题材性质，分析其分属的不同的宗教文化和宗教仪式。通过分析其历史文化、艺术、和宗教仪式，发现这些作品分属不同的超度亡灵的斋仪——佛教水陆斋和道教黄箓斋。

本文先按《民乐水陆画》的顺序介绍各个神祇。

第一幅为水陆缘起图，该幅上为梁武帝和志公的对话，谈话内容自然是佛教史上广为流传的水陆法会的最初缘起，画中梁武帝一脸谦恭，宝志和尚侃侃而谈。下部为水陆缘起似乎并非《大雄氏水陆缘起》，也非宗赜水陆缘起文的原文，而是其中的阿难初起水陆法会的缘由、梁武创建水陆的因缘、唐末英禅师再次恢复水陆法会的传奇。明确记录绘制于"康熙三十五年"。

第二幅为毗卢遮那佛（《民乐水陆画》误为"释迦牟尼佛"），看艺术风格和画面的绘画因素，本幅和第三幅康熙三十五年绘制的图像在艺术风格上并不完全相同。布本。水陆画。

第三幅为释迦牟尼佛。布本。水陆画。康熙三十五年绘制。

第四幅亦为毗卢遮那佛（《民乐水陆画》误为"无量寿佛"）。布本。水陆画。第二幅也是毗卢遮那佛，为何会出现两个毗卢遮那佛呢？因为此幅和康熙三十五年的不是一堂，年代尚需研究确定。《民乐水陆画》认为是明代绘制。

第五幅为无量寿佛，和第四幅属于同一堂绘画作品。布本。水陆画。

第六幅画册定为药师佛，实际上释迦佛也有托钵的形象，因此此佛或为药师或为释迦，如果认为两幅是同堂作品，则同堂中不会出现两个药师，则定名为释迦佛较为稳妥。布本。水陆画。康熙三十五年的作品。

---

① 《中华文化画报》2013年5期。
② 《贵州大学学报》2017年第4期。
③ 民乐县文物局、民乐县博物馆：《民乐水陆画》，敦煌文艺出版社，2013。
④ 杨冰华：《民乐水陆画研究》，硕士学位论文，西北民族大学，2015。

图一　水陆缘起图（水陆画）

第七幅亦为药师佛，右手执药株植物。布本。水陆画。康熙三十五年的作品。

第八幅为多宝佛。佛双手持宝瓶，从瓶里源源不断倾倒出宝物和食物，世俗中的信士和饥饿者在接受佛的舍予。布本。水陆画。康熙三十五年的作品。

第九幅为十方佛之五位。鉴于已经有单幅的佛出现，因此不会再绘制五佛一幅的神祇图，兼之风格不类，可确定不是一堂水陆画。布本。水陆画。因此不可能是康熙三十五年的作品。

第十幅为十方佛之五位。此幅亦为五佛图，但风格和第九幅亦不类，也不是同堂水陆画。布本。水陆画。

第十一幅为观音菩萨。菩萨左手捧宝瓶。布本。水陆画。康熙三十五年的作品。看风格，似与第九幅类同。

第十二幅亦为观音菩萨，手执莲花，莲花上有宝瓶置于上。布本。水陆画。第十幅和十一幅绘制风格有很大差异，不属于同一堂水陆画。康熙三十五年的作品。看风格似和第二幅相同。

第十三幅为大势至菩萨，手执莲花。布本。水陆画。康熙三十五年绘制。看风格似与第六幅相同。

第十四幅为文殊菩萨，手执如意。布本。水陆画。康熙三十五年绘制。看风格似与第十三幅相同。

第十五幅为普贤菩萨，执莲花，莲花上有经书呈现。布本。水陆画。康熙三十五年绘制。看风格似与第十二幅相同。

第十六幅为地藏菩萨，摩尼宝珠和锡杖是识别的标志。布本。水陆画。康熙三十五年绘制。看风格似与第十三幅相同。

第十七幅为斗母菩萨，绘制风格和康熙三十五年的作品迥异。《民乐水陆画》认为是明代绘制。其实此幅不是水陆画，而是道教黄箓斋图，是道教信奉的主尊。

第十八幅，《民乐水陆画》定为尊天菩萨。绢本。《民乐水陆画》认为是明代绘制。因本幅是绢本，肯定不是康熙三十五年的作品。可暂定为黄箓斋图。

第十九幅为圆觉菩萨。布本。水陆画。康熙三十五年绘制。

第二十幅为圆觉菩萨。布本。水陆画。康熙三十五年绘制。

第二十一幅为韦陀菩萨。布本。水陆画。康熙三十五年绘制。

第二十二幅为元始天尊。绢本。《民乐水陆画》认为是明代绘制。此幅不是水陆画，而是道教黄箓斋图，是道教信奉的主尊。

第二十三幅为灵宝天尊。绢本。《民乐水陆画》认为是明代绘制。此幅不是水陆画，而是道教黄箓斋图主尊。

第二十四幅为道德天尊。绢本。《民乐水陆画》认为是明代绘制。此幅不是水陆画，而是道教黄箓斋图，是道教信奉的主尊。

第二十五幅为雷声普化天尊。绢本。《民乐水陆画》认为是明代绘制。此幅不是水陆画，而是道教黄箓斋图，是道教信奉的主尊。

第二十六幅为救苦天尊。绢本。《民乐水陆画》认为是明代绘制。此幅不是水陆

图二　斗母（道教黄箓斋图）

画，而是道教黄箓斋图主尊。

　　第二十七幅为十方灵宝天尊，分别为东方玉宝皇上天尊、西方太妙至极天尊、南方玄真万福天尊、北方玄上玉辰天尊、东北方度仙上圣天尊、东南方好生度命天尊、西南方太灵虚皇天尊、西北方无量太华天尊、上方玉虚明皇天尊、下方洞神真皇天尊。绢本。《民乐水陆画》认为是明代绘制。此幅不是水陆画，而是道教黄箓斋图。

　　第二十八幅为玉皇大帝。绢本。《民乐水陆画》认为是明代绘制。此幅不是水陆画，而是道教黄箓斋图，是道教信奉的主尊玉皇大帝。

　　第二十九幅为紫微大帝。绢本。《民乐水陆画》认为是明代绘制。此幅不是水陆画，而是道教黄箓斋图，是道教信奉的主尊紫微大帝。

第三十幅为天皇大帝绢本。《民乐水陆画》认为是明代绘制。此幅不是水陆画，而是道教黄箓斋图主尊。

第三十一幅为后土大帝，《民乐水陆画》认为是明代绘制。此幅不是水陆画，而是道教黄箓斋图。是道教信奉的主尊后土大帝。

图三　后土（道教黄箓斋图）

第三十二幅为丰都大帝。绢本。《民乐水陆画》认为是明代绘制。此幅不是水陆画，而是道教黄箓斋图，是道教信奉的主尊丰都大帝。

第三十三幅为东岳大帝。绢本。《民乐水陆画》认为是明代绘制。此幅不是水陆画，而是道教黄箓斋图，是道教信奉的主尊东岳大帝。

第三十四幅为南极长生大帝。绢本。明代绘制。此幅不是水陆画，而是道教黄箓斋图，是道教信奉的主尊南极长生大帝。

第三十五幅为天地水三官大帝、九霄生神上帝等。绢本。《民乐水陆画》认为是明代绘制。此幅不是水陆画，而是道教黄箓斋图。

第三十六幅为玄灵大帝。绢本。《民乐水陆画》认为是明代绘制。此幅不是水陆画，而是道教黄箓斋图，是道教信奉的主尊。

第三十七幅为清明上帝。绢本。《民乐水陆画》认为是明代绘制。此幅不是水陆画，而是道教黄箓斋图，是道教信奉的主尊。

第三十八幅为九宸上帝，分别是长生大帝、青华大帝、普化天尊、雷祖大帝、太乙天帝、洞渊大帝、六波帝君、可韩真君、采访真君等九位。绢本。《民乐水陆画》认为是明代绘制。此幅不是水陆画，而是道教黄箓斋图。

第三十九幅为十大明王，此幅绘制了五大明王。布本。水陆画。根据《天地冥阳水陆仪文》，分别为金刚藏菩萨的化身降三世金刚明王、地藏王菩萨的化身无能胜金刚明王、南无阿弥陀佛化现的甘露军吒力明王、普贤王菩萨化现的步掷明王。[①] 康熙三十五年绘制。

第四十幅为十大明王，此幅亦绘制了五大明王。布本。水陆画。根据《天地冥阳水陆仪文》，此幅分别是观音菩萨化现的马头明王、弥勒菩萨化现的大轮明王、释迦牟尼化现的大力明王、虚空藏菩萨化现的大笑明王、文殊师利菩萨化现的焰发德迦明王[②]。康熙三十五年绘制。

第四十一幅为鬼王施食图。绢本。《民乐水陆画》认为是明代绘制。此乃为道教黄箓斋中的鬼王施食图，图中鬼王为救苦天尊化现的鬼王，鬼王头上的道人正是救苦天尊。《民乐水陆画》认为是水陆画中的明王，实误。

第四十二幅为为鬼王施食图。布本。水陆画。康熙三十五年绘制。此鬼王施食图是佛教水陆施食，鬼王为观音菩萨化现，鬼王头顶的观音正是真身。

第四十三幅为护幡使者。布本。水陆画。康熙三十五年绘制。

第四十四幅为十二元辰。绢本。《民乐水陆画》认为是明代绘制。十二元辰又称十二相属神祇，佛教和道教中均有，《民乐水陆画》认为是明代绘制。此幅为道教黄箓斋图。

---

① 戴晓云：《天地冥阳水陆仪文校点》之"邀请正位"，中国社会科学出版社，2014，第39~40页。
② 戴晓云：《天地冥阳水陆仪文校点》之"邀请正位"，中国社会科学出版社，2014，第39~40页。

第四十五幅为天蓬佑圣真君、北斗星君。绢本。《民乐水陆画》认为是明代绘制。此幅为道教黄箓斋图。

第四十六幅为天蓬翊圣真君、南斗星君。绢本。《民乐水陆画》认为是明代绘制。此幅为道教黄箓斋图。

第四十七幅为东斗计算星君、中斗增减星君、西斗记名星君诸神。绢本。《民乐水陆画》认为是明代绘制。此幅为道教黄箓斋图。

第四十八幅为北斗星君、福禄寿星君、西斗记名星君诸神。布本。水陆画。康熙三十五年绘制。

第四十九幅为南斗六司、中斗增减、东斗计算、天仙五谷、守斋护戒诸神。布本。水陆画。康熙三十五年绘制。

第五十幅为七宿星君、水府扶桑、十二宫辰、七宿星君。布本。水陆画。康熙三十五年绘制。

第五十一幅为五曜星君、四灵神君、三界诸功曹、庞公居士、诸善人等。布本。水陆画。康熙三十五年绘制。

第五十二幅为十一曜，分别为太阳帝君、太阴元君、木德岁星星君、火德荧惑星君、金德太白星君、水德辰星星君、土德镇星星君、神首罗睺星君、神尾计都星君、天一紫炁星君、太一月孛星君。绢本。《民乐水陆画》认为是明代绘制。此幅亦为道教黄箓斋图。

第五十三幅为十一大曜、昼夜水火、五瘟大帝。绢本。《民乐水陆画》认为是明代绘制。此幅亦为道教黄箓斋图。

第五十四幅为二十八宿十四宿。绢本。《民乐水陆画》认为是明代绘制。此幅亦为道教黄箓斋图。

第五十五幅为二十八宿之十四宿。绢本。《民乐水陆画》认为是明代绘制。此幅亦为道教黄箓斋图。

第五十六幅为天龙八部。绢本。《民乐水陆画》认为是明代绘制。此幅亦为道教黄箓斋图。

第五十七幅为天龙八部、三官四圣、天曹大帝。布本。水陆画。康熙三十五年绘制。

第五十八幅为天龙八部、三皇圣祖历代祖师、水府扶桑。布本。水陆画。康熙三十五年绘制。

第五十九幅为雷部天将中的十二位。绢本。《民乐水陆画》认为是明代绘制。此幅亦为道教黄箓斋图。

第六十幅为雷部天将之十二位。绢本。《民乐水陆画》认为是明代绘制。此幅亦为道教黄箓斋图。

第六十一幅为雷部天将、六甲神将。绢本。《民乐水陆画》认为是明代绘制。此幅亦为道教黄箓斋图。

第六十二幅为雷部天将、六丁神将。绢本。《民乐水陆画》认为是明代绘制。此幅亦为道教黄箓斋图。

第六十三幅为三十二天。绢本。《民乐水陆画》认为是明代绘制。此幅亦为道教黄箓斋图。

第六十四幅为三十二天。绢本。《民乐水陆画》认为是明代绘制。此幅亦为道教黄箓斋图。

第六十五幅为大罗群仙。绢本。《民乐水陆画》认为是明代绘制。此幅亦为道教黄箓斋图。

第六十六幅为诸员大将、四渎龙王、十类大仙、忠臣烈士。布本。水陆画。《民乐水陆画》认为是康熙三十五年绘制。

第六十七幅为青龙、朱雀，为四神中二位。绢本。《民乐水陆画》认为是明代绘制。此幅亦为道教黄箓斋图。

第六十八幅为白虎、玄武，为四神中二位。绢本。《民乐水陆画》认为是明代绘制。此幅亦为道教黄箓斋图。

第六十九幅为十八罗汉之一。布本。水陆画。康熙三十五年绘制。

第七十幅为罗汉之一。布本。水陆画。康熙三十五年绘制。

第七十一幅为五岳丰都、四渎源王。绢本。《民乐水陆画》认为是明代绘制。此幅亦为道教黄箓斋图。

第七十二幅为十化星君。绢本。《民乐水陆画》认为是明代绘制。此幅亦为道教黄箓斋图。

第七十三幅为祖师（真武大帝）、天师（张天师）、文昌（文昌帝君）诸神。绢本。《民乐水陆画》认为是明代绘制。此幅亦为道教黄箓斋图。

第七十四幅为二十四天中六位。布本。水陆画。康熙三十五年绘制。

第七十五幅为二十四天中六位。布本。水陆画。康熙三十五年绘制。

第七十六幅为二十四天中六位。布本。水陆画。康熙三十五年绘制。

第七十七幅为五老上帝。绢本。《民乐水陆画》认为是明代绘制。此幅亦为道教黄箓斋图。

第七十八幅为五祖七真。五祖分南北。绢本。南五祖分别为悟真紫阳真人张伯瑞、杏林翠玄真人石泰、道光紫贤真人薛式、泥丸翠虚真人陈楠、琼玄紫虚真人白玉蟾。北五祖分别为东华帝君王玄甫、正阳帝君众离汉、纯阳帝君吕洞宾、纯佑帝君刘海蟾、辅极帝君土重阳。七真分别为长春真人丘处机、无为真人马钰、蕴德真人谭处端、长生真人刘处玄、玉阳真人王处一、广宁真人郝大通、清净散人孙不二。五祖在画面上部，看特征似乎为南五祖。七真在中下部。《民乐水陆画》认为是明代绘制。此幅亦为道教黄箓斋图。

第七十九幅为五湖四海龙王、城隍、山神、土地。绢本。《民乐水陆画》认为是明代绘制。此幅亦为道教黄箓斋图。

第八十幅为一殿秦广王。绢本。《民乐水陆画》认为是明代绘制。此幅亦为道教黄箓斋图。

第八十一幅为二殿楚江王。绢本。《民乐水陆画》认为是明代绘制。此幅亦为道教黄箓斋图。

第八十二幅为三殿宋帝王。绢本。《民乐水陆画》认为是明代绘制。此幅亦为道教黄箓斋图。

第八十三幅为四殿仵官王。绢本。《民乐水陆画》认为是明代绘制。此幅亦为道教黄箓斋图。

第八十四幅为五殿阎罗王。绢本。《民乐水陆画》认为是明代绘制。此幅亦为道教黄箓斋图。

第八十五幅为七殿泰山王。绢本。《民乐水陆画》认为是明代绘制。此幅亦为道教黄箓斋图。

第八十六幅为八殿平等王。绢本。《民乐水陆画》认为是明代绘制。此幅亦为道教黄箓斋图。

第八十七幅为九殿都市王。绢本。《民乐水陆画》认为是明代绘制。此幅亦为道教黄箓斋图。

第八十八幅为十殿转轮王。绢本。《民乐水陆画》认为是明代绘制。此幅亦为道教黄箓斋图。

第八十九福为十殿阎王中的五位。布本。水陆画。《民乐水陆画》认为是康熙三十五年绘制。

第九十幅为十殿阎王中的五位。布本。水陆画。康熙三十五年绘制。

第九十一幅为六道轮回。布本。水陆画。康熙三十五年绘制。

第九十二幅为九州社令、十八狱主，上部为九州社令中的五位。绢本。下部是十八狱主。《民乐水陆画》认为是明代绘制。此幅亦为道教黄箓斋图。

第九十三幅为九州社令、十八狱主，两幅合起来为完整神祇。绢本。《民乐水陆画》认为是明代绘制。此幅亦为道教黄箓斋图。

第九十四幅为地府六司、六曹六司、十八狱主、崔公六司等。布本。水陆画。这幅和上一幅是一套，均为冥殿十王那组中的神祇。《民乐水陆画》认为是康熙三十五年绘制。《民乐水陆画》把两组神祇的名称正好录反了。

第九十五幅为阳间城隍、庙岩宫殿神、十八狱主、崔公六司等。布本。水陆画。根据《天地冥阳水陆仪文》，这些均属于冥殿十王那组中的神祇。《民乐水陆画》认为是康熙三十五年绘制。

第九十六幅关圣帝君。绢本。《民乐水陆画》认为是明代绘制。此幅亦为道教黄箓斋图。

第九十七幅关圣帝君。布本。水陆画。康熙三十五年绘制。

第九十八幅灵官马元帅。绢本。《民乐水陆画》认为是明代绘制。此幅亦为道教黄箓斋图。

第九十九幅灵官马元帅。布本。水陆画。康熙三十五年绘制。

第一百幅黑虎赵元帅。布本。康熙三十五年绘制。

第一百零一幅黑虎赵元帅。绢本。《民乐水陆画》认为是明代绘制。此幅亦为道教黄箓斋图。

第一百零二幅灵官王元帅，《民乐水陆画》认为是明代绘制。此幅亦为道教黄箓斋图。

第一百零三幅二郎神。布本。康熙三十五年绘制。

第一百零四幅功曹，为举办法会送通知的使者。天地水三界皆有。布本。水陆画。本幅为佛教水陆画。功曹在水陆、黄箓和民间宗教中都有。康熙三十五年绘制。

第一百零五幅为五部尚书、三曹、四司诸神。绢本。《民乐水陆画》认为是明代绘制。此幅亦为道教黄箓斋图。

第一百零六幅功曹使者（四直功曹）、五瘟使者、太岁社令。从画中可以看出，送信的功曹和四直使者并非同一神祇，而是两种作用不同的神祇，在佛、道或民间宗教中均有，分别扮演不同的角色，起不同的作用。绢本。《民乐水陆画》认为是明代绘制。此幅亦为道教黄箓斋图。

第一百零七幅为十二药叉大将、五岳大帝、泗州宝公、阴间五司圣众。布本。水陆画。康熙三十五年绘制。

第一百零八幅为沿江诸庙王侯、五显祠山圣众、诸大山王、诸大药叉。布本。水陆画。康熙三十五年绘制。此处的药叉和药师佛的侍者药叉十二神将在神职上应该有差异，并非同类神祇。

第一百零九幅城隍，城隍后有小鬼判官，上部有迦叶、阿难两弟子站在云头。布本。水陆画。康熙三十五年绘制。

第一百一十幅城隍，描画了各地十五位城隍，分别为北京城隍、湖广城隍、广东城隍、贵州城隍、云南城隍、陕西城隍、河南城隍、辽东城隍、平凉城隍、庆阳城隍、临洮城隍、肃州城隍、凉州城隍、巩昌城隍、西宁城隍。绢本。《民乐水陆画》认为是明代绘制。此幅亦为道教黄箓斋图。

第一百一十一幅城隍，亦描画了各地十五位城隍，分别为山东城隍、浙江城隍、广西城隍、福建城隍、南京城隍、汉中城隍、凤翔城隍、四川城隍、江西城隍、兰州城隍、洪水城隍、甘州城隍、庄浪城隍、宁夏城隍、延安城隍。绢本。《民乐水陆画》认为是明代绘制。此幅亦为道教黄箓斋图。

第一百一十二幅为嫔妃采女、历代祖师、王子王孙、往古烈女。布本。水陆画。《民乐水陆画》认为是康熙三十五年绘制。根据《天地冥阳水陆仪文》，此幅应该属于"往古人伦"组。[①]

第一百一十三幅旷野大将、丧门吊客、忠臣烈士。布本。水陆画。《民乐水陆画》认为是康熙三十五年绘制。根据《天地冥阳水陆仪文》，此幅应该是下界神祇组和往古人伦中的神祇。[②]

第一百一十四幅和第一百一十五幅为树折岩摧、墙倒屋塌、客死他乡、严寒冻馁、疾病渊缠、自邢自缢、时直刀兵、□害良民、□火燃烧、大暑热死、路遇强人、含冤负恨、打谁漂□、大腹臭毛、依草附木等十六组图像。布本。水陆画。根据

---

① 戴晓云：《天地冥阳水陆仪文校点》之"召请往古人伦仪"，中国社会科学出版社，2014年5月。
② 戴晓云：《天地冥阳水陆仪文校点》之"召请下界仪"和"召请往古人伦仪"，中国社会科学出版社，2014年5月。

《天地冥阳水陆仪文》，此为孤魂组中的鬼灵图像，是法会祈请和超度的对象。《民乐水陆画》定名为因果报应，实误。康熙三十五年绘制。

第一百一十六幅为水陆功德序图轴。布本。水陆画。此幅明确提到在康熙三十五年绘制了六十四轴水陆画。

那么这116幅宗教画分别是什么性质呢？又分别是什么年代绘制的？

从第一幅水陆缘起图中有"大清康熙三十五年，岁在丙子九月"，知道绘制于康熙三十五年。最后一幅中的《洪水弥陀寺承造水陆功德序》说这一堂水陆画，绘制于康熙三十五年，大约是64轴。

图四　洪水弥陀寺承造水陆功德序（水陆画）

《洪水弥陀寺承造水陆功德序》：

……

洪水堡创自弘治弥陀寺，成自大明，本寺僧普量戒行精严，唱演宗风者源流久矣。其徒照新精修无碍，大阐法门，凤有行愿，积虑久远，谓有寺无僧，则贝音久旷；有僧无寺，则棹锡无门；有僧有寺，而不能持清修，操梵行。文焉为我佛之种子，雷音之外院哉。于是念众生苦海无边，常修地狱之宝筏；地狱阴风迷离，特造水陆之因缘。闻缘簿，持疏头，普化十方；说因缘，讲定感，得罗刹汉，竭力何难。全传布地，跎出善长者；欢心布施，攒就八宝庄严。未观厥成，遽然拈花，遗命徒宗重，日欲作佛门弟子戒定慧　计来六十四轴，难尽八十种好，从兹十方善信，福慧日增，功行永注……

时康熙三十五年岁次丙子□□虔造。

甘州行都司癝膳生员王性慧沐手题。

通过缘起文和序可知，弥陀寺创自明代弘治年间，这堂水陆画绘制于康熙三十五年，一共绘制了六十四轴。目前留存水陆画五十四幅，除有四幅（第四幅、第五幅、第九幅和第十幅）为另外来源外，实存 50 幅。

从对画幅逐一分析，第四幅、第五幅、第九幅和第十幅，在艺术风格上和康熙三十五年的水陆画有差异，《民乐水陆画》认为第四幅和第五幅是明代的作品，从绘制风格和人物造型看来，笔者认为似不能早于清代。第九幅和第十幅为十佛，每五佛一幅绘制。我们知道，一堂水陆画不可能既有单幅的佛，又有五佛绘制在一起的，因此这四幅应另有来源，是另一堂的水陆画，不属于康熙三十五年的作品。

康熙三十五年的水陆画也呈现出两种绘画风格，比如第二幅、第八福、第十二幅和第十五幅，这四幅风格类同，以白色为主色调，辅以红色，间以蓝色和绿色。其余的佛和菩萨大致以红色为主基调，辅助以蓝色、绿色和白色。再看"水陆缘起"和"洪水弥陀寺承造水陆功德序"，其绫边和这两种风格大致可以对应，因此笔者认为尽管 50 幅作品具有两种色彩，但均绘制于康熙三十五年。

综上可知，民乐县博物馆现存水陆画 54 轴，其中康熙三十五年的为 50 轴，另外四轴是其他来源。

接着分析另 62 幅作品的情况。

第四十一幅为鬼王施食图，《河西走廊明清佛道绘画的奇葩——民乐水陆画研究的问题和意义》误为水陆画。因鬼王头顶化现救苦天尊，此幅不是水陆画而是黄箓斋图。此幅下有一段题记，也透露出此幅为黄箓图。

图五　鬼王施食图（道教黄箓斋图）

设立洪邑旧有黄箓神像六十二轴，不知何朝何代绘画，有北街张洪才家堂经理，因为堂房破损，风月透漏，将神像破损不堪。有三坛道众施舍布施大钱四千文将黄箓神像请至道德会供奉。于同治十年设供黄箓，讽经建醮，收入众姓香赠钱项。除费过，净余剩大钱一十串有零。道众举心发愿洗裱神像十阵。壬申之岁，有东西街客商捐助布施，将神像俱以洗裱，新显善果完隆。今将收来布施并费过钱项数目，一应开列于后。以垂永远不朽云尔……除费过净实剩大钱四千五百四十六文，此钱项庆赞费用讫。

这个题记表明几个事实：

这堂黄箓图是 62 轴，年代不详；此黄箓图原为私人所有，用于做黄箓斋法会，后因残破不堪，请至道德会供奉；同治十年举办过黄箓斋法会并洗裱了其中的十幅（题记用的单位是"阵"）；同治十一年（壬申之岁）神像全部装裱一新并举办了黄箓斋法会；此幅题记落款是"同治十一年七月"。神像请至道德会供奉。道德会是道教的组织，因此这些神像肯定属于道教性质。《河西走廊明清佛道绘画的奇葩——民乐水陆画研究的问题和意义》认为是水陆画，实误。

该题记称"旧有黄箓神像六十二轴"，笔者清点了数目，是六十二轴，全部保存下来，悉数收藏在民乐县博物馆，实为天地造化。

同时，在灵官马元帅、五殿阎罗和七殿泰山王有题记，灵官马元帅的题记为：乾隆三十三年初二日下天乐堡信女邓门张氏、玄弟子张□张□重补修。七殿泰山王题记为：……同治十一年五月吉日重裱募化。五殿阎罗王题记亦为：……同治十一年五月吉日重裱募化。

图六　灵官马元帅（局部　道教黄箓斋图）

　　题记表明这批神像在乾隆三十三年、同治十年和同治十一年重修。

　　这62轴黄箓图的尺寸不一，可能是历代装裱不断裱损造成的，鬼王施食图和其他几幅题记表明这批黄箓图经过历代重修和装裱。从题记可知，这堂黄箓斋图的题记并未表明确切的绘制年代，但至少在康熙三十三年前已经存在较长时间，以至于需要补修，到同治十年和十一年两年间又补修了剩余的全部神轴。

　　谢生保说："民乐县博物馆收藏水陆画两堂，共计116轴，其中一堂六十四轴，绘于明代中期，确切年代待考。绢画绫裱，部分破坏严重。来源不清。"① 从表述看，谢生保这是指的那堂道教黄箓斋图，但又说是64轴，实是把年代、数量及黄箓图和水陆图混淆了。他又说："另一堂为52轴，布画绫边……绘于清代康熙三十五年，原藏于洪水堡弥陀寺。"② 这是讲的那堂水陆画，但数量同样不对。沙武田、王登学承袭了谢生保的说法："民乐县博物馆藏水陆画原保存于当地洪水堡弥陀寺，1953年拆除寺院时移交县文化馆，1989年入藏新成立的县博物馆，计116轴，其中明嘉靖以前绘制的有64轴，康熙年间绘制的有52轴，均以绢、布为本，用金银粉、石青、石绿、朱砂等矿物质颜料描绘，颜色至今仍鲜亮如初。"③

　　从以上情况看来，研究者以为62轴的图像绘制于明代的看法不准确，但至少早于乾隆三十三年。另外，研究者大都误会这些馆藏绘画作品均是水陆画，有道教内容的他们称为道教水陆画，有佛教内容的则被他们称为佛教水陆画。这种看法是错误的。

　　实际上，尽管从宗教文化发展的角度，佛教和道教彼此交融吸收借鉴，但从性质上说，水陆画是佛教性质，佛教有佛教的度亡仪式，使用的是水陆画，历史上没有道教水陆画；道教有道教的度亡仪式，使用的是黄箓斋图，和佛教中的水陆画是完全不同的性质。佛教水陆画和道教黄箓图是两种宗教文化，其产生、发展、神像的组成和仪式的举办有着完全不同的宗教历史文化背景。鬼王施食图中的题记页表明民乐黄箓图的存在，是道教举办超度亡灵的斋会使用的。这116幅宗教画分属于水陆画和黄箓斋图，其中水陆画54轴，康熙三十五年的50轴，其余来源的4轴；黄箓图62轴，保存完好，数量齐全，十分难得。

---

① 谢生保：《河西水陆画与敦煌学——甘肃河西水陆画调查研究简述》，《陇右文博》2004年第2期。
② 谢生保：《河西水陆画与敦煌学——甘肃河西水陆画调查研究简述》，《陇右文博》2004年第2期。
③ 沙武田、王登学：《河西走廊明清佛道绘画的奇葩——民乐水陆画研究的问题和意义》，敦煌文艺出版社，2013，第6页。

此 116 幅宗教画属于佛教水陆画和道教黄箓斋图还可以从文献上得到确证。《天地冥阳水陆仪文》是南宋末年成文的水陆仪文，也是解读现存水陆画的依据。这份仪文同样适用于民乐县博物馆藏的 50 幅水陆画。《天地冥阳水陆仪文》把水陆神祇分为六组：正位神祇、天仙、下界神祇、冥殿十王、往古人伦和孤魂。① 这 50 幅水陆画可依次归属这六组，此处不再一一列举。而 62 幅黄箓斋图完全和《天地冥阳水陆仪文》对应不上，黄箓斋图以三清四御为主尊，这正是道教的核心思想。而水陆画以佛菩萨罗汉为主尊，也正是佛教思想的体现。

这些绘画作品流传几百年，具有较高的艺术水平，反映了河西地区民众的宗教信仰、丧葬习俗、仪式的流传方式和宗教文化的代代相承。佛教和道教斋仪与民间丧葬习俗相结合，成为百姓日用而不知的信仰，这些信仰，扎根在民众的心中，代代相承，使得宗教文化和信仰也随着这些仪式和丧葬习俗代代流传。

明清时期的水陆画和黄箓图，是中国宗教和中国丧葬习俗相结合的产物，均以超度亡灵，引魂升天为仪式的主要目的，是佛教不断中国化和道教不断与传统文化融合的产物。两种宗教超度亡灵的仪式尽管在超度的目的、程序和神祇图像的形制以及艺术上有极大的相似性，相互均有借鉴和吸收，但两者性质完全不同，一个是佛教，一个是道教，两者代表两种不同的宗教文化，图像中的神祇完全代表了各自的宗教文化内涵，体现了各自的信仰和思想。

---

① 戴晓云：《天地冥阳水陆仪文校点》，中国社会科学出版社，2009，第 79~100 页。

研究动态

编纂新疆民族宗教研究书目探讨

刘　志

内容摘要：新疆民族宗教研究书目对有关这一研究领域的普通图书进行了目录汇编。编纂工作对于系统整理这一专科文献以及推动新疆民族宗教研究、新疆研究都具有基础作用。本文从图书收录的范围、分类、体例、价值意义等方面对编纂工作进行探讨。

关键词：新疆　民族宗教　图书　编目

作者简介：刘志，中国社会科学院世界宗教研究所副研究员。

新疆民族宗教研究自 20 世纪 80 年代以来得到快速发展，现在已经具有一定的文献数量。如何全面地反映新中国成立以来新疆民族宗教研究的成果，进一步推动这一领域研究资料的积累和学科建设，需要对新疆民族宗教研究文献进行系统整理。本文试从普通图书的编目工作这一方面，进行以下几点探讨。

一　编目工作可以进一步推进新疆研究、新疆民族宗教研究

编纂新疆民族宗教研究书目可以推进新疆研究。新疆地处中国西北边陲，面积 166.49 万平方公里，占中国国土面积六分之一，是一个多民族聚居、多宗教并存的地区。新疆的历史、政治、经济、文化等领域的研究与民族宗教研究都有着密切的关系。随着新疆研究广泛而深入地开展，需要新疆民族宗教研究这一重要专题研究成果作为有力的支撑。新疆民族宗教研究书目编纂工作可为此提供便利的检索工具。

编纂新疆民族宗教研究书目可以推进新疆民族宗教研究。就民族宗教研究来说，书目文献是研究工作的基础，它不仅为研究工作提供系统的资料，还可以梳理研究现状、掌握学术前沿，使研究工作更加有时效性、针对性。就新疆民族宗教文献的整理

工作来说，图书是一个主要组成部分。而在浩如烟海的出版图书中，对新疆民族宗教研究类图书进行专科文献整理，就需要先进行专科目录的编纂工作，即新疆民族宗教研究书目。通过这项工作，可以为全面的文献整理工作提纲挈领，打好基础。

二 重点收录的书目

1. 新疆民族研究书目。新疆自古以来是一个多民族聚居的地区。目前，在新疆聚居生活的主要有维吾尔、汉、哈萨克、回、柯尔克孜、蒙古、锡伯、塔吉克、满、乌孜别克、俄罗斯、达斡尔、塔塔尔等民族。这一类研究书目有：新疆维吾尔自治区民族事务委员会编《新疆民族辞典》，续西发著《新疆世居民族》，刘志霄著《维吾尔族历史》，苏北海著《哈萨克族文化史》，新疆回族民俗编委会编《新疆回族民俗》，柯尔克孜族简史编写组编《柯尔克孜族简史》，内蒙古自治区蒙古语文历史研究所编《蒙古族简史》，安俊等著《锡伯族简史》，西仁·库尔班、马达力汗著《中国塔吉克》，乌孜别克族简史编写组编《乌孜别克族简史》，蔺茂奎著《中国新疆塔城俄罗斯族》，郭布勒·巴尔登著《新疆达斡尔族》，塔塔尔族简史编写组编《塔塔尔族简史》等。

新疆的古代民族有：塞、月氏、乌孙、羌、匈奴、汉、柔然、高车、嚈哒、吐谷浑、突厥、吐蕃、回鹘、契丹、蒙古等。这一类研究书目有：日本学者佐口透著《新疆民族史研究》，高永久著《西域古代民族宗教综论》，王明哲、王炳华著《乌孙研究》，任乃强著《羌族源流探索》，林幹著《匈奴通史》，周伟洲著《敕勒与柔然》，段连勤著《丁零、高车与铁勒》，余太山著《嚈哒史研究》，周伟洲著《吐谷浑史》，林幹著《突厥史》，杨铭著《吐蕃统治敦煌西域研究》，冯志文、吴平凡编《回鹘史编年》，程溯洛著《唐宋回鹘史论集》，马大正、蔡家艺编著《卫拉特蒙古史入门》、张体先著《土尔扈特部落史》等。

2. 新疆宗教研究书目。作为古丝绸之路的重要通道，东西方文化的交汇之地，新疆自古以来又是一个多种宗教并存的地区。目前，新疆宗教主要有伊斯兰教、佛教、基督教、天主教和道教等。新疆古代居民信仰原始宗教、萨满教，外来宗教祆教、摩尼教、景教等宗教也曾在新疆传播。新疆宗教综合研究的书目有：李进新著《新疆宗教演变史》，新疆维吾尔自治区社会科学院宗教研究所编《新疆宗教研究资料》，秀梅著《社会和谐视域下新疆多元宗教文化研究》等。新疆伊斯兰教研究书目有：哈吉·努尔哈吉、陈国光著《新疆伊斯兰教史》，陈慧生主编《中国新疆地区伊斯兰教史》，马品彦著《正确阐明新疆伊斯兰教史》等。新疆佛教研究书目有：日本学者羽溪了谛著《西域之佛教》，霍旭初著《西域佛教考论》，德国学者勒柯克、瓦尔德施密特著《新疆佛教艺术》等。其他宗教研究书目有：刘学堂著《新疆史前宗教研究》，阿布都热合曼著《维吾尔萨满教文化研究》，牛汝极著《十字莲花——中国元代叙利亚文景教碑铭文献研究》，滕磊编著《西域圣火：神秘的古波斯袄教》，马小鹤著《摩尼教与古代西域史研究》，衡宗亮著《戈壁玄风西域道教》等。

3. 新疆民族宗教工作与中国历代治理新疆研究书目。有关新疆民族宗教工作的书目也是新疆民族宗教研究书目的重要组成部分。而且中国历代治理新疆都是以新疆民族宗教状况为社会基础，与民族宗教研究也有着密切的联系。有关新疆治理的研究书目有：中共中央文献研究室、中共新疆维吾尔自治区委员会编《新疆工作文献选编》，周卫平著《中国新疆的治理》，王小平等著《21世纪治理新疆的策略研究》，齐清顺、田卫疆著《中国历代中央王朝治理新疆政策研究》，方英楷主编《中国历代治理新疆国策研究》，王东平著《清代回疆法律制度研究：1759~1884年》，黄建华著《国民党政府的新疆政策研究》等。新疆民族宗教工作及有关书目有：王文衡著《民族宗教统战理论政策在新疆的实践与研究》，孙琦主编《新疆历史与民族政策宗教理论政策概论》，朱培民、陈宏、杨红著《中国共产党与新疆民族问题》，新疆维吾尔自治区人大常委会编《新疆维吾尔自治区民族团结进步工作条例》，杨秉一著《新疆民族语言文字工作四十年》，王芳著《新疆少数民族民商事习惯与民事法律研究》，左红卫编著《民国时期新疆各族文化促进会研究》，刘锡淦著《古代西域民族关系与政策研究》等。

4. 新疆历史和人文地理研究书目。新疆自古以来多民族聚居多宗教并存，这种状况使新疆历史研究与民族宗教研究有着密切的关系。新疆通史及有关研究书目有：余太山主编《西域通史》，新疆社会科学院民族研究所编著《新疆简史》，苗普生、田卫疆主编《新疆史纲》，王天丽著《新疆方志书目提要》等，新疆断代史及有关研究书目有：冯锡时等编《二十四史两汉时期西域史料校注》，余太山著《两汉魏晋南北朝正史西域传研究》，陈世明、孟楠、高健主编《二十四史唐宋元明时期西域史料汇编》，王东平著《明清西域史与回族史论稿》，纪大椿著《新疆近代史论稿》，张君超主编《民国时期新疆大事记》，党育林、张杰玺编著《当代新疆简史》等。有关新疆的地方史研究书目有：刘锡淦、陈良伟著《龟兹古国史》，刘锡淦著《突厥汗国

史》，李吟屏著《佛国于阗》，魏良弢著《喀喇汗王朝史稿》，王素著《高昌史稿》，
刘迎胜著《察合台汗国史研究》，魏良韬著《叶尔羌汗国史纲》，准噶尔史略编写组
编《准噶尔史略》等。新疆地处中国西北边陲、亚欧大陆腹地，是丝绸之路经济带
的核心区和东西方文化交流汇集之地，地域文化丰富多彩。新疆的人文地理研究与民
族宗教有着密切关系，新疆（西域）人文地理的有关研究书目：唐玄奘、辩机著
《大唐西域记》，元李志常著《长春真人西游记》，德国学者勒柯克著《新疆地下文化
宝藏》，日本学者羽田亨著《西域文化史》等。丝绸之路人文地理研究的有关书目：
韩康信著《丝绸之路古代种族研究》，周菁葆、邱陵著《丝绸之路宗教文化》，袁祖
亮、袁延胜、朱和平著《丝绸之路人口研究》，杨镰等编《丝绸之路西域文献史料辑
要》，李肖冰著《丝绸之路服饰研究》，盖山林著《丝绸之路草原文化研究》，法国学
者玛扎海里著《丝绸之路：中国—波斯文化交流史》等。

三　编目的体例

1.《新疆民族宗教研究书目》是对有关新疆民族宗教研究的普通图书进行目录
汇编。书目的主要资料来源为《全国总书目》《全国新书目》。所收录图书的研究领
域以民族学、宗教学为主；研究的地域范围以新疆为主要地域，并涉及中国西北、中
国边疆、中亚等；收录图书出版时间自 1949 年 10 月至今。

2. 图书分类依据《中国图书馆分类法》（第五版）。以基本大类构成第一级类
目，由基本大类展开，依次形成各级类目。类目标记符号采用汉语拼音字母与阿拉伯
数字相结合的混合号码制，即用一个字母表示一个大类，以字母的顺序反映大类的序
列。字母后用数字表示大类以下类目的划分，数字的编号基本采用小数层累制编号
法。为了使号码易于辨认，在分类号码的三位数字后，隔以小圆点“.”。

同一类目的图书，按出版时间先后排序。

3. 图书著录参照国家标准《普通图书著录规则》（GB/T 3792.2—2006）进行，
为方便读者，著录格式做了简化，力求简明实用。著录基本项目依次为：题名项、责
任者项、出版项、载体形态项、丛书项。基本著录格式如下：

题名/责任说明 . —出版地：出版者，出版日期

册数（页数）；尺寸 . —（丛编正题名/责任说明；丛编编号）

例如：

西域之佛教／（日）羽溪了谛著；贺昌群译．—北京：商务印书馆，1999.11
256 页；20cm. —（宗教文化丛书）

4. 索引。包括：编撰人索引、书名索引。

四　编目工作的价值意义

新疆民族宗教研究书目作为文献研究的专科目录，为进一步做好新疆民族宗教文献和新疆文献的整理、研究工作准备了条件。随着书目编纂工作的逐步完善，可以对文献价值较高的民族宗教研究文献进行专题整理和研究。

在有关图书馆、研究机构的图书收藏工作中，新疆民族宗教研究图书是重点收藏的文献。新疆民族宗教研究书目可以为丰富馆藏提供文献收集的线索，以至进行特色馆藏建设。

对于学术研究来说，这项编纂工作成果可以直接为新疆民族宗教研究提供资料索引，方便查找研究资料。在学科建设方面，通过这一专科目录，可以帮助研究人员积累研究资料和掌握学科研究现状。

作为一本实用工具书，还可以为新疆民族宗教工作提供信息咨询。由于编纂工作不仅收录新疆民族宗教工作书目，还特别收录中国历代治理新疆研究书目，信息咨询方面更加全面、系统。

同时，新疆民族宗教研究书目也是一本非常具有新疆人文特色的专科目录，不仅包括民族宗教，还大量涉及新疆历史、地理、风俗文化的研究成果。能够为广大读者全面正确地了解新疆的民族宗教状况和历史文化，提供简明的概览，也可以为进一步深入了解新疆人文历史的读者，提供一种阅读书籍的路径。

李时珍道医研究现状

李贵海

内容摘要： 道家在追求"长生久视"最高信仰的过程中，所形成的医药养生文化对祖国医药学的影响至为深远，因此自古就有"医道通乎仙道"的说法。我国医学的经典著作《灵枢》《素问》《本草经》不但收入《道藏》，而且首先注释、整理者如王冰、陶弘景等，也都是著名的道家人物。李时珍生活在道教兴盛的明代，自然受到时代的影响，留下时代的烙印，其学术体系中明显饱含丰富的道医思想，堪称明代道医代表。其可贵之处是不盲从，是以严谨、求真务实的精神，客观、科学地对待道教医学文化，本着去粗取精、去伪存真的态度，编撰整理而成的《本草纲目》和《奇经八脉考》等著作，为传统医药文化的丰富和发展做出了卓越的贡献。

关键词： 李时珍　传统文化　道教医学　研究现状

作者简介： 李贵海，中国社会科学院世界宗教研究所助理研究员。

一　研究意义

　　道医是道教为追求长生成仙，继承和汲取中国中医学的成果，在内修外养过程中，积累的医药学知识和技术。道医与中医学既有联系又有区别，其医学和药物学的精华为中国医学的组成部分。[①] 自古以来，以黄帝、岐伯、扁鹊、淳于意、葛洪、陶弘景、孙思邈等为代表的道医，精于实践，善于总结，著作等身，传承至今仍在为中华民族的繁荣昌盛保驾护航。[②] 但在当今时代，由于各种原因，道医学发展日渐式微。全国政协常委、中国道教协会会长李光富指出："由于历史原因，目前道医发展面临诸多困难和挑战，全面掌握道教医学整体体系的人几乎没有了……道医发展受到严重制约……道医绝

---

①　〔日〕福井康顺等监修《道教》，朱越利译，上海古籍出版社，1990。
②　盖建民：《道教医学》，宗教文化出版社，2001。

技已经到了存亡的关键时刻。"① 因此，对社会上和学术界具有高度声誉和影响的道医学术思想加以研究，传承其医道文化精髓，并加以科普解读，使道医理念更好地为人民服务，在当今社会发扬光大，"以医宏道"，是当代道家的历史使命。

李时珍为明代著名的医药学家，以《本草纲目》饮誉世界。实际上，李时珍学术体系中也饱含着丰富的道医思想，堪称明代道医代表。基于此，本研究意在通过收集整理其道医文献、寻访民间道医传承人、积极寻求传承道医绝学，并将其主要理念、方法以现代通俗易懂的语言加以解读，让广大人民群众能科学直观的认识道医，并能通过自身感受接受道医、宣传道医，为道教、道医的兴盛打下坚实的基础。

二 国内外研究现状综述

（一）李时珍道医哲学思想研究

李时珍道医哲学思想与其所处的明代的社会文化背景及其所处地区的医药文化背景、家庭文化背景的共同作用密不可分。②

李时珍遵循并坚持中国传统哲学的气一元论，认为太初只是一气，由气化生万物，人也由气所化生。③ 人们之所以生病，并非鬼神作祟，而是由于客观存在的"邪气"干扰了人们的生理机能的正常作用。治病的目的就在于培植人体的正气，抗击邪气的侵扰，使人体生理机能恢复正常的平衡状态④。他认为各种动物、植物，乃至金石等物，无一不是气化的产物。⑤ 由于各种动植物，得气有良和不良，故有的有毒，有的无毒，研究本草就是要分其品类，知其良毒。各种药物虽是一气所生，有着物质的统一性，也存在千差万别的差异性。⑥ 各种药物既相互依存，又彼此制约。⑦ 中医、道医的研究工作，就是要发现它们的性能及其相互依存与制约的关系。掌握其客观规律，乃可得其利而远其害。万物是客观存在的，又可以为人所利用，但只有充

---

① 吴艳：《中国民族报》2018 年 3 月 13 日第 007 版。
② 陈向荣：《〈本草纲目〉成书的文化背景研究》，《时珍国医国药》2015 年第 4 期，第 961~962 页。
③ （明）李时珍：《本草纲目》（校点本），人民卫生出版社，1977~1982。
④ （明）李时珍：《濒湖脉学》，四库全书本。
⑤ （明）李时珍：《奇经八脉考》，四库全书本。
⑥ 北京中医学院中医系编《濒湖脉学白话解》，人民卫生出版社，1961。
⑦ 中国药学会药学史学会编《李时珍研究论文集》，湖北科学技术出版社，1985。

分认识它们的相互关系，掌握其内在规律性，才能改造它们。对药物来说，只有首先认识药物的特性，才能分别加以炮制；气味不同的药物，才可按人的意志加以配伍，用以制伏人类的病害。李时珍从元气化生万物的思想出发，肯定阴阳调摄、五行胜复、物性相别的相互关系，最后达到天人统一、人定胜天的结论，处处表现出对传统哲学的创造性运用和发展。① 李时珍运用古代荀况、王充等唯物主义哲学家所坚持的元气学说，作为自己唯物主义自然观的基石，用元气学说解释天上风云雨露的变化，地上飞潜动植的生长发育，以及金石水火的相互关系。在他看来，宇宙万物无非一气所生；人的生命，存于一气；疾病也是气的反常变化造成的；研究医药，就是研究利用何种气味的药物，可以扶正气，抑邪气。②

李时珍认为万物之所以有精有粗，有柔有刚，或动或静，有情变无情，无形变有形，都是元气凝结、变化的结果，绝无超自然的神灵主宰。李时珍全面地继承并创造性地发展了"阴阳学说"这一经过长期实践检验的中国医学理论。③ 他在阐述自然变化、人体生理机能消长、疾病治疗原则、药物配伍原则及药性理论时，全面地运用了阴阳学说，从阴阳互根观点出发，分析阴阳消长、转化的原理，探寻达到阴阳调摄的途径。李时珍运用阴阳学说，分析元气的盛衰，人体生理机能的消长，和以阳制阴，以阴制阳，以达阴平阳秘的治疗准则，分析各种药物气味的不同特性，以及调和阴阳的药物配伍准则，从而发展了道医学。④

此外，李时珍在张元素、李东垣等金元医家法象药理研究的基础上，运用宋明哲学中的象数之学，将其取象比类思维精细化、系统化，以象数为药理学研究的工具，以取象比类明理为基本方法，而形成了《本草纲目》的法象药理学。一方面用于对药物及主治的推测以及认知新药。如鸡之黄雌鸡肉一条："黄者土色，雌者坤象，味甘归脾，气温益胃，故所治皆脾胃之病也。"另一方面用来阐发已知药物的功用、主治以及疾病的病因病机。如古文钱一条："以胡桃同嚼食二三枚，能消便毒。便毒属肝，金伐木也。"当然，李时珍并非机械地取类比象，他还十分重视药物的实际效验，并据此对其法象药理学进行自我纠错和补充。⑤

---

① 李裕等：《李时珍和他的科学贡献》，湖北科学技术出版社，1985。
② 钱远铭主编《李时珍研究》，广东科技出版社，1984。
③ 陈鼓应：《道家的人文精神》，中华书局，2012。
④ 陈撄宁：《道教与养生》，华文出版社，2000。
⑤ 程雅君、程雅群：《〈本草纲目〉药理学的哲学渊源》，《哲学研究》2015年第9期，第38~44页。

（二）李时珍道医养生研究

李时珍《本草纲目》对道家养生术做了阐述和补充，对道家养生术中有关医药的部分，做出了巨大贡献。[①]《本草纲目》不是针对养生术的专著，但李时珍对道家养生术中符合科学原理的内容进行了阐述和补充。《本草纲目》对道家养生术中有关医药的部分，做出了巨大贡献，不仅给后人留下了极其宝贵的文化遗产，也传授了用药防病治疾的经验和药食养生方法，有重要的实用价值。[②]

仅在《本草纲目》中的药物性味考究方面，就有七方十剂、气味阴阳、五味宜忌、标本阴阳、升降浮沉、四时用药例、五运六淫用药式、五脏五味补泻、六腑六脏用药气味补泻、脏腑虚实标本用药式、引经报使等方面的内容。[③] 李时珍在撰写《本草纲目》时参考的 800 多种典籍中，涉及道教文化、道医、道方、道药等方面的书籍就有 140 多种，占 18%；在"引用古今医家书目"277 家中，引用道家医药书近 60 种，占 22%；在"引用古今经史百家书目"440 家中，先后引用了道家文献 80 多种，占 18%；《本草纲目》附方 11000 多个，引用道药道方 3000 多个，占近三分之一。[④] 从而不难看出李时珍对道家医学的继承。

在继承的基础上，他认为"八卦"思想是"五行"思想的衍生，乾、离为火，兑、坎为水，坤、艮为土，震、巽为木，八卦无金。坎离，水火，人生不可须臾或缺；水火二气，是维护生命最宝贵的东西。水火相济，以维持人体生理机能达到平衡。李时珍始终把医药和道教文化熔于一炉，二者相得益彰。精、气、神是人体生命活动的三大要素，道家称之为人身"三宝"，精气神三者相互为用，是保持和恢复人体健康、维持正常生理活动的重要物质和功能，为养生长寿之根本。[⑤] 老子云"治人事大，莫若啬"，"啬"即指爱惜保养精气；又云"载营魄抱一"（人神合一）。庄子云："人之生，气之聚也，聚则为生，散则为死。"概而论之，道家非常重视炼气、保精、存神。道家养生最关注肾，认为肾中精气盛衰决定着机体的生、长、壮、老、

---

① 李时珍：《本草纲目》，人民卫生出版社，1982。
② 陈文学，范沁：《从李时珍〈本草纲目〉看中医药文化与道家养生的关系》，《亚太传统医药》2014 年第 14 期，第 4～7 页。
③ 南京中医学院编《中医学概论》，人民卫生出版社，1958。
④ 傅维康等撰《医药史话》，上海科学技术出版社，1982。
⑤ 陈邦贤：《中国医学史》，商务印书馆，1994。

死，并依此来阐明人之生死，探求长生。①

李时珍运用精气学说来解释生命过程，指导祛病延年。他认为"肾藏精，主生长、发育与生殖，主精气是构成人体及各种功能活动的物质基础"，而"肾为先天之本"，"肾主水"。"水者坎之象，上则为雨露霜雪，下则为海河泉井"；流水者，"其外动而性静，其质柔而气刚"；"水性本咸而体重，劳之则甘而轻。取其不助肾气，而益脾胃也"；"顺流水"为养生饮用佳品。李时珍在继承道家养生"三宝"理论的同时指出："命门指所居之腑而名，为藏精系胞之物。为生命之原，相火之主，精气腑，人物皆有之，生人生物，皆由此出⋯⋯"；"肾藏精而肝藏血，精血相生，同盛同衰，皆靠肾水之滋养"，故有"肝肾同源"之说。② 以李时珍为代表的道医临床及养生方法中，多种治疗手法并用是重要特色，即除了药物疗法外，还可以应用物理疗法、精神疗法、针灸疗法、气功按摩疗法等。如孙思邈在《千金翼方》卷二十九《禁经》中主张治病疗疾的救急之术有五种方法，即"有汤药焉，有针灸焉，有禁咒焉，有符印焉，有导引焉。斯之五法，皆救急之术"。"每赘疣，灸之一炷，当即愈。不独愈病，且兼获美艳。"③ "符水禁咒""跪拜首过"等道教医学中最具特色的医疗手段，为下层受难的贫困百姓医治疾病方法，也是最具有争议的部分。④

李时珍对于道家养生内功十分赞赏。他在《濒湖脉学·奇经八脉考》中，对古传周天功做了深刻的论述。认为该功法可培育元气、生息化神，使坎离交媾、心肾相交，通行任督、百脉皆畅。⑤ 李时珍对水的重视也体现了其道医养生思想。道教强调"水善利万物""上善若水"，《本草纲目》把水集中为一部，共43种，并列为各篇之首，在全面总结前人经验的基础上对水的养生保健功能提出新的认识。⑥

（三）以《本草纲目》为载体的世界道医研究

《本草纲目》集李时珍一生心血而成，其中的道家医学思想、方法也随之传扬全球，造福全人类。《本草纲目》在日本江户时代（1603～1868）受到广泛的学习和研

---

① 车离主编《中国医学史》，湖南科学技术出版社，1984。
② 赵璞珊：《中国古代医学》，中华书局，1983。
③ 维康等：《医药史话》，上海科学技术出版社，1982。
④ 卿希泰主编《中国道教史》，四川人民出版社，1996。
⑤ 朱祥麟：《李时珍论小周天功法妙旨》，《中国中医药报》2012年7月16日第004版。
⑥ 孙晓生、李时珍：《〈本草纲目〉水养水疗的现代解读》，《新中医》2012年第7期，第148～149页。

究。① 200 多年间，掀起过研究热潮，形成过不同的基于中医、道医的汉方医学派，出现了不少著名医学专家。在朝鲜，《本草纲目》流传的时间，正式见于历史记载是李朝三十八年（清康熙五十一年，1712）。自 18 世纪 20 年代以后，《本草纲目》成为朝鲜医药学家的重要参考书，引用和依据《本草纲目》的内容而编撰的朝鲜医药学著作，就有《本草精华》、《广济秘方》（李景华）、《济众新编》（康命吉）、《附方便览》（黄度渊）等，都是把《本草纲目》作为医学宝典加以研究的。② 19 世纪朝鲜学者徐有渠大量引用《本草纲目》中有关资料，编撰了《林园经济十六志》，这是一部关于自然经济和博物学的巨著。这说明《本草纲目》对东方文化的影响是不可替代的，它已是东方文化界的共同财富。③

在西方，《本草纲目》被看作博物学百科全书。《本草纲目》通过西方来华传教士和驻华使馆人员传入西方，最初引起西方重视的是它的金石部。1732 年，在华法国传教士范德蒙德从金石部摘译了有关资料，连同部分矿物标本带回法国，经过巴黎科学院院士儒瑟转交到巴黎自然史博物馆。这份译稿在 19 世纪末，由法国学者整理题为《中国之石》而发表于《古今之石》一书中。④ 欧洲人真正重视《本草纲目》的科学价值，是法国学者、传教士巴多明、汤执中等向法国科学界介绍此书的全部内容之后开始的。其重要标志是 1735 年《中华帝国全志》的出版。这是一部全面介绍中国情况的巨著，它的第三卷题名《节录〈本草纲目〉》。欧洲人开始重视对中药学的专门研究，陆续出版了几部学术著作和论文，如勒巴日的《中国医史研究》（1813），里佛的《中国人所用某些本草药物的说明》（论文，1826），德彪的《论中国药物学和本草学》（1865），还有巴黎药学院教授苏贝朗同驻华领事合作的《中国本草》。⑤ 法国学者贝尔兹也着重研究了《本草纲目》的金石部。《本草纲目》在英国学术界的影响，19 世纪才显露出来。英国人把它作为博物学著作来加以研究，比之医药学著作更为重视。⑥ 英国皇家学会会员韩伯里在英国《药物学杂志》上发表论

---

① 〔日〕上野益三：《日本博物学史》，平凡社，1973，第 247 页。

② 高毓秋：《〈本草纲目〉东渡记》，《医故知识》1999 年第 4 期。

③ 艾素玲：《李时珍临证点滴思路钩沉》，《时珍国医国药》2006 年第 8 期。

④ Martin Kretschmer, George Michael Klimis and Chong Ju Choi, Increasing Returns and Social Contagion in Cultural Industries, British Journal of Management, 10, 1999.

⑤ 李载荣：《〈本草纲目〉版本流传研究》，北京中医药大学，2004。

⑥ LU Yong – xing. Build Famous Brand of Doctors Promote the Development of Chinese Medicine Industry in Huanggang〔J〕. Journal of Huanggang Polytechnic. 2010.

文介绍《本草纲目》，1862 年整理为论文集出版。[①] 俄罗斯最高学府莫斯科大学的礼堂长廊上，至今还塑有李时珍的大理石雕像，这位世界著名科学家一直受到俄罗斯人民的崇敬。英国李约瑟博士高度称赞李时珍的成就说："李时珍达到了与伽里略－维萨里的科学活动所隔绝的任何科学家所不能达到的最高水平。"[②] 通过《本草纲目》在世界范围内的广泛流传，道医学的理念也传播至世界各地，虽不完整，但已经点燃星星之火。

时光荏苒，岁月如梭，现在已经迎来了李时珍诞辰 500 周年。500 年，于历史，只是弹指一挥间，于医学，已是翻天覆地。如何更好地继承中华文明、中华医学的精粹，为世界人民服务，是新时代的重要课题，而对李时珍道医的继承与发掘，是不可或缺的一环。

---

① 甄橙：《病与证的对峙：反思 18 世纪的医学》，北京大学出版社，2007，第 325～331 页。
② 张秀平、王晓明：《影响中国的 100 本书》，广西人民出版社，1993，第 87～93 页。

《中国本土宗教研究》 征稿函

近三十年来，中国的宗教学研究逐渐走上快速发展之路，在研究领域、研究方法方面有很大的进展，关于中国本土宗教的研究也在不断深入，资深学者有新的成果，年轻学者也提出了很多有价值的新观点。鉴于中国宗教学专门期刊的数量有限，我们决定编辑出版这本《中国本土宗教研究》集刊，向全世界的中国宗教研究学者约稿。

《中国本土宗教研究》由中国社会科学院道教与民间宗教研究室主办，定位是反映当下领域研究最新成果的论集。基于鼓励学术创新的原则，在保证论文研究水平的前提下，不对研究方法和对象做限制，不做字数要求，不持特定学术立场，不设栏目。为了保证学术质量，论文将接受匿名审稿。另外，目前刊物仅接受中文稿件。来稿注释体例以《中国本土宗教研究》（第一辑）为准。

为了提高编辑效率，请来稿统一发送 Word 电子版，并在电子邮件的"主题"一栏注明"《中国本土宗教研究》投稿"。超过四个月没有收到反馈意见可以转投他处。

编辑部联系方式：

投稿邮箱：wanghaoyue@ cass. org. cn

地址：北京市东城区建国门内大街 5 号中国社会科学院世界宗教研究所道教研究室

《中国本土宗教研究》 编委会

图书在版编目（CIP）数据

中国本土宗教研究. 第二辑 / 王卡，汪桂平主编
. –– 北京：社会科学文献出版社，2019.1
ISBN 978 – 7 – 5097 – 2510 – 8

Ⅰ.①中… Ⅱ.①王… ②汪… Ⅲ.①宗教 – 中国 –
文集 Ⅳ.①B929.2 – 53

中国版本图书馆 CIP 数据核字（2018）第 273482 号

中国本土宗教研究（第二辑）

主　　编 / 王　卡　汪桂平

出 版 人 / 谢寿光
项目统筹 / 袁清湘
责任编辑 / 赵怀英　张馨月

出　　版 / 社会科学文献出版社·独立编辑工作室（010）59367202
　　　　　　地址：北京市北三环中路甲 29 号院华龙大厦　邮编：100029
　　　　　　网址：www. ssap. com. cn
发　　行 / 市场营销中心（010）59367081　59367083
印　　装 / 三河市尚艺印装有限公司

规　　格 / 开　本：787mm × 1092mm　1/16
　　　　　　印　张：15.25　字　数：272 千字
版　　次 / 2019 年 1 月第 1 版　2019 年 1 月第 1 次印刷
书　　号 / ISBN 978 – 7 – 5097 – 2510 – 8
定　　价 / 89.00 元

本书如有印装质量问题，请与读者服务中心（010 – 59367028）联系